山海經箋疏

［清］郝懿行 箋疏

光緒時期還讀樓刊本

讀者出版社

圖書在版編目（CIP）數據

山海經箋疏 / (清) 郝懿行箋疏 . -- 影印本 . -- 蘭州 : 讀者出版社 , 2019.1
ISBN 978-7-5527-0553-9

Ⅰ . ①山… Ⅱ . ①郝… Ⅲ . ①歷史地理－中國－古代 ②《山海經》－注釋 Ⅳ . ① K928.631

中國版本圖書館 CIP 數據核字 (2019) 第 000849 號

山海經箋疏

（清）郝懿行　箋疏

責任編輯　房金蓉
裝幀設計　路建鋒　何雲飛

出版發行　讀者出版社
地　　址　蘭州市城關區讀者大道 568 號（730030）
郵　　箱　readerpress@163.com
電　　話　0931-8773027（編輯部）　0931-8773269（發行部）

印　　刷　北京虎彩文化傳播有限公司
規　　格　787 毫米 ×1092 毫米　1/16
　　　　　印張 39.5　字數 250 千　插頁 3
版　　次　2019 年 1 月第 1 版
　　　　　2019 年 1 月第 1 次印刷
印　　數　1~100
書　　號　978-7-5527-0553-9
定　　價　800.00 圓

如發現印裝品質問題，影響閱讀，請與印刷廠聯繫調換。

出版説明

現代漢語用『圖書』表示文獻的總稱，這一稱謂可以追溯到古史傳説時代的河圖、洛書。在文化史中，圖像始終承擔着重要的文化功能。傳説時代的大禹『鑄鼎象物』，將物怪的形象鑄到鼎上，使『民知神奸』。在《周易》中也有『制器尚象』之説。一般而論，文化生活皆有其對應的物质層面的表现。在中國古代文獻研究活動中，學者也多注意器物、圖像的研究，如《詩》中的草木、鳥獸，《山海經》中的神靈物怪，禮儀中的禮器、行禮方位等，學者多畫爲圖像，與文字互相説明，成爲經學研究中的『圖説』類著述。又宋元以後，庶民文化興起，出版業高度發達，版刻印刷益發普及，在普通文獻中也逐漸出現了圖像資料。它们廣泛地涉及植物、動物、日常的物質生產程序與工具、平民教化等多個方面，其中流傳至今者，是我們瞭解古代文化的重要憑藉。通過這些圖文並茂的文本，讀者可以獲得對古代文化生動而直觀的感知。爲了方便讀者利用，我們將古代文獻中有關圖像、版畫、彩色套印本等文獻輯爲叢刊正式出版。

本編選目兼顧文獻學、古代美術、考古、社會史等多種興趣，範圍廣泛，版本選擇也兼顧古代東亞地區漢文化圈的範圍。圖像在古代社會生活中的一大作用涉及平民教化，即古人所謂的『圖象古昔，以當箴規』。（語出何晏《景福殿賦》）明清以來，民間勸善之書，如《陰騭文》《閨範》等，皆有圖解，其中所宣揚的古代道德意識中的部分條目固然爲我們所不取，甚至是應該批判的對象，但其中多有精美的版畫，除了作爲古代美術史文獻以外，由此也可考見古代一般平民的倫理意識，實爲社會史研究的重要材料。

本編擬目涉及多種類型的文獻，茲輯爲叢刊，然亦以單種別行為主，只有部分社會史性質的文本，因爲篇卷無多，若獨立成册則面臨裝幀等方面的困難，則取同類文本合爲一册。文獻卷首都新編了目録以便檢索，但爲了避免與書中内容大量重複，無謂地增加篇幅，有部分新編目録視原書目録爲簡略，也有部分文本性質特殊，原書中本無卷次目録之類，則約舉其要，新擬條目，其擬議未必全然恰當。所有文獻皆影印，版式色澤，一存古韻。

目録（十八卷）

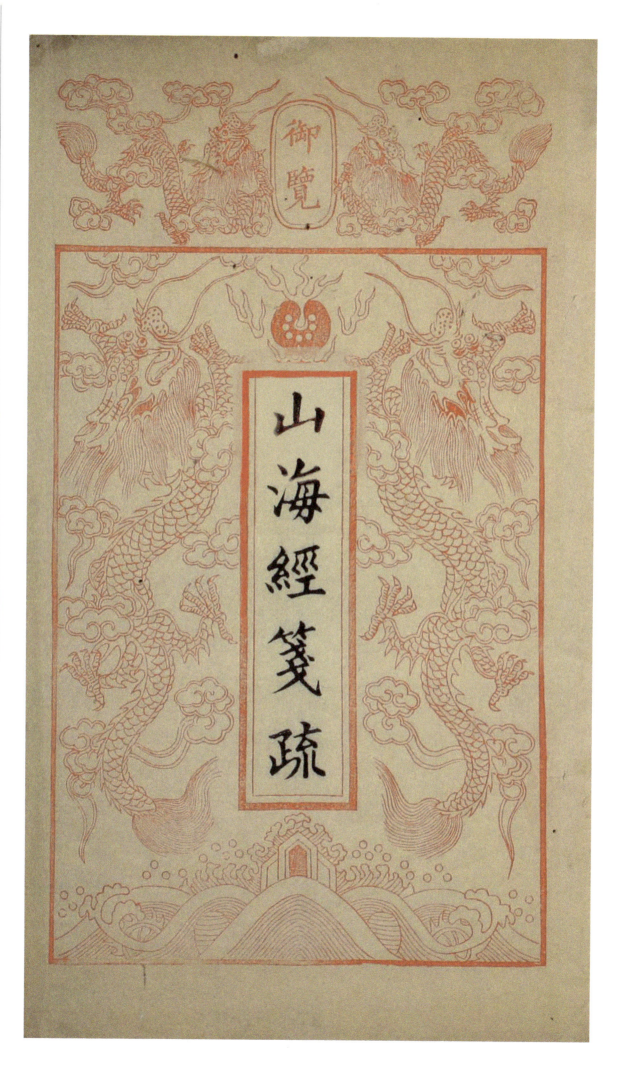

御覽

山海經箋疏

上諭

光緒七年十二月二十四日

内閣奉

上諭前據順天府府尹游百川呈

進已故户部主事郝懿行所著

書四種當交南書房翰林閱看

據稱郝懿行學問淵博經術湛
深嘉慶年間海內推重所著春
秋比春秋說略爾雅義疏山海
經箋疏各書精博邃密足資攷
證所進之書即著畱覽欽此

山海經箋疏十八卷圖讚一卷

仁和高邕

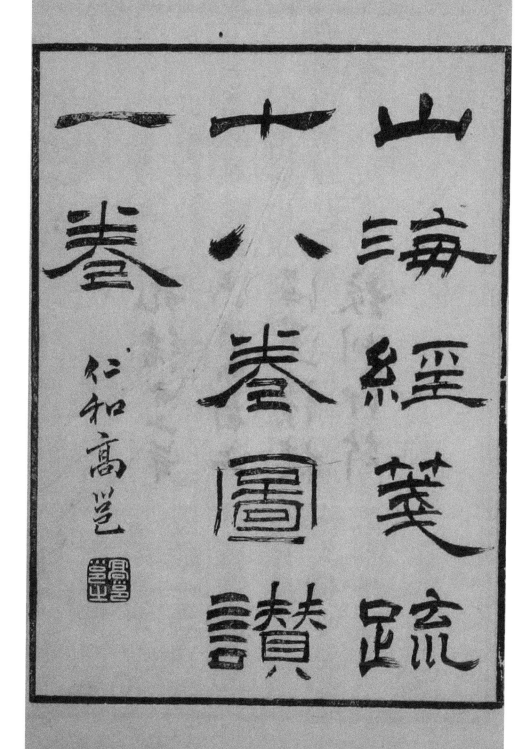

光緒十二年
六月下旬上
海還讀樓
校刊印行

奏摺

順天府府尹　臣　游百川跪

奏爲代進前戸部主事解經之書恭摺仰祈

聖鑒事竊維爲學莫先於研經而著書尤貴乎析義

臣籍隸山東稔知同鄉前戸部主事郝懿行所著春秋說略十二卷春秋比二卷爾雅義疏十九卷山海經箋疏十八卷並附圖讃一卷訂譌一卷積數十年之精力而成其書頗爲賅洽伏念春秋有襃譏之義說經之門戸宜分爾雅爲訓詁之宗名物之異同必辨郝懿行窮源竟委

曲引旁徵會博極乎羣書求折衷於一是至如山海經一書劉歆駭其神奇郭璞稱其靈化又欲事刊疏繆辭取雅馴既富撈羅復精辨覈可謂殫心典籍無愧通方該主事係山東棲霞縣廩膳生乾隆丙午優貢戊申舉人嘉慶己未進士戶部江南司主事髫齡勵志皓首窮經迹其成書有裨實學今其孫現任順天府東路同知郝聯薇收存原稿校繕成編 臣 謹代進呈以備

採納伏察康熙年間胡渭進禹貢錐指乾隆年間顧

棟高進春秋大事表均蒙

聖祖仁皇帝

高宗純皇帝錫以嘉予摻入

四庫今郝懿行所著等編儻蒙

皇上典學之餘

俯賜乙覽則儒生稽古之榮當與胡渭顧棟高並傳

於藝苑矣謹將裝成書三函計十六本恭摺隨

同上進伏乞

皇太后

皇上聖鑒謹

奏

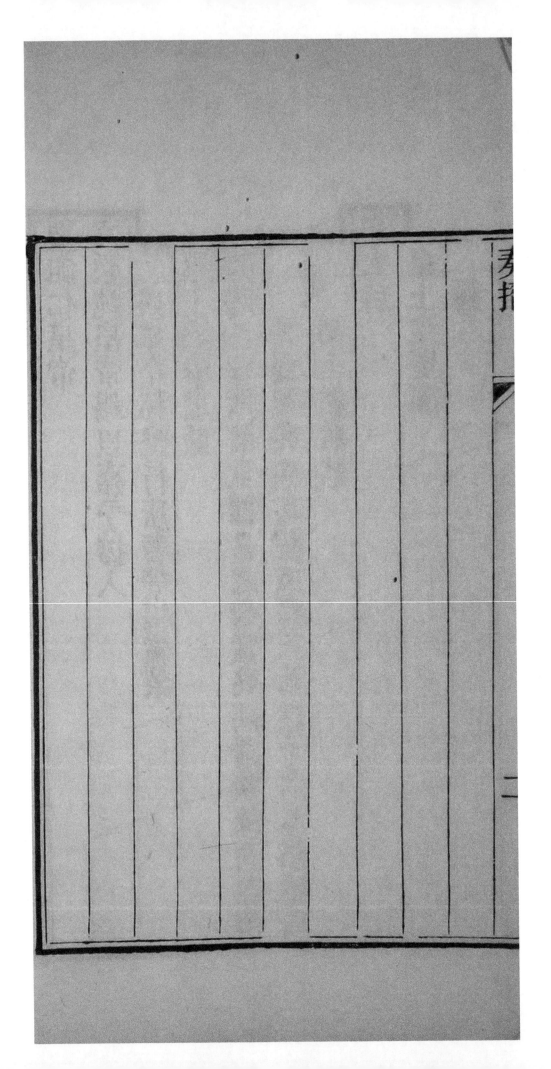

校栞山海經箋疏序

大章豎亥步四極紀道里當時必有專書而今不傳傳者十洲記神異經之儔則病於誣其不誣者穆天子傳最近若鄒衍九州之外有大九州以今緯度推之何莫不然然說在要渺間古籍之最遠而詳者莫山海經若矣夫人皇九首兩戒八紘奇言瑰詞於世充棟雜以艸木鳥獸殊名異形博識之士至累世不能窮其源畢生不足究其變故漢魏以來箋注家欲暢厥敷佐至取中國之書注之不足則增以金石文字又不足則益以諸子百家又不足則證以殊方異域佛經道藏者流一字闕涉鈔撮弗遺宜得大凡然扶輿啟闢聞見益恢昔無而今則有之安

知今所未見者非即昔人日用常覯之品乎夏后驂二龍一馴擾物耳而今爲神化不測之事庖犧牛首女媧蛇身著在典籍詎盡誕詞而豈可觀乎閒嘗以謂古者人與神近後世人神道殊重黎絕地天通已來僅僅留此一經爲不食之碩果試取莊騷徵引於是編外者求通其說而後恍然於四五千年來厤時久而書亾厤時又久而羣書愈亾獨遺此人不經見之說與布帛菽粟竝存譬如泰西光電氣化之書舉羣不知而傲其儕則必震駭眩瞀以爲絕無理亦猶是耳而究不得謂爲必無矣郝注行於嘉慶閒歲久漶漫李君澹平出善本重栞行世意甚盛也然鄙則以謂古書之不足妄疑視之雖奇案之仍軌於正天

下氣化變遷之妙何所不至吾人恃耳食之近泥古者失之拘
疑古者亦未嘗不失之放有志之士虛心以觀古今之變平心
以察庶彙之繁焉斯爲善讀古書者已光緒十三年孟春月遵
義宦懋庸

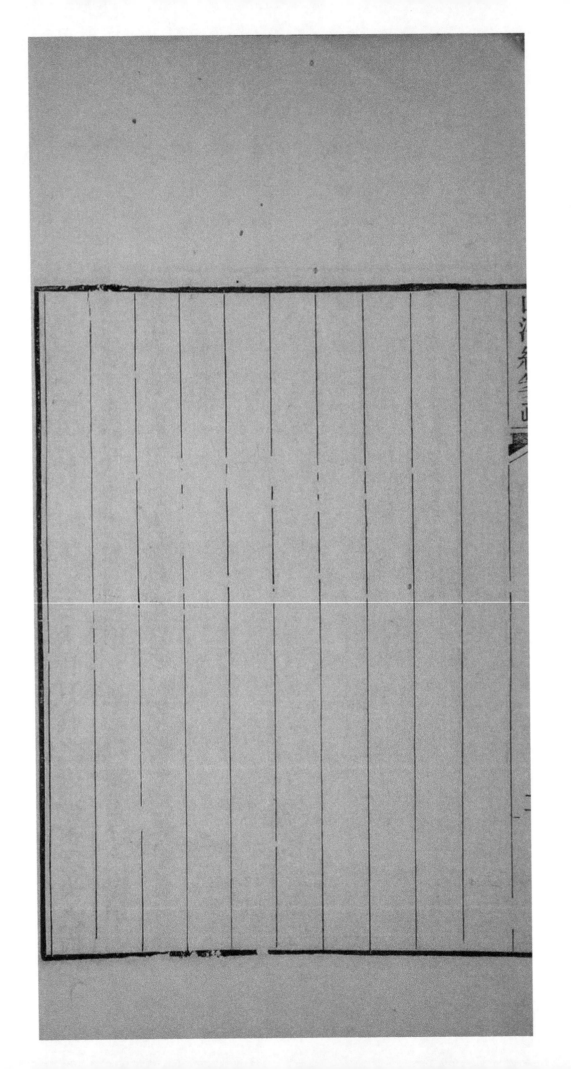

校刊山海經箋疏序

吾友李君澹平以所刊山海經箋疏告蕆攜本眎余屬弁數言余愕且謝則諈諉至再且曰請但述我校刻是編之意足矣辱承知愛不敢復以不文辭乃爲泚筆書之曰凡人足跡之所未到耳目之所未經則闕疑而不敢信伊古輿地家言多詳域內而略域外故皆右禹貢而左山海經甚者目爲荒誕等諸齊諧郢說余以爲是昔人之固陋非山海經之荒誕也今 國家懷柔遠人通道重譯窮髮赤裸燋齒梟瞯之族相與梯山航海不遠千萬里而至而輶車四發復仿周官大行人之職分赴諸國足跡所到耳目所經援古證今往往吻合不止如曼倩之辨異

鳥劉向之識石室人而已然則山海一經不誣宜與禹貢並行
哉惟攷是編初著錄於漢代繼注讚於景純自時厥後讀家稀
絕途徑榛蕪我　朝稽古右文吳氏畢氏先後有廣注校本之
作嘉慶閒棲霞郝氏箋疏成得儀徵相國審定栞行然後斐然
粲然讀者益收賞奇析疑之助惜其原版已不可得李君慨焉
爰取篋藏初印本精梓而詳校之將以餉遺同志余維君劬學
嗜古曩刊書數種類足備鄴架珍函今是編之刻亦豈徒作郝
氏功臣行見閉戶搜奇之士皇華秉節之流莫不囊隋珠而笥
荊璧若是君之用意固深且遠也余方以筆墨菆累枯坐斗室
檢覽一過如身乘博望之槎徧攬十洲三島草木鳥獸之狀又

如身與塗山之會周旋於貫胸交頸三首長臂之閒爽目怡心爲之稱快不置而因余之快又以知讀是編者之同快無疑已是爲序

光緒第一丙戌五月下浣海上蔡爾康

重刻山海經箋疏後序

棲霞郝蘭皋先生箋疏山海經十八卷幷附圖讚一卷訂譌一卷已於嘉慶閒栞行越七十餘年無錫李君瀇平重栞於上海既成以示標命為後敘以標於此書曾經勘讀者也迺作敘曰

夫漢魏以降注疏迭興自宋迄明詁訓漸失主義理者責破碎夫文字尚剽取者笑攷訂之紛離雖灑自謂得三代之遺文自謂學周秦以上然衡以鉤稽求諸指例恆無當焉先生以東海之名儒值

聖清之盛治拾遺補蓺厤千百刧而不䃺博采旁證集十八八之所益有李崇賢綜緝之備無酈善長怪誕之言卷福不多攷

證無失索羣書之異字猶仍舊文求古本之分篇不存成見正
字俗字惟塙守乎許書轉聲近聲則旁通乎蒼雅洵足爲禹書
之坿翼郭氏之諍爻者矣綜其大綱厥善有六尋繹微旨可得
言焉夫顏成漢注未正東方之名唐引說文猶雜呂忱之語緊
古來之完帙尚笑誤於後生先生則采周秦之遺書語知統要
寶唐人之類集條析支離何氏解詁但求墨守鄭君箋注不改
經文其善者一也拾遺聞於東觀印信四羊笑寫本於江南歌
傳六虎陋尚書之分典歎尉律之云亾先生則正寫槧之紛紜
不淆銀鑠辨形聲之通叚詳攷金根所以例陸德明之釋文兼
存兩本爲顏少監之匡謬維正異文其善者二也水經補注以

經傳之久淆建武省郡亦章懷之未解書策落次誰證綿褫圖畫久亾孰詳絡脈先生則攷其山里既積算於經由條其河渠定發源於崑渤郭記室惟知畏獸遜其精詳王伯厚攷證蓺文同茲研覈其善者三也漢魏遺書尚廣鈔於類典倉頡訓故竟有藉於沙門自來文字之楲亾半待後人之輯佚先生則仿神仙之別藏猶識遺文求歐李之官書尚存古本集狐千腋窺豹一斑其善者四也歐氏之詩經本義專務新奇向家之莊子遺篇僅題象注雖迹同於巧取亦多惑乎將來先生則博采通人既說辭之畢載顧召幽仄冀翼贊乎舊書所以叔重說文兼稱師說康成經注多引羣言其善者五也趙明誠之金石錄藉易

安班孟堅之天文續從弱妹先生則一編脫稾亦助勘於金閨三月疑團必解圍於新婦陋鷗波之小技儌唐韻於仙家其善者六也由茲六善訂厥一編祕六奇以括囊集羣書而訂誤蓋出入於莊列爾雅之閒補苴乎詁訓地輿之失所謂援据六蓺漢學非訛曲稾宏規家灋自守則是書也雖吳志伊之廣收博采尙失謹嚴畢尙書之以古證今猶疑臆決者也今者

中祕畱藏

宸章褒美草元卷在不爲覆瓿之書通德人亾尙念鄭鄉之學惟是籤分蠹軸半蝕羽陵寫定禮堂已成燼簡吾友李君證古之學塙本召陵博通之才所師荀勖痛緗韋之稀絕爰鏤版以

方滋繼余家勤有之堂甄綜善本祖南宋書棚之學采拾遺文
夫豈同好爰下其雌黃致譏顏氏扃祕藏於宛委靳付人間也
哉標謬承斠讀用述源流意重譯於四夷證塙聞乎古訓求祕
函於百宋思校正夫今文自恨小文有慙理董先生維學盍正
牴牾此又可補乾嘉諸老之未有之闇校勘諸家之未竟之志
也爰摭體要以俟將來光緒十三年丁亥正月元和江標

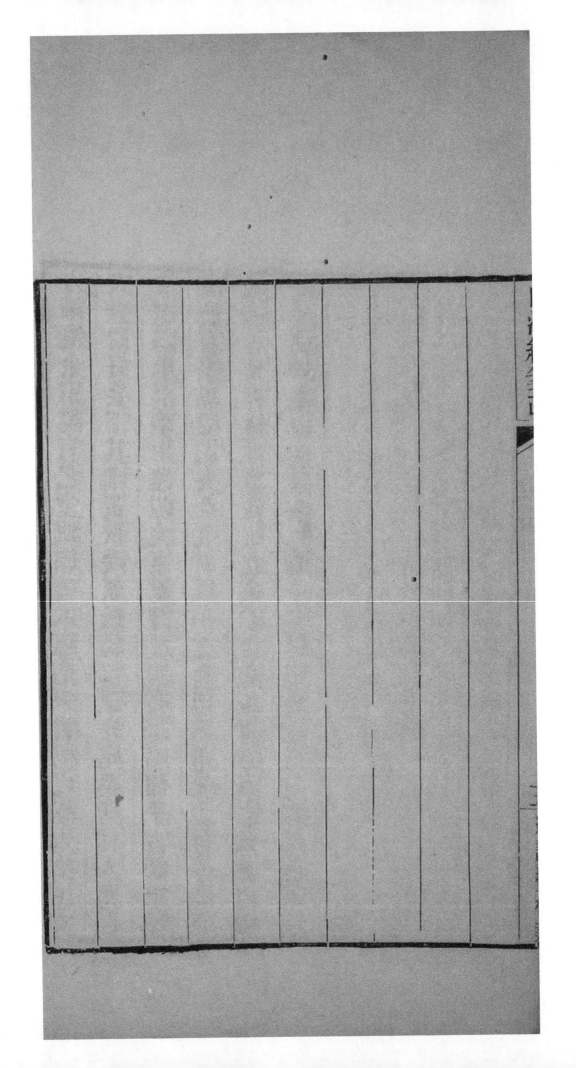

刻山海經箋疏序

左傳稱禹鑄鼎象物使民知神姦禹鼎不可見今山海經或其遺象歟漢書藝文志列山海經于形法家後漢書王景傳明帝賜景山海經河渠書以治河然則是經爲山川輿地有功世道之古書非語怪也且與此經相出入者則有如逸周書王會楚辭天問莊列爾雅神農本草諸書司馬子長于山經怪物不敢言之史家立法之嚴固宜耳然上古地天尚通人神相雜山澤未烈非此書未由知已郭景純注于訓詁地理未甚精徹然晉人之言已爲近古吳氏廣注徵引雖博而失之蕪雜畢氏校本于山川考校甚精而訂正文字尚多疏略今郝氏究心是經加

以箋疏精而不鑿博而不濫粲然畢著斐然成章余覽而嘉之爲之栞版以傳郝氏名懿行字蘭皋山東棲霞人戸部主事余己未總裁會試從經義中識拔實學士也家貧行修爲學益力所著尚有爾雅疏諸書蘭皋妻王安人字瑞玉亦治經史與蘭皋共著書于東鹿春廡之閒所著有詩經小記列女傳注諸書于此經疏並多校正之力亦可尚異之也

嘉慶十四年夏四月揚州阮元序

山海經箋疏審定校勘爵里姓氏

儀徵阮雲臺侍郎 元

陽湖孫伯淵觀察 星衍

武進臧西成文學 庸

歸安姚秋農中允 文田

高郵王曼卿學士 引之

全椒吳山尊學士 鼒

歙縣鮑覺生學士 桂星

嘉應宋芷灣編修 湘

閩縣陳梅修編修 壽祺

江西新城涂瀹莊侍御以輈
商城程鶴樵侍御國仁
南海張棠村員外業南
龍南徐香珏主事名紱
桐城馬元伯主事瑞辰
曲阜孔阜村主事繼堠
烏程嚴鐵橋孝廉可均
儀徵阮小雲廕生常生
棲霞牟默人明經廷相

山海經箋疏敘

山海經古本三十二篇劉子駿校定爲一十八篇即郭景純所傳是也今攷南山經三篇西山經四篇北山經三篇東山經四篇中山經十二篇并海外經四篇海內經四篇除大荒經巳下不數巳得三十四篇則與古經三十二篇之目不符也隋書經籍志山海經二十三卷舊唐書十八卷又圖讚二卷音二卷竝郭璞撰此則十八卷又加四卷才二十二卷復與經籍志二十三卷之目不符也漢書藝文志山海經十三篇在形法家不言有十八篇所謂十八篇者南山經至中山經本二十六篇合爲五臧山經五篇加海外經巳下八篇及大荒經巳下五篇爲十

八篇也所謂十三篇者去荒經巳下五篇正得十三篇也古本此五篇皆在外與經別行爲釋經之外篇及郭作傳据劉氏定本復爲十八篇卽又與蓺文志十三篇之目不符也酈善長注水經云山海經薶緼歲久編韋稀絕書策落次難以緝綴後人假合多差遠意然則古經殘簡非復完篇殆自昔而然矣蓺文志不言此經誰作劉子駿表云出於唐虞之際以爲禹別九州任土作貢而益等類物善惡著山海經王仲任論衡趙長君吳越春秋亦稱禹益所作顏氏家訓書證篇云山海經禹益所記而有長沙零陵桂陽諸暨由後人所羼非本文也今攷海外南經之篇而有說文王葬所海外西經之篇而有說夏后啟事夫

經稱夏后明非禹書篇有文王又疑周簡是亦後人所羼也至於郡縣之名起自周代周書作雒篇云為方千里分以百縣縣有四郡春秋哀公二年左傳云克敵者上大夫受縣下大夫受郡杜元凱注云縣百里郡五十里今攷南次二經云縣多土功縣多放士又云郡縣大水縣有大繇是又後人所羼也大戴禮五帝德篇云使禹敷土主名山川爾雅亦云從釋地已下至九河皆禹所名也觀禹貢一書足覘梗槩因知五臧山經五篇主於紀道里說山川眞為禹書無疑矣而中次三經說青要之山云南望墠渚禹父之所化中次十二經說天下名山首引禹曰一則稱禹父再則述禹言亦知此語必皆後人所羼矣然以此

類致疑本經則非也何以明之周官大司徒以天下土地之圖
周知九州之地域廣輪之數土訓掌道地圖道地慝夏官職方
亦掌天下地圖山師川師掌山林川澤致其珍異邍師辨其丘
陵墳衍邍隰之名物秋官復有冥氏庶氏穴氏翨氏柞氏薙氏
之屬掌攻夭鳥猛獸蟲豸草木之怪蠥左傳稱禹鑄鼎象物而
爲之備使民知神姦民入山林川澤禁禦不若螭魅蝄蜽莫能
逢旃周官左氏所述卽與此經義合禹作司空灑沈澹災燒不
暇擩濡不給扢身執虆垂以爲民先爰有禹貢復著此經尋山
脈川周覽無垠中述怪變俾民不眩美哉禹功明德遠矣自非
神聖孰能修之而後之讀者類以夷堅所志方諸齊諧不亦悲

乎古之爲書有圖有說周官地圖各有掌故是其證已後漢書王景傳云賜景山海經河渠書禹貢圖是漢世禹貢尚有圖也郭注此經而云圖亦作牛形又云在畏獸畫中陶徵士讀是經詩亦云流觀山海圖是晉代此經尚有圖也中興書目云山海經圖十卷本梁張僧繇畫咸平二年校理舒雅重繪爲十卷每卷中先類所畫名凡二百四十七種是其圖畫已異郭陶所見今所見圖復與繇雅有異良不足據然郭所見圖卽已非古古圖當有山川道里今攷郭所標出但有畏獸仙人而於山川脈絡卽不能案圖會意是知郭亦未見古圖也今禹貢及山海圖遂絕跡不復可得禹貢雖無圖其書說要爲有師法而此經師

訓莫傳遂將湮泯郭作傳後讀家稀絕途徑榛蕪迄於今日脫
亂淆譌益復難讀又郭注南山經兩引璨曰其注南荒經昆吾
之師又引音義云云是必郭已前音訓注解人惜其姓字爵里
與時代俱湮良可於邑今世名家則有吳氏畢氏吳徵引極博
汎濫於羣書畢山水方滋取證於耳目二書於此經厥功偉矣
至於辨析異同栞正譌謬蓋猶未暇以詳今之所述并採二家
所長作爲箋疏箋以補注疏以證經卷如其舊別爲訂譌一卷
附於篇末計創通大義百餘事是正譌文三百餘事凡所指擿
雖頗有依據仍用舊文因而無改蓋放鄭君康成注經不敢改
字之例云嘉慶九年甲子二月廿八日棲霞郝懿行撰

山海經敘錄

西漢劉秀上山海經表曰侍中奉車都尉光祿大夫臣秀領校
祕書言校祕書太常屬臣望所校山海經凡三十二篇全定爲
一十八篇已定山海經者出於唐虞之際昔洪水洋溢漫衍中
國民人失據攲𡹲於丘陵巢於樹木鯀既無功而帝堯使禹繼
之禹乘四載隨山栞木定高山大川益與伯翳主驅禽獸命山
川類草木別水土四嶽佐之以周四方逮人跡之所希至及舟
輿之所罕到內別五方之山外分八方之海紀其珍寶奇物異
方之所生水土草木禽獸昆蟲麟鳳之所止禎祥之所隱及四
海之外絕域之國殊類之人禹別九州任土作貢而益等類物

善惡著山海經皆聖賢之遺事古文之著明者也其事質明有信孝武皇帝時嘗有獻異鳥者食之百物所不肎食東方朔見之言其鳥名又言其所當食如朔言問朔何以知之卽山海經所出也孝宣帝時擊磻石於上郡陷得石室其中有反縛盜械人時臣秀父向爲諫議大夫言此貳負之臣也詔問何以知之亦以山海經對其文曰貳負殺窫窳帝乃梏之疏屬之山桎其右足反縛兩手上大驚朝士由是多奇山海經者文學大儒皆讀學以爲奇可以考禎祥變怪之物見遠國異人之謠俗故易曰言天下之至賾而不可亂也博物之君子其可不惑焉臣秀昧死謹上

東晉記室參軍郭璞注山海經敘曰世之覽山海經者皆以其閎誕迂誇多奇怪俶儻之言莫不疑焉嘗試論之曰莊生有云人之所知莫若其所不知吾於山海經見之矣夫以宇宙之寥廓羣生之紛紜陰陽之煦蒸萬殊之區分精氣渾淆自相濆薄遊魂靈怪觸象而構流形於山川麗狀於木石者惡可勝言乎然則總其所以乖鼓之於一響成其所以變混之於一象世之所謂異未知其所以異世之所謂不異未知其所以不異何者物不自異待我而後異異果在我非物異也故胡人見布而疑黂越人見罽而駭毳夫翫所習見而奇所希聞此人情之常蔽也今略舉可以明之者陽火出於冰水陰鼠生於炎山而俗之

論者莫之或怪及談山海經所載而咸怪之是不怪所可怪而怪所不可怪也不怪所可怪則幾於無怪矣怪所不可怪則未始有可怪也夫能然所不可不可所不可然則理無不然矣案汲郡竹書及穆天子傳穆王西征見西王母執璧帛之好獻錦組之屬穆王享王母於瑤池之上賦詩往來辭義可觀遂襲昆侖之丘遊軒轅之宫眺鍾山之嶺玩帝者之寶勒石王母之山紀跡玄圃之上乃取其嘉木豔草奇鳥怪獸玉石珍瑰之器金膏燭銀之寶歸而殖養之於中國穆王駕八駿之乘右服盜驪左驂騄耳造父爲御犇戎爲右萬里長騖以周歷四荒名山大川靡不登濟東升大人之堂西燕王母之廬南轢黿鼉之梁北

躡積羽之衢窮歡極娛然後旋歸案史記說穆王得盜驪騄耳驊騮之驥使造父御之以西巡狩見西王母樂而忘歸亦與竹書同左傳曰穆王欲肆其心使天下皆有車轍馬跡焉竹書所載則是其事也而譙周之徒足爲通識瑰儒而雅不平此驗之史考以著其妄司馬遷敘大宛傳亦云自張騫使大夏之後窮河源惡覩所謂昆侖者乎至禹本紀山海經所有怪物余不敢言也不亦悲乎若竹書不潛出於千載以作徵於今日者則山海之言其幾乎廢矣若乃東方生曉畢方之名劉子政辨盜械之尸王頎訪兩面之客海民獲長臂之衣精驗潛效絕代縣符於戲羣惑者其可以少寤乎是故聖皇原化以極變象物以應

怪鑒無滯賾曲盡幽情神焉廋哉神焉廋哉蓋此書跨世七代歷載三千雖暫顯於漢而尋亦寢廢其山川名號所在多有舛謬與今不同師訓莫傳遂將湮泯道之所存俗之所喪悲夫余有懼焉故爲之創傳疏其壅閡闢其茀蕪領其玄致標其洞涉庶幾令逸文不墜於世奇言不絕於今夏后之跡靡栞於將來八荒之事有聞於後裔不亦可乎夫蘙薈之翔叵以論垂天之凌鶂涔之遊無以知絳虯之騰鈞天之庭豈伶人之所躡無航之津豈蒼兕之所涉非天下之至通難與言山海之義矣嗚呼達觀博物之客其鑒之哉

山海經目錄總十八卷　本三萬九百十九字注二萬三百五十字總五萬一千二百六十九字　懿行

案此玉海所校也今校經三萬八百二十五字注二萬三百八十三字總五萬一千二百八字

南山經第一 本三千五百四十七字注二千一百七字懿行案此已下明藏經本所校也今校經一千八百六十一字注一千二百四十六字

西山經第二 本五千六百七十二字注三千二百二字今校經四千六百四十四字注三千七百二十六字

北山經第三 本五千七百四十六字注二千三百八十二字今校經四千二百四十一字注一千六百三十九字

東山經第四 本二千四百四十字注三百七十五字今校經二千一百三字注四百五十五字

中山經第五 本四千七百一十八字注三千四百八十五字今校經八千四百一十六字注三千五百八十二字

右五臧山經五篇經二萬一千二百六十五字注一萬六百六十一字總三萬一千九百二十六字

海外南經第六 本五百一十一字注六百二十二字今校經五百七十五字注六百八十五字

海外西經第七 本五百三十七字注四百五十二字今校經五百五十九字注四百五十八字

海外北經第八 本五百八十四字注四百九十三字今校經六百一字注五百二十四字

海外東經第九 本四百四十二字注五百九十五字今校經四百五十七字注五百九十六字

海內南經第十 本三百六十四字注七百九字今校經三百七十七字注六百五十六字

海內西經第十一 本四百三十九字注六百九十五字今校經五百一十四字注七百四字

海內北經第十二 本五百九十四字注四百九十五字今校經五百十字注五百九十二字

海內東經第十三 本六百二十四字注一千四百九十五字今校經六百三十五字注一千七十二字

右海外海內經八篇經四千二百二十八字注五千二百八十四字總九千五百一十二字

大荒東經第十四 本八百六十四字注八百一十三字今校經八百五十八字注九百二十四字

大荒南經第十五 本九百七十二字注五百九十八字今校經九百七十七字注六百一十七字

大荒西經第十六 本一千二百八十二字注一千二百三字今校經一千一百一十八字注一千二百八十五字

大荒北經第十七 本一千五百六字注七百六十七字今校經一千七十一字注八百四字

海內經第十八 本一千一百十一字注九百六十七字此海內經及大荒經本皆進在外今校經一千一百四十一字注九百七十五字

右大荒經海內經五篇經五千三百三十二字注四千四百三十八字總九千七百七十字

福山 王照圓婉佺 覆校

山海經敘錄

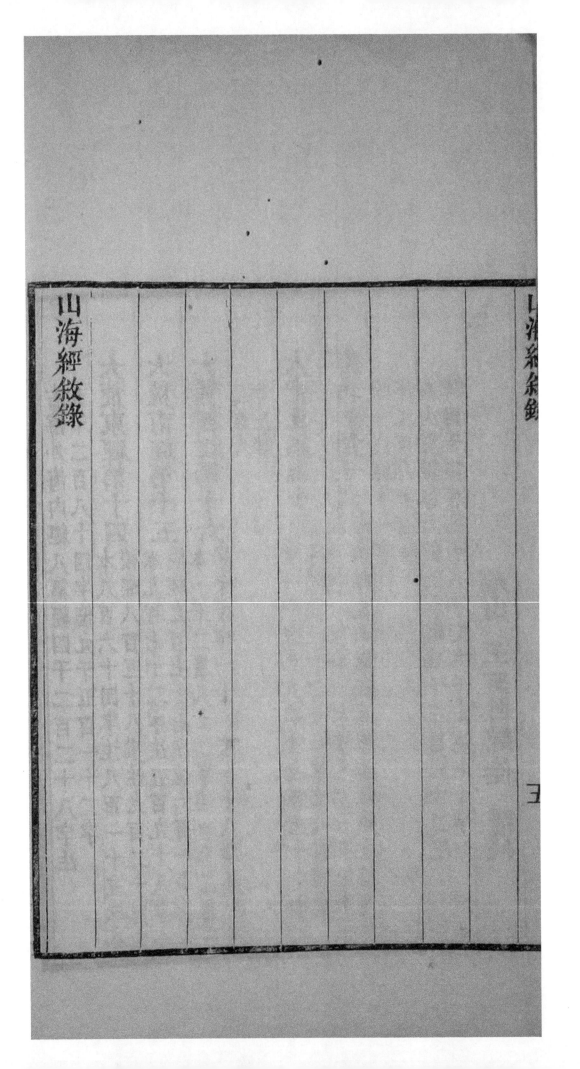

山海經第一　晉　郭璞傳　棲霞郝懿行箋疏

南山經

南山經之首曰䧿山 懿行案任昉述異記作雀山文選注王巾頭陁寺碑引此經作鵲山 其首曰招搖之山 懿行案大荒東經有招搖山融水出焉非此高誘注呂氏春秋本味篇云招搖山名在桂陽 臨于西海之上 在蜀伏山山南之西頭濱西海也 懿行案伏疑汶字之譌史記封禪書云瀆山蜀之汶山也蜀志秦宓傳云蜀有汶阜之山江出其腹皆是山也 多桂 桂葉似枇杷長二尺餘廣數寸味辛白華叢生山峯冬夏常青閒無雜木呂氏春秋曰招搖之桂 懿行案爾雅云梫木桂郭注與此同 多金玉有草焉其狀如韭 璨曰韭音九爾雅云霍山亦多之 懿行案霍當爲藿字之譌爾雅云藿山韭 而青華其名曰祝餘 或作桂荼 懿行案桂疑當爲柱字之譌柱荼祝餘聲相近 食之不飢有木焉其狀如穀而黑理 穀楮也皮作紙璨曰穀亦名構名穀者以其實如穀也 懿行案陶宏景注本草經云穀即今構樹是也穀構古同聲故穀亦名構

或曰葉有辦曰楮無曰構非也見陸機詩疏文選注頭陁寺碑引此經無理字其華四照言有光燄也若木華赤其光照地亦此類也見離騷經懿行案若木見離騷經若木華赤見大荒北經其華照地見淮南子其名曰迷穀佩之不迷懿行案文選注頭陁寺碑引此經同有獸焉其狀如禺而白耳禺似獮猴而大赤目長尾今江南山中多有說者不了此物名禺作牛字圖亦作牛形或作猴皆失之也禺字音遇懿行案說文云蝯善援禺屬又云禺猴屬獸之愚者也郭注凡言圖者皆謂此經圖象然也伏行人走懿行案太平御覽九百八卷引此經讚曰猩猩似狐走立行伏疑狐當爲禺聲之譌也其名曰狌狌食之善走生生禺獸狀如猿伏行交足亦此類也見京房易懿行案生生當爲狌狌說見海內南經麗麐之水出焉麐音作几而西流注于海其中多育沛未詳佩之無瘕疾瘕蟲病也懿行案說文云瘕久病也郭云蟲病者列仙傳云河間王病瘕下蛇十餘頭史記倉公傳云蟯瘕正義引龍魚河圖云犬狗魚鳥不熟食之成瘕痛皆與郭義近又東三百里懿行案禹貢五服皆言里數水經注云廬山有大禹刻石誌其丈尺里數則里地之數蓋始於禹大

戴禮主言篇云三百步而里是古里短於今里也曰堂一作常懿行案文選注上林賦引此經正作常庭之山懿行案初學記引此經作堂夜之山多水玉疑夜字譌多棪木棪別名連其子似柰而赤可食音剡懿行案連當爲速字之譌爾雅云棪槤其郭注同多白猿今猿似獼猴而大臂腳長便捷色有黑有黃鳴其聲哀懿行案猿俗字也說文云蝯善援禺屬文選西都賦注後漢書班固傳注引此注竝云臂長便捷無腳字色黑無黃字藝文類聚九十五卷引郭氏讚云白猨肆巧由基撫弓應眄而號神有先中數如循環其妙無窮多水玉水玉今水精也相如上林賦曰水玉磊砢赤松子所服見列仙傳懿行案廣雅云水精謂之石英張揖注上林賦云水玉水精也列仙傳云赤松子服水玉以教神農竝郭所本多黃金懿行案說文云金五色金也黃爲之長

又東三百八十里曰猨翼之山懿行案初學記二十七卷引此經作稷翼之山多白玉其中多怪獸水多怪魚凡言怪者皆謂貌狀倔奇不常也尸子曰徐偃王好怪沒深水而得怪魚入深山而得怪獸者多列於庭多白玉懿行案玉藻云天子佩白玉藝文類聚八十三卷引廣志曰白玉美者可以照面出交州

多蝮虫蝮虫色如綬文鼻上有鍼大者百餘斤一名反鼻虫古虺字　懿行案蝮虺見爾雅及注色如綬文見北山經大咸之山注說文云虫一名蝮虺以注鳴是虫虺非一字與郭義異也多怪蛇多怪木不可以上

又東三百七十里曰杻陽之山音紐　懿行案玉篇有栖陽山栖思計切疑杻栖字形相近注音紐亦當爲音細竝字形之譌也其陽多赤金銅也其陰多白金銀也見爾雅山南爲陽山北爲陰　懿行案說文云銅赤金也銀白金也爾雅云白金謂之銀是皆郭注所本然案之此經理有未通西山經云榆次之山其陰多赤銅中次九經云玉山其陽多銅其陰多赤金明赤金與銅非一物矣又經內銀與白金疊出分見如西山經臯塗之山多銀黃金槐江之山多黃金銀大時之山數歷之山竝云多銀又北山經少陽之山多赤銀又西山經涇谷之山多白金中山經役山多白金綜諸經之文白金與銀爲二物審矣說文云鋈白金也爾雅云金美者謂之鏐郭注云鏐即紫磨金寇宗奭本草衍義云顆塊金其色淺赤然則此經赤金即紫磨金白金即鋈矣郭氏竝誤注有獸焉其狀如馬而白首其文如虎而赤尾其音如謠如人歌聲　懿行案謠當爲䛬見說文其名曰

◎

鹿蜀佩之宜子孫佩謂帶其皮毛　懿行案太平御覽九百十三卷引此經圖讚云鹿蜀之獸馬質虎文擴首吟鳴矯矯騰𦏁佩其皮毛子孫如雲怪水出焉而東流注于憲翼之水其中多玄龜其狀如龜而鳥首虺尾虺尾銳其名曰旋龜其音如判木如破木聲佩之不聾可以爲底底躙也爲猶治也外傳曰疾不可爲一作疷猶病愈也　懿行案底同胝音竹施切文選難蜀父老注引郭氏三蒼解詁云胝躙也一作疷者爾雅釋詁云疷病也爲疷則治病使愈故云猶病愈矣

又東三百里柢山柢音蔕　懿行案柢上疑脫曰字明藏經本有之多水無草木有魚焉其狀如牛懿行案郭氏江賦云潛鵠魚牛李善注引此經云魚牛其狀如牛今本魚下無牛字又禺禺即鱅鱅徐廣注史記謂之魚牛非此見東山經陵居蛇尾有翼其羽在魼下亦作脅　懿行案說文云胠亦下也廣雅云胠脅也經作魼者蓋同聲假借字又胠有脅音本聲同之字故胠亦作脅其音如畱牛莊子曰執犂之狗謂此牛也穆天子傳曰天子之狗執虎豹　懿行案經作畱牛郭引莊子執犂之狗謂此牛也是畱牛當爲犂牛

◎

東山經首說鱅鱅之魚其狀如犂牛郭云牛似虎文者然則畱牛當爲犂牛審矣今本莊子天地篇作執貍之狗釋文云一云執畱之狗郭又引作執犂之狗是莊子本竝無正文犂貍畱俱聲有通轉其名曰鮭音六冬死而夏生此亦蟄類也謂之死者言其蟄無所知如死耳懿行案太平御覽九百三十九卷引此經圖讚云魚號曰鮭處不在水厥狀如牛鳥翼蛇尾食之無腫疾懿行案說文云腫癰也

又東四百里曰亶爰之山亶音蟬多水無草木不可以上言崇陗也有獸焉其狀如貍而有髦其名曰類類或作沛髦或作髮懿行案莊子天運篇釋文引此經作其狀如狸而有髮其名曰師類蓋卽郭所見本也師疑沛字之譌自爲牝牡食者不妒莊子亦曰類自爲雌雄而化今貊貒亦自爲雌雄懿行案列子天瑞篇云亶爰之獸自孕而生曰類陳藏器本草拾遺云靈貓生南海山谷狀如貍自爲牝牡又引異物志云靈貍一體自爲陰陽据此則類爲靈貍無疑也類貍聲亦相轉今魚皮夷地當吉林蒙古之羅郵以嘉慶八年冬緣事至京師譯官色崇額言其地有獸多毛形頗類狗體具陰陽自爲配耦所說形狀亦卽是物但譯言

不了不得其名耳郭注貆豬即豪彘也見西山經竹山

又東三百里曰基山其陽多玉其陰多怪木懿行案太平御覽五十卷引此經多怪木上有多金二字有獸焉其狀如羊九尾四耳其目在背其名曰猼訑博施二音施一作陁懿行案施一作陁之施當爲訑字之譌猼訑玉篇廣韻作䍡𦍵疑皆後人所作字也佩之不畏不知恐畏懿行案此亦羊屬唯目在背上爲異耳說文羖字注云城郭市里高縣羊皮以驚牛馬曰羖本草經云羖羊角主辟惡鬼虎狼止驚悸並與此經合太平御覽九百十三卷引此經圖讚云猼訑似羊眼乃在背視之則奇推之無怪欲不恐懼厭皮可佩有鳥焉其狀如雞而三首六目六足三翼其名曰䳋鵂䳋鵂急性敞孚二音懿行案䳋蓋䳋字之譌注敞亦敞字之譌也玉篇作䳋鵂廣雅釋地本此文作鷩鵂可證然郭云䳋鵂急性亦譌也方言云憋恧也郭注云憋怤急性也憋怤䳋鵂字異音同然則此注當云讀如憋怤急性今本疑有脫誤食之無臥使人少眠

又東三百里曰青丘之山亦有青丘國在海外水經云卽上林賦云秋田於青丘　懿行案史記司馬相如傳正義引郭注云青丘山名上有田亦有國出九尾狐在海外又引服虔云青丘國在海東三百里竝見海外東經非此也郭引水經今無攷其陽多玉其陰多青雘雘黝屬音瓠　懿行案雘當爲臒說文云臒善丹也初學記五卷引此經正作臒文選注赭白馬賦引此注亦作臒有獸焉其狀如狐而九尾郎九尾狐其音如嬰兒懿行案玉篇引蒼頡篇云男曰兒女曰嬰能食人懿行案郭注大荒東經青丘國九尾狐云太平則出而爲瑞此經云能食人則非瑞應獸也且此但言狀如狐非卽眞狐郭云卽九尾狐似誤食者不蠱噉其肉令人不逢妖邪之氣或曰蠱蠱毒　懿行案說文云蠱腹中蟲也引春秋傳曰皿蟲爲蠱淫溺之所生也梟桀死之鬼亦爲蠱郭引或曰蠱蠱毒者秋官庶氏掌除毒蠱又南方造蠱毒有蛇蠱金蠶蠱也經云食此獸者不蠱蓋亦秦人以狗禦蠱之義見史記秦本紀有鳥焉其狀如鳩懿行案鳩有數種具見爾雅其音若呵如人相呵呼聲名曰灌灌或作濩濩　懿行案灌灌郭云或作濩濩呂氏春秋本味篇云肉之美者獾獾之炙高誘注云獾獾鳥名其形

未聞獾一作獲今案貛與灌獲與濩俱字形相近卽此鳥明矣佩之不惑懿行案陶潛讀山海經詩云青丘有奇鳥自言獨見爾本爲迷者生不以喻君子英水出焉懿行案英玉篇作渶云水出青丘山南流注于卽翼之澤其中多赤鱬音懦懿行案懦蓋儒字之譌藏經本作儒其狀如魚而人面懿行案太平御覽九百三十九卷引此經圖讚云赤鱬之狀魚身人頭其音如鴛鴦食之不疥一作疾懿行案說文云疥搔也

又東三百五十里曰箕尾之山懿行案玉篇作箕山無尾字其尾踆于東海多沙石踆古蹲字言臨海上音存懿行案說文云蹲踞也又云夋倨也無踆字汸水出焉音芳懿行案玉篇作滂音與郭同而南流注于淯音育其中多白玉

凡䧿山之首自招搖之山以至箕尾之山凡十山二千九百五十里懿行案今才九山二千七百里若連䧿山計算正得十山但䧿山雖標最目其文俄空當有闕脫其神狀

皆鳥身懿行案北堂書鈔一百三十三卷引此經作人身而龍首其祠之禮毛言擇牲取其毛色也周官曰陽祀用騂牲之毛懿行案之毛當爲毛之見地官牧人職用一璋玉瘞半圭爲璋瘞薶也糈用稌米糈祀神之米名先呂反今江東音所一音壻稌稌稻也他覩反糈或作疏非也懿行案離騷云巫咸將夕降兮懷椒糈而要之故知糈祀神之米名也或音所音揟竝方俗聲轉其字或作疏亦字隨音變也稌稻見爾雅疑此注衍一稌字一璧稻米白菅懿行案太平御覽七百九卷引此文作白蒲爲席菅茅屬也音閒懿行案爾雅云白華野菅廣雅云菅茅也席者藉以依神淮南說山訓云巫之用糈藉高誘注云糈米所以享神藉菅茅是享神之禮用菅茅爲席也

南次二經之首曰柜山音矩西臨流黃懿行案卽流黃辛氏國也見海內經北望諸毗東望長右皆山名懿行案諸毗長右說見下英水出焉西南流注于赤水其中多白玉尸子曰水方折者有玉員折者有珠多丹粟細丹沙如粟也懿行案周書王會篇云卜人以丹

沙張衡南都賦云青臒丹粟有獸焉其狀如豚懿行案畢氏本豚作反諣有距懿行案說文云距雞距也其音如狗吠其名曰貍力懿行案郭注有一作貍刀四字諸本俱無吳氏本有見則其縣多土功有鳥焉其狀如鴟懿行案鴟玉篇作雞而人手其腳如人手鴟音處脂反懿行案鴟有三種具見爾雅手廣韻作首非其音如痺未詳懿行案爾雅云鶉之雌者名痺吳氏云其名曰鴸音株懿行案陶潛讀山海經詩云鵃鵝見城邑其國有放士或云鵃鵝當爲鴟鴸一云當爲鴅鴸其名自號也見則其縣多放士放放逐或作效也

東南四百五十里曰長右之山懿行案廣韻引此經長右作長舌無草木多水有獸焉其狀如禺而四耳其名長右以山出此獸因以名之懿行案廣韻引此經作長舌其音如吟如人呻吟聲見則郡縣大水懿行案郡縣之制起於周周書作雒篇及左氏傳具有其文畢氏引淮南汜論訓云夏桀殷紂之盛人跡所至舟車所通莫不爲郡縣以此證郡縣之名起於夏殷也

又東三百四十里曰堯光之山其陽多玉其陰多金懿行案太平御覽八百十三卷引此經作克光之山其陰多鐵有獸焉其狀如人而彘鬣穴居而冬蟄其名曰猾褢滑懷兩音懿行案御覽九百十三卷引此經滑褢作禍裹其音如斲木如人斫木聲見則縣有大繇謂作役也或曰其縣是亂懿行案藏經本作其縣亂無是字

又東三百五十里曰羽山今東海祝其縣西南有羽山卽鯀所殛處計此道里不相應似非也懿行案地理志云東海郡祝其禹貢羽山在南鯀所殛郭以爲非此經羽山是矣其下多水其上多雨無草木多蝮虫蚖也懿行案本草別錄蝮蛇與蚖爲二物郭以爲蚖卽蝮虫非也吳氏以蚖爲虮字之誤虮卽虺字亦非

又東三百七十里曰瞿父之山音劬懿行案玉篇云峻音父山名蓋父或爲峻也但經內諸山以父名者非一既疑未敢定又玉篇廣韻偏旁之字多後人所加不盡可从也餘多放此無草木多金玉

又東四百里曰句餘之山今在會稽餘姚縣南句章縣北故此二縣因此爲名云見張氏地理志　懿行案山在今浙江歸安縣東劉昭注郡國志會稽郡餘姚句章引此經及郭注與今本同晉書地理志亦云餘姚有句餘山在南張氏地理志者此及西山經鳥鼠同穴之山注竝引之張氏張晏也見水經注無草木多金玉

又東五百里曰浮玉之山懿行案水經沔水注引此經云又引謝康樂云山海經浮玉之山在句餘東五百里便是句餘縣之東山乃應入海句餘今在餘姚鳥道山西北何由北望具區也以爲郭於地理甚昧矣言洞庭南口有羅浮山高三千六百丈會稽山宜直湖南是酈氏以羅浮山爲此經浮玉山也藝文類聚七卷引謝靈運羅浮山賦曰得洞經所載羅浮山事云茅山是洞庭口南通羅浮正與水經注合茅山即會稽山也類聚又引羅浮山記曰羅浮者蓋總稱焉羅羅山也浮浮山也二山合體謂之羅浮在增城博羅二縣之境北望具區具區今吳縣西南太湖也尚書謂之震澤　懿行案具區即震澤揚州藪也其太湖乃五湖之總名揚州浸也載在職方甚明郭氏此注及爾雅十藪注竝以具區太湖爲一非也說見爾雅略東望諸毗水名　懿行案諸毗廣雅釋地作渚毗蓋古字通也又上文柜山北望諸

呲郭云山名此云東望諸呲郭云水名又西山經云北望諸呲之山又云北望諸呲郭云山名西山經又云西流注于諸呲之水郭云水出諸呲山也北山經亦云西流注于諸呲之水郭云水出諸呲山也然則諸呲葢非一山其水卽非一水此經諸呲葢在江南其西北二經所說皆與此異者也太平寰宇記云烏程縣呲山在縣東北九里葢此經所謂諸呲矣有獸焉其狀如虎而牛尾其音如吠犬其名曰𧲝是食人若水出于其陰北流注于具區懿行案水經注云山陰西四十里有二谿東谿廣一丈九尺冬煖夏冷西谿廣三丈五尺冬冷夏煖二谿北出行三里至徐郎合成一谿廣五丈餘而溫涼又雜葢山海經所謂若水也北逕羅浮山而下注於太湖故言出其陰入於具區也案太平寰宇記云苕谿在烏程縣南五十步霅水亦若水之異名其中多鮆魚鮆魚狹薄而長頭大者尺餘太湖中今饒之一名刀魚音祚啓反懿行案爾雅云鮤鱴刀郭注云今之鮆魚也亦呼爲魛魚今案海中亦有刀魚登萊閒人呼林刀魚葢林卽鮤聲之轉矣李善注江賦引此經郭注與今本同太平御覽九百三十七卷引郭注長頭作長鬚又九百三十九卷引魏武四時食制曰望魚側如刀可以刈草出豫章明都澤葢亦此類但望魚之名所未攷

◎

又東五百里曰成山四方而三壇形如人築壇相累也成亦重耳懿行案爾雅云丘一成爲敦丘郭注云成猶重也引周禮曰爲壇三成正與此義相證故云成亦重耳言此之成山亦因重累如壇而得名也其上多金玉其下多青雘閼水出焉音涿懿行案玉篇云閼式旨切从豕不从豕藏經本亦作閼而南流注于一作流注于西虖勺虖音呼勺或作多下同其中多黃金今永昌郡水出金如穗在沙中尸子曰清水出黃金玉英懿行案劉昭注郡國志永昌郡引華陽國志云蘭滄水有金沙洗取融爲金卽郭所說也藝文類聚八卷引尸子作清水有黃金郭注穆天子傳引尸子作龍泉有玉英此注玉英二字衍或上有闕脫

又東五百里曰會稽之山今在會稽郡山陰縣南上有禹冢及井懿行案地理志云會稽郡山陰會稽山在南上有禹冢禹井越絕書云禹到大越上茅山大會計更名茅山曰會稽水經注云會稽之山古防山也亦謂之爲茅山又曰棟山越絕云棟猶鎮也藝文類聚八卷引郭氏讚云禹徂會稽爰朝羣臣不虔是討乃戮長人玉匱表夏玄石勒秦四方其上多金玉其下多砆石砆武夫石似玉今長沙臨湘出之赤地白文色蘢葱不分明

懿行案子虛賦云碝石碔砆張揖注云皆石之次玉者戰國策云碔砆類玉是也劉昭注郡國志引此經作瑌石水經注作玞石竝誤玉篇引此經作砆石又引郭注赤地作青地分明作分了也勺水出焉而南流注于湨音鶪懿行案水經漸江水注引此經勺作夕湨作湖

又東五百里曰夷山無草木多沙石湨一作浿水出焉而南流注于列塗懿行案疑卽塗山說文作嵞云嵞會稽山一曰九江當嵞也

又東五百里曰僕勺一作夕懿行案夕疑多字之譌且此經前有虖勺後有虖勺之山其字作勺或作多可證又越絕書云麻林山一名多山越謂齊人多故曰麻林多亦其例也又上文云會稽山勺水所出水經注作夕水疑夕亦多字之譌矣之山其上多金玉其下多草木無鳥獸無水

又東五百里曰咸陰之山無草木無水

又東四百里曰洵一作旬懿行案玉篇引此經作旬山太平御覽九百四十一卷引作旬山與郭注合

山其陽多金其陰多玉有獸焉其狀如羊而無口不可殺也稟氣自然　懿行案不可殺言不能死也無口不食而自生活其名曰䍺音還或音患　懿行案廣韵云䍺獸名似羊黑色無口不可殺也䍺又作𦏁洵水出焉音詢　懿行案地理志云漢中郡旬陽北山旬水所出南入沔計其道里似非此而南流注于閼之澤音遏其中多芘蠃紫色螺也　懿行案郭云紫色螺卽知經文芘當爲茈字之譌也古字通以茈爲紫御覽引此經芘作茈

又東四百里曰虖勺之山懿行案虖勺已見上文郭注云勺或作多文選注阮籍詠懷詩引此經作雩夕之山其上多梓枏梓山楸也枏大木葉似桑今作楠音南爾雅以為枏　懿行案梓枏竝見爾雅又梅枏郭注云似杏實酢非也此注得之說見爾雅略又玉篇說枏亦本爾雅註而誤王引之曰爾雅以為枏枏疑當作梅其下多荆懿行案廣雅云楚荆也牡荆曼荆也杞杞苟杞也子赤　懿行案爾雅云杞枸檵郭注云今枸杞也文選注引此經郭注亦云杞枸杞是苟枸聲同也其子赤俗呼狗嬭子廣雅云槆乳苦杞也根名地骨故廣雅云地筋枸杞也滂水

出焉音滂沱之滂而東流注于海

又東五百里曰區吳之山無草木多沙石鹿水出焉而南流注于滂水

又東五百里曰鹿吳之山上無草木多金石澤更之水出焉而南流注于滂水水有獸焉名曰蠱雕蠱或作纂其狀如雕而有角雕似鷹而大尾長翅　懿行案說文云雕鷻也玉篇云鷲也其音如嬰兒之音是食人

東五百里曰漆吳之山無草木多博石可以為博棊石　懿行案方言云簙謂之蔽或謂之棊古棊以木故字从木然中次七經云休與之山有石名曰帝臺之棊是知博棊古有用石者也無玉處于東海懿行案東海一本作海東望丘山其光載出載入神光之所潛燿是惟日次是日景之所次舍　懿行案楊慎補注云經載日月所出入之山凡數十所蓋峯巒隱映巒谷層疊所見然矣非必日月出沒定在

是也

凡南次二經之首自柜山至于漆吳之山凡十七山七千二百里懿行案今七千二百一十里其神狀皆龍身而鳥首其祠毛用一璧瘞糈用稌稻穬也懿行案穬字疑衍或稉字之譌

南次三經之首曰天虞之山懿行案山當在交廣也藝文聚類八卷引顧微廣州記云南海始昌縣西有夫盧山高入雲霄世傳云上有湖水至甲戌日輒聞山上有鼓角笳簫鳴響疑即斯山也天虞夫盧字形相近或傳寫之譌其下多水不可以上

東五百里曰禱過之山其上多金玉其下多犀犀似水牛豬頭庳腳腳似象有三蹏大腹黑色三角一在頂上一在額上一在鼻上在鼻上者小而不墮食角也好噉棘口中常灑血沫懿行案犀見爾雅郭注與此同唯墮作橢是兕兕亦似水牛青色一角重三千斤懿行案兕亦見爾雅郭注與此同此注三字衍多象

象獸之最大者長鼻大者牙長一丈性妒不畜淫子　懿行案說文云象長鼻牙南越大獸三年一乳初學記二十九卷引郭氏圖讚云象實魁梧體巨貌詭肉兼十牛目不踰豕望頭如尾動若丘徙

有鳥焉其狀如鵲　鵲似梟而小腳近尾音骹箭之骹　懿行案爾雅云鶌頭鵃郭注與此略同　而白首三足　或作手　人面其名曰瞿如　音劬　懿行案瞿玉篇廣韵並作鸜玉篇云鸜鳥似白鵁白字衍也廣韵云鸜三首三足鳥白首作三首或字之譌或所見本異也　其鳴自號也泿水出焉　音銀　懿行案水經云泿水出武陵鐔城縣北界沅水谷注引此經爲釋　而南流注于海　懿行案水經云泿水又東至南海番禺縣西分爲二其一南入於海其一又東過縣東南入於海注云泿水又東逕懷化縣入於海　其中有虎蛟　蛟似蛇四足龍屬　懿行案郭氏江賦云水物怪錯虎蛟鉤蛇本此水經注引裴淵廣州記云泿水有鰭魚博物志云東海蛟鰭魚生子子驚還入母腸尋復出與水經注合疑蛟鰭卽虎蛟矣所以謂之虎者初學記三十卷引沈瑩臨海水土異物志云虎鰭長五尺黃黑班耳目齒牙有似虎形唯無毛或變化成虎然則虎蛟之名蓋以此又任昉述異記云虎魚老者爲蛟疑別是一物也　其狀魚身而蛇尾其

音如鴛鴦食者不腫懿行案說文云腫癰也可以已痔懿行案說文云痔後病也

又東五百里曰丹穴之山懿行案爾雅云岠齊州以南戴日爲丹穴丹穴之人智莊子讓王篇云越王子搜逃乎丹穴釋文引爾雅其上多金玉丹水出焉而南流注于渤海渤海海岸曲崎頭也　懿行案渤俗字也說文云郣海地一曰地之起者曰郣史記封禪書作澂海漢書武帝紀作敎海揚雄傳作勃解茲通有鳥焉其狀如雞懿行案史記司馬相如傳正義文選注顏延之贈王太常詩藝文類聚九十九卷及初學記五卷引此經雞茲作鶴薛綜注東京賦引作鵠五采而文名曰鳳皇首文曰德翼文曰義背文曰禮懿行案海內經作翼文曰順背文曰義廣雅與海內經同膺文曰仁腹文曰信懿行案周書王會篇云西申以鳳鳥鳳鳥者戴仁抱義掖信歸有德是鳥也飲食自然懿行案初學記引此經作不飲不食誤自歌自舞見則天下安寧漢時鳳鳥數出高五六尺五采莊周說鳳文字與此有異廣雅云鳳雞頭燕頷蛇頸龜背魚尾雌曰皇雄曰鳳　懿行案鶠鳳其雌皇見爾雅郭引廣雅龜背今本作鴻

身爾雅注與此注同唯五六尺作六尺許也說文云天老曰鳳之象也鴻前麐後蛇頸魚尾鸛顙鴛思龍文龜背燕頷雞喙五色備舉出於東方君子之國翺翔四海之外過昆侖飲砥柱濯羽弱水莫宿風穴見則天下大安寧類聚引郭氏讚云鳳皇靈鳥實冠羽羣八象其體五德其文附翼來儀應我聖君

又東五百里曰發爽或作器懿行案藝文類聚九十五卷引此經亦作發爽之山無草木多水多白猿懿行案類聚引猿作猨汎水出焉而南流注于渤海

又東四百里至于旄山之尾其南有谷曰育遺或作隧懿行案遺隧古音相近大雅桑柔篇云大風有隧此經之隧爲凱風所出即風穴也說文云鳳皇莫宿風穴蓋即此多怪鳥廣雅曰鷄鶋鶋明爰居鵰雀皆怪鳥之屬也懿行案今本廣雅作鷄離延居鷄雀怪鳥屬也離鶋古通用延爰聲相近鷄與鵰鷄與鶋竝字形之譌又廣雅上文已云鶋明鳳皇屬不應又爲怪鳥疑郭氏誤記爾凱風自是出凱風南風懿行案爾雅云南風曰凱風

◎

又東四百里至于非山之首其上多金玉無水其下多蝮虫

又東五百里曰陽夾之山無草木多水

又東五百里曰灌湘之山一作灌湖射之山上多木無草多怪鳥無獸

又東五百里曰雞山懿行案雞山在今雲南郡國志云永昌郡博南南界出金劉昭注引華陽國志云西山高三十里越得蘭滄水有金沙洗取融爲金今案博南西山疑卽雞山蘭滄水卽黑水矣又叅瀾滇池有黑水祠劉昭注引華陽國志云水是溫泉也其上多金其下多丹雘雘赤色者或曰雘美丹也見尚書音尺蠖之蠖懿行案雘已見上文青丘之山說文云丹巴越之赤石也雘善丹也引周書曰惟其敷丹雘讀若雀黑水出焉而南流注于海其中有鱄魚音團扇之團懿行案說文云鱄魚名李善注江賦引此經作蟤魚廣韻亦作蟤魚非也其狀如鮒懿行案廣雅云鮒鰿也卽今鯽魚鯽鰿同字見玉篇而彘毛懿行案廣韻作豕尾其音如豚見則天下大旱懿行案太平御覽九百三十九卷引鱄魚幷鵰鳥圖讚云鵰鳥栖林鱄魚

處川俱爲旱徵災延普
天測之無象厥類惟乎

又東四百里曰令丘之山無草木多火懿行案初學記二十五卷引括地圖曰神丘有火穴光照千里神丘令丘聲相近楚詞大招篇亦云魂虖無南南有炎火千里抱朴子云南海蕭丘有自生之火也其南有谷焉曰中谷條風自是出東北風爲條風記曰條風至出輕繫督捕畱　懿行案條風呂氏春秋有始覽作滔風淮南墜形訓云東方曰條風高誘注云震氣所生劉昭注郡國志九眞郡居風引交州記云山有風門常有風郭引記曰者淮南天文訓云條風至則出輕繫去稽畱令郭注譌督捕畱藏經本捕作遣是有鳥焉其狀如梟人面四目而有耳其名曰顒音娛　懿行案王篇廣韵竝作鵬其鳴自號也見則天下大旱

又東三百七十里曰侖者之山音論說之論一音倫其上多金玉其下多青雘有木焉其狀如穀而赤理其汗如漆懿行案漆當爲桼說文云木汁可以鬃桼物

柰如水滴而下故此言汁矣經文汗當爲汁字之譌東次四經云其汁如血可證太平御覽五十卷引此經正作汁字**其味如飴**懿行案說文云飴米蘗煎也方言云飴謂之餧餳謂之餹郭注云江東皆言餹**食者不飢可以釋勞**懿行案高誘注淮南精神訓云勞憂也**其名曰白䓘**或作睪蘇睪蘇一名白䓘見廣雅音羔　懿行案廣雅云䕸蘇白䓘也在釋草篇此言木者雖名爲木其實草也正如竹之爲屬亦草亦木矣藝文類聚引張協都蔗賦云皋蘇妙而不逮何況沙棠與椰實皋蘇味如飴故以比甘蔗也云可以釋勞者初學記引王朗與魏太子書云奉讀歡笑以藉飢渴雖復萱草忘憂皋蘇釋勞無以加也**可以血玉**血謂可用染玉作光彩　懿行案染玉之說未聞大戴禮少閒篇云玉者猶玉血者猶血盧辯注云血憂色也與此義合

又東五百八十里曰禺槀之山多怪獸多大蛇

又東五百八十里曰南禺之山其上多金玉其下多水有穴焉水出懿行案出藏經本作春**輒入夏乃出冬則閉佐水出焉而東南流注**

于海有鳳皇鵷鶵亦鳳屬懿行案莊子秋水篇云南方有鳥其名鵷鶵本此釋文引李頤云鵷鶵鸞鳳之屬也李善注南都賦引此經與今本同又引郭注云鳳皇也疑誤

凡南次三經之首自天虞之山以至南禺之山凡一十四山六千五百三十里懿行案今才一十三山五千七百三十里其神皆龍身而人面其祠皆一白狗祈祈請禱也懿行案畢氏云祈當為𧖲引說文云𧖲以血有所刏涂祭也又引周禮鄭注云祈或為刏刏與𧖲同義糈用稌

右南經之山志懿行案篇末此語蓋校書者所題故舊本皆亞於經大小凡四十山萬六千三百八十里懿行案經當云凡四十一山萬六千六百八十里蓋傳寫之誤也今檢才三十九山萬五千六百四十里

山海經第一

山海經第二　晉　郭璞傳　棲霞郝懿行箋疏

西山經

西山經華山之首曰錢來之山其上多松其下多洗石澡洗可以磢體去垢圿磢初兩反懿行案磢當爲𤮃說文云磋垢瓦石有獸焉其狀如羊而馬尾名曰羬羊今大月氐國有大羊如驢而馬尾爾雅云羊六尺爲羬謂此羊也羬音針懿行案羬當從說文作麙羬蓋俗體玉篇午咸渠炎二切廣韻巨淹切與鍼同音鍼又之林切俗字作針是郭注之針蓋因傳寫隨俗失於校正也初學記二十九卷引此注亦云羬音針則自唐本已譌太平御覽九百二卷引郭義恭廣志云大羬尾羊細毛薄皮尾上旁廣重且十斤出康居即與此注相合初學記引郭氏圖讚云月氐之羊其類在野厥高六尺尾亦如馬何以審之事見爾雅其脂懿行案說文云戴角者脂可以已腊治體皴腊音昔懿行案說文云昔乾肉也籀文作腊此借爲皴腊之字今人以羊脂療皴有驗

西四十五里曰松果之山懿行案山在今陝西華陰縣東南二十七里李善注西都賦引此經云華

首之山西六十里曰太華之山又注長楊賦引此經作松梁之山西六十里曰太華山濩水出焉懿行案水經注作灌水北流注于渭懿行案水經云河水又南至華陰潼關注云灌水注之水出松果之山北流逕通谷世亦謂之通谷水東北注於河案水經注言入河此經云注渭者華陰潼關之間河渭所會水蓋受其通稱矣其中多銅有鳥焉其名曰螐渠螐音形弓之形懿行案爾雅云鵖鴒雝渠廣雅云鴖鳥精列鶺鴒雁也說文云雁石鳥一名雝渠郭注爾雅云雀屬也又注上林賦云庸渠似鳧灰色而雞腳一名章渠然則雝渠與螐渠形狀既異名稱又殊說者多誤引今正之其狀如山雞黑身赤足可以已𦢊謂皮皴起也音叵駮反懿行案𦢊疑當爲暴借爲皴剝之字

又西六十里曰太華之山即西岳華陰山也今在宏農華陰縣西南懿行案說文云崋山在宏農崋陰地理志云京兆尹華陰太華山在南晉書地理志云宏農郡華陰華山在縣南削成而四方今山形上大下小陗峻也懿行案郭盖讀削爲陗今讀如字水經注云遠而望之又若華狀其高五千仞其廣十里

仞八尺也上有明星玉女持玉漿得上服之即成仙道險僻不通詩含神霧云　懿行案明星玉女華山峯名也藝文類聚七卷引郭氏讚云華岳靈峻削成四方爰有神女是挹玉漿其誰遊之龍駕雲裳鳥獸莫居有蛇焉名曰肥𧔥六足四翼見則天下大旱湯時此蛇見於陽山下復有肥遺蛇疑是同名　懿行案𧔥當爲遺劉昭注郡國志及藝文類聚九十六卷竝引此經作肥遺又此篇下文有鳥復名肥遺郭云復有肥遺蛇者見北山經渾夕之山彭毗之山

又西八十里曰小華之山即少華山　懿行案水經注云太華西南有小華山也其木多荊杞其獸多㸲牛今華陰山中多山牛山羊肉皆千斤牛即此牛也音昨　懿行案穆天子傳云春山爰有野牛山羊郭注云今華陰山有野牛山羊肉皆千斤與此注同是此注山牛當爲野牛其陰多磬石可以爲樂石　懿行案秦嶧山刻石文云刻茲樂石即磬石也說文云磬樂石初學記十六引此經其陽多瑤琈之玉瑤琈玉名所未詳也溽浮兩音　懿行案說文引孔子曰美哉璵璠遠而望之奐若也近而視之瑟若也一則理勝一則孚勝

此經璚玗古字所無或卽璵璠之字當由聲轉若係理字之文又為形變也古書多假借疑此二義似為近之 鳥多赤鷩 赤鷩山雞之屬胷腹洞赤冠金皆黃頭綠尾中有赤毛彩鮮明音作蔽或作鷩 懿行案爾雅說雉十有四種中有鷩雉郭注與此同此注皆黃當為背黃字之譌說文又云鵔鸃鷩也 可以禦火其草有萆荔 萆荔香草也蔽戾兩音 懿行案萆荔說文作萆蔍離騷作薜荔竝古字通 狀如烏韭而生于石上亦緣木而生 烏韭在屋者曰昔耶在牆者曰垣衣 懿行案說文云草蔍似烏韭蔍當為歷徐鍇繫傳正作歷其以烏韭為麥門冬謬也麥門冬葉雖如韭不名烏韭廣雅云昔耶烏韭也本草云烏韭生山谷石上唐本草蘇恭注謂之石苔然則此物蓋與今石華相類蒼翠茸茸如華附石其味清香故離騷云貫薜荔之落蕊王逸注云薜荔香草也緣木而生是薜荔卽萆荔郭注本王逸為說也烏韭二語本廣雅 食之已心痛 懿行案本草陶注云垣衣主治心煩欬逆

又西八十里曰符禺之山 懿行案水經云渭水又東過華陰縣北注有符禺之山太平御覽八百七十卷引此經禺作愚九百二十八卷又引作遇 其陽多銅其陰多鐵其上有木焉名曰

文莖其實如棗可以已聾懿行案藝文類聚引東晳發蒙記云甘棗令人不惑疑因此經下文相涉而誤當云甘棗令人不聾孟詵食療本草云乾棗主耳聾是也又本草經云山茱萸一名蜀棗別錄云主耳聾其草多條其狀如葵而赤華黃實如嬰兒舌食之使人不惑符禺之水出焉懿行案水經注云渭水又東合沙溝水水即符禺之水也南出符禺之山北流入於渭而北流注于渭其獸多蔥聾其狀如羊而赤鬣懿行案此即野羊之一種今夏羊亦有赤鬣者其鳥多鴖音旻　懿行案鴖當爲鴟御覽引此經正作鴟說文云鴟鳥也廣韻云鴟鳥似翠而赤喙其狀如翠而赤喙翠似燕而紺色也　懿行案翠鷸見爾雅郭注與此同可以禦火畜之辟火災也　懿行案御覽引此經禦竝作衛疑誤

又西六十里曰石脆之山懿行案脆當爲脃水經注云渭水又東過鄭縣北注有石脃之山藝文類聚八十九卷兩引此經竝作脆山無石字其木多椶枏椶樹高三丈許無枝條葉大而員枝生梢頭實皮相裹上

行一皮者爲一節可以爲繩一名栟櫚音馬騣之騣懿行案李善注西京賦引此注作幷閭廣雅云栟櫚椶也說文云椶栟櫚也可作萆萆雨衣也玉篇云椶櫚一名蒲葵類聚引廣志曰椶一名幷閭葉似車輪乃在巔下有皮纏之附地起二旬一采轉復上生是其形狀也郭注枝生梢頭枝藏經本作岐二字通其草多條其狀如韭而白華黑實懿行案條草與上文同名異狀又韭亦曰華黑實也食之已疥其陽多瑀琈之玉其陰多銅灌水出焉而北流注于禺水懿行案水經注云小赤水即山海經之灌水也水出石脃之山北逕籥加谷於孤柏原西東北流與禺水合其中有流赭赭赤土懿行案赭見北次二經少陽之山注以塗牛馬無病今人亦以朱塗牛角云以辟惡馬或作角懿行案本草經云代赭石主鬼疰蠱毒殺精物惡鬼邪氣然則赭辟邪惡不獨施之牛馬矣

又西七十里曰英山懿行案水經云渭水又東過鄭縣北注有英山其上多杻橿杻似棣而細葉一名土橿音紐橿木中車材音姜懿行案爾雅云杻檍郭注與此同說文云橿枋也枋木可作車其陰多鐵

其陽多赤金禺水出焉北流注于招水音部　懿行案水經注云禺水出英山北流與招水相得亂流西北注於灌灌水又北注於渭其中多鮮魚音同蚌蛤之蚌其狀如鼈其音如羊其陽多箭䉋今漢中郡出䉋竹厚裏而長節根深筍冬生地中人掘取食之䉋音媚　懿行案玉篇云䉋竹長節深根筍冬生廣雅云箭䉋篛也䉋廣志作篃見初學記水經注作媚有媚加谷又見中山經其獸多㸲牛羬羊有鳥焉其狀如鶉懿行案鶉鶉見爾雅黃身而赤喙其名曰肥遺食之已癘癘疫病也或曰惡創韓子曰癘人憐主　懿行案說文云癘惡疾也或曰惡創者韓詩外傳引戰國楚策云癘雖癰腫疕疵又云癘憐王此注人字衍主又王字之譌所引韓子者姦劫弒臣篇文也與外傳楚策同可以殺蟲懿行案蟲蓋蟯蛕之屬

又西五十二里曰竹山懿行案山在今陝西渭南縣東南四十里俗名大秦嶺亦曰箭谷嶺蓋因多竹箭得名其上多喬木枝上竦者音橋　懿行案爾雅云木上句曰喬其陰多鐵有草焉其

名曰黃雚其狀如樗其葉如麻白華而赤實其狀如赭紫赤色浴之已疥懿行案說文云疥搔也此草浴疥可以去風痒本草別錄云對盧主疥煮洗之似菴蕳即此也又可以已胕治胕腫也音符懿行案胕腫見黃帝素問竹水出焉北流注于渭懿行案水經注云渭水又東逕下邽縣故城南又東與竹水合水南出竹山北逕媚加谷歷廣鄉原東俗謂之大赤水北流注於渭其陽多竹箭箭篠也懿行案說文云筱箭屬小竹也多蒼玉懿行案玉藻云大夫佩水蒼玉丹水出焉今所在有丹水東南流注于洛水懿行案丹水洛水皆在今陝西界也水經注云上洛縣洛水東與丹水合水出西北竹山東南流注於洛其中多水玉多人魚如鯑魚四脚懿行案說見北次三經龍矦之山注有獸焉其狀如豚而白毛懿行案初學記二十九卷及文選長楊賦注引此經俱毛下復有毛字大如笄而黑端笄簪屬懿行案李善注長楊賦引此經下有以毛射物四字疑今本脫去之有郭注可證名曰豪彘狟豬也夾髀有麄豪長數尺能以脊上豪射物亦自爲牝牡狟或作貆吳楚呼爲鸞豬亦此類也懿行案初

學記引此經有云貓豬大者肉至千斤疑本郭注今脫去之藝文類聚九十四卷引郭氏圖讚云剛鬣之族號曰豪豨毛如攢錐中有激矢厥體兼資自爲牝牡案豪彘今謂之箭豬其毛狀都如此經及注所說

又西百二十里曰浮山懿行案水經渭水注有肺浮山與麗山連麓而枉南蓋此是也藝文類聚七卷引遊名山志云玉湮山一名地肺山一名浮山即此山在今陝西臨潼縣南多盼木盼音美目盼兮之盼懿行案郭既音盼知經文必不作盼未審何字之譌枳葉而無傷枳刺針也能傷人故名云懿行案小爾雅云枳害也郭注方言云山海經謂刺爲傷也本此廣雅云傷箴也此注針當爲鍼木蟲居之在樹之中有草焉名曰薰音訓草懿行案廣雅云薰草蕙草也說見嶓冢之山注麻葉而方莖赤華而黑實懿行案史記司馬相如傳索隱引本草云薰草一名蕙廣志云蕙草綠葉紫莖魏武帝以此燒香今東下田有草莖葉似麻其華正紫也臭如蘼蕪蘼蕪香草易曰其臭如蘭眉無兩音懿行案爾雅云蘄茝蘼蕪郭注云香草葉小如萎狀引淮南子云似蛇牀又引此經云臭如蘼蕪又文選南都賦注引本草經曰蘼蕪一名薇蕪陶隱居注曰蕙葉似蛇牀而香佩之可

以已癘懿行案本草別錄云薰草去臭惡氣爾雅疏引此經作止癘

又西七十里曰羭次之山音臾懿行案劉昭注郡國志及初學記一卷引此經並與今本同其二十七卷又引作瑜次之山蓋誤漆水出焉今漆水出岐山懿行案說文云漆水出右扶風杜陵岐山案杜陵水經注引作杜陽是也地理志云右扶風漆水在縣西水經云漆水出扶風杜陽縣俞山東北入於渭注引此經與今本同北流注于渭懿行案說文云東入渭一曰入洛据此經及水經則入渭是也其上多棫橿棫白桵也音域懿行案棫白桵見爾雅其下多竹箭其陰多赤銅其陽多嬰垣之玉垣或作短或作根或作埋傳寫謬錯未可得詳懿行案垣下文泑山正作短畢氏云郭云或作根者當為琅說文云琅石之似玉者玉篇引張揖埤蒼云瓔琅石似玉也琅居根魚巾二切是有獸焉其狀如禺而長臂善投其名曰囂亦在畏獸畫中似獼猴投擲也懿行案囂夒聲相近說文云夒母猴似人有鳥懿行案初學記引此經作鳧誤焉其狀如梟人面而一足曰槖𩇯音肥懿行案廣韻引此經槖作蠹太平御覽

四百三十三卷引河圖曰鳥一足名獨立見則主勇強即斯類也冬見夏蟄服之不畏雷著其毛羽令人不畏天雷也或作災

又西百五十里曰時山懿行案下文大時之山廣韻引作太時則此時山疑亦當爲時山地理志云右扶風雍有五時說文云時天地五帝所基址祭地也史記索隱云時止也言神靈之所依止也無草木逐或作遂水出焉北流注于渭其中多水玉

又西百七十里曰南山懿行案即終南山詩謂之南山在渭水之南上多丹粟懿行案初學記八卷引此經云南山多黃丹水出焉疑多黃即多丹粟之譌脫丹水出焉北流注于渭懿行案丹水即赤水也水經注云渭水又東逕槐里縣故城南有涌水出南山赤谷又云耿谷水北與赤水會又北逕思鄉城東又北注渭水獸多猛豹猛豹似熊而小毛淺有光澤能食蛇食銅鐵出蜀中豹或作虎　懿行案猛豹即貘豹也爾雅云貘白豹郭注云似熊小頭庳腳黑白駁能舐食銅鐵說文云貘似熊而黃黑色出蜀中貘通作貘白帖引廣志云貘大如驢色蒼

白舐鐵消千斤其皮溫煖又通作貊郭注中次九經崍山云山出貊貊似熊而黑白駮亦食銅鐵是則貊即貘也貘豹猛豹聲近而轉鳥多尸鳩尸鳩布穀類也或曰鶻鵃也鳩或作丘懿行案爾雅云鳲鳩鴶鵴郭注云今之布穀也與此注同又引或曰鶻鵃也者列子天瑞篇云鷂之爲鸇鸇之爲布穀布穀久復爲鷂是郭所本也又云鳩或作丘者聲近假借字

又西百八十里曰大時之山懿行案廣韻引此經作太時畢氏云山疑即大白山也在今陝西郿縣東南四十里水經注云太一山亦曰太白山在武功縣南去長安二百里上多穀柞柞櫟懿行案柞櫟見爾雅下多杻橿陰多銀陽多白玉涔水出焉音潛北流注于渭清水出焉南流注于漢水今河內脩武縣縣北黑山亦出清水懿行案地理志云右扶風武功斜水出衙領山北至郿入渭褒水亦出衙領至南鄭入沔案沔即漢也東漢水受氐道水一名沔亦見地理志是此經涔水疑即斜水清水疑即褒水矣劉昭注郡國志修武引此郭注與今本同其引此經作太行之山葢字之譌

又西三百二十里曰嶓冢之山今在武都氐道縣南嶓音波懿行案山在今甘肅秦州西南

六十里李善注思玄賦引河圖曰嶓冢山名此山之精上爲星名封狼

漢水出焉懿行案地理志云隴西郡西禹貢嶓冢山西漢所出南入廣漢白水東南至江州入江又云氐道禹貢養水所出至武都爲漢養字本作瀁說文云瀁古字作瀁是地理志以出氐道者爲漢水出嶓冢者爲西漢水也水經則云瀁水出隴西氐道縣嶓冢山蓋合二水爲一也又高誘淮南注及水經注引闞駰說竝以漢即昆侖之洋水重源顯發而爲瀁水據此又以洋即瀁字省文矣而東南流注于沔至江夏安陸縣江即沔水懿行案地理志云武都郡武都東漢水受氐道水一名沔過江夏謂之夏水入江又云沮水出東狼谷南至沙羨南入江水經則云沔水出武都沮縣東狼谷是沮水即沔水沔水即東漢水也地理志云東漢水受氐道水即此經云東南流注于沔矣又案地理志及水經竝言漢水入江此注云江即沔水是知郭本經文作注于江今本譌爲沔也水經注及藝文類聚引此經竝作江字可證又此注云江即沔水江上脫入字江下脫漢字遂不復可讀䦧水懿行案藝文類聚八十九卷引此經作誾水出焉北流注于湯水或作陽其上多桃枝鉤端鉤端桃枝屬懿行案桃枝竹見爾雅鉤端廣雅作鏑籥云桃支也鏑籥聲近爲篙簸玉篇云篙簸桃枝竹獸

多犀兕能羆羆似熊而黃白色猛憨能拔樹懿行案吳氏本郭注能拔樹下有一云長頭高腳六字與爾雅注合諸本並脫去之鳥多白翰白翰白鵫也亦名鵫雉又曰白雉懿行案翰見爾雅其字作鶾赤鷩有草焉其葉如蕙蕙香草蘭屬也或以蕙爲薰葉失之音惠懿行案廣雅云菌薰也其葉謂之蕙本離騷王逸注爲說也廣雅又云薰草蕙草也故南方草木狀云蕙草一名薰草是蕙卽薰也草木狀又云葉如麻兩兩相對氣如蘼蕪可以止癘出南海與上文浮山薰草名義相合是張揖嵇含並以蕙薰卽爲一草但不以蕙爲薰葉耳郭氏不從離騷注故云失之其本如桔梗本根也懿行案廣雅云犂如桔梗也本草作利如太平御覽引吳普本草云一名盧如葉如薺苨莖如筆管紫赤莊子徐无鬼篇釋文引司馬彪云桔梗治心腹血瘀瘕痺黑華而不實名曰蓇蓉爾雅釋草曰榮而不實謂之蓇音骨懿行案郭引爾雅脫英字玉篇廣韻並有蓇蓇蓉从艸皆後人所加也管子地員篇說木屬有胥容胥古字作肙與骨形近易混疑骨容卽胥容也但草木區別疑未敢定焉食之使人無子

又西三百五十里曰天帝之山上多椶枏下多菅蕙菅茅類也懿行案

爾雅云白華野菅郭注云菅茅屬有獸焉其狀如狗名曰谿邊或作谷遺席其皮者不蠱懿行案此即狗屬也史記封禪書云秦德公磔狗邑四門以禦蠱菑義葢本此有鳥焉其狀如鶉黑文而赤翁翁頭下毛音汲甕之甕懿行案說文云翁頸毛也注頭字譌名曰櫟音沙礫之礫食之已痔有草焉其狀如葵懿行案史記司馬相如傳索隱引此經作葉如葵其臭如蘼蕪名曰杜衡香草也懿行案爾雅云杜土鹵郭注云杜衡也似葵而香廣雅云楚蘅杜蘅也文選注引范子計然云秦蘅出於隴西天水史記司馬相如傳索隱引張揖云衡杜衡生天帝之山可以走馬帶之令人便馬或曰馬得之而健走食之已癭懿行案說文云癭頸瘤也淮南墬形訓云險阻氣多癭博物志云山居之民多癭

西南三百八十里曰皐塗之山懿行案史記司馬相如傳索隱引此經作鼻塗薔音色或作蕢又作蔷懿行案薔字形近蔷蔷即菑字異文郭注蕢蔷亦與蔷菑形近但别無依据疑未敢定也水出焉西流注于諸資之水懿行案淮南墬形訓云西南方曰渚資曰丹澤塗水出焉南流注于

西山經

集獲之水其陽多丹粟其陰多銀黃金懿行案銀與黃金二物也下文槐江之山多采黃金銀與此義同其上多桂木有白石焉其名曰礜懿行案說文云礜毒石也出漢中本草別錄同可以毒鼠今礜石殺鼠音豫蠶食之而肥懿行案本草別錄云礜石辛大熱有毒不鍊服殺人及百獸然則不但可以毒鼠矣博物志云鸛伏卵取礜石入巢助煖陶注本草云取生礜石納水令水不冰是其性大熱可知玉篇云礜石出陰山殺鼠蠶食則肥本於郭注其云出陰山則非也云蠶食之而肥者淮南說林訓云人食礜石而死蠶食之而不饑是郭注所本有草焉其狀如槀茇槀茇香草懿行案槀茇即槀本也本茇聲近義同故此經言槀茇中山經青要之山言槀本郭氏注上林賦云槀本槀茇也明爲一物廣雅云山茝蔚香槀本也其葉如葵而赤背名曰無條可以毒鼠懿行案本草別錄云逐折殺鼠蓋即此有獸焉其狀如鹿而白尾懿行案史記司馬相如傳索隱引此經無白尾二字馬足人手前兩腳似人手懿行案史記司馬相如傳索隱引此經作人首蓋譌而四角名曰玃如音假嬰之嬰懿行案經文玃當爲獿注文假嬰當

爲猳玃竝字形之譌也郭注爾雅玃父云猳玃也是此注所本廣雅釋地本此經正作玃如可證太平御覽九百十三卷引作玃無如字疑脫又案史記司馬相如傳有蠷蝚索隱引此經作玃猱云字或作蠷然則玃猱即玃如之異文猱如聲之轉也說文云蠷禺屬玉篇云蠷或玃字有鳥焉其狀如鶉懿行案鶉有三種具見爾雅而人足名曰數斯食之已瘿或作癇懿行案說文云癇病也玉篇云小兒瘨癇後漢書王符傳云哺乳多則生癇病

又西百八十里曰黃山今始平槐里縣有黃山上故有宮漢惠帝所起疑非此懿行案郭注本地理志槐里在右扶風有黃山宮孝惠二年起晉書地理志云始平郡槐里有黃山宮無草木多竹箭盼水出焉音美目盼兮之盼懿行案郭既音盼知經文必不作盼未審何字之譌西流注于赤水其中多玉有獸焉其狀如牛而蒼黑大目其名曰𤛑音敏懿行案周書王會篇云數楚每牛每牛者牛之小者也廣韻𤛑音切同美是也畢氏云有鳥焉其狀如鴞懿行案廣雅云鶩鳥鴞也形狀見陸機詩疏青羽赤喙人舌能言名曰鸚䳇鸚䳇舌似小兒舌腳指前後各兩扶南徼

外出五色者亦有純赤自者大如鴈也懿行案說文云鸚䳇能言鳥也初學記三十卷引廣州記云根杜出五色鸚䳇曾見其白者大如母雞又引南方異物志云鸚䳇有三種交州巴南盡有之又引郭氏圖讚云鸚䳇慧鳥棲林啄蘂四指中分行則以觜藝文類聚九十一卷引此讚尚有自貽伊籠見幽坐伎八字又文選注鸚䳇賦引此經郭注腳指作腳趾

又西二百里曰翠山其上多椶枏其下多竹箭其陽多黃金懿行案畢氏本無金字玉其陰多旄牛懿行案旄牛見北山經潘侯之山注麢麝麢似羊而大角細食好在山崖閒麝似獐而小有香懿行案麢麝竝見爾雅郭注與此同其鳥多鸓音壘懿行案玉篇云鸓大類切所說形狀正與此同是經鸓當為鸓注壘當為疊竝字形之譌也其狀如鵲赤黑而兩首四足可以禦火

又西二百五十里曰騩山音巍一音隗䠣之隗是錞于西海錞猶隄埻也音章閏反懿行案玉篇引此經作埻于西海又引郭注作埻猶隄也今本埻字疑衍隄蓋埤障之義海內東經有埻端國郭注埻音敦西

海謂之青海或謂之僊海見地理志金城郡臨羌又思玄賦舊注云黃帝葬於西海橋山亦即此無草木多玉淒水出焉或作湊西流注于海其中多采石采石石有采色者今雌黃空青綠碧之屬懿行案穆天子傳云有采石之山郭注云出文采之石也劉逵注蜀都賦云牂牁有白曹山出丹青曾青空青也埶文類聚八十一卷引范子計然曰空青出巴郡白青曾青出宏農豫章白青出新淦青色者善本草經曰空青能化銅鐵鉛錫作金別錄云生益州山谷及越巂山有銅處銅精熏則生空青又云雌黃生武都山谷與雄黃同山生其陰山有金金精熏則生雌黃又云綠青生山之陰穴中色青白陶注云此即用畫綠色者亦出空青中蘇頌圖經云綠青今謂之石綠是也黃金多丹粟

凡西經之首自錢來之山至于騩山凡十九山二千九百五十七里懿行案今三千一百一十七里華山冢也冢者神鬼之所舍也　懿行案此皆山也言神與冢者冢大於神爾雅釋詁云冢大也釋山云山頂冢是其義也郭以冢為墳墓蓋失之其祠之禮太牢牛羊豕為太牢羭

山神也祠之用燭或作煬懿行案說文云燭庭燎火燭也煬炙燥也齋百日以百犧牲純色者爲犧瘞用百瑜瑜亦美玉名音臾湯或作溫懿行案湯讀去聲今人呼溫酒爲湯酒本此其酒百樽溫酒令熱嬰以百珪百璧嬰謂陳之以環祭也或曰嬰即古罌字謂盂也徐州云穆天子傳曰黃金之罌之屬也懿行案穆天子傳云賜之黃金之罌三六郭注云即盂也徐州謂之罌太平御覽八百六卷引此經云瑜山之神祠以黃圭蓺文類聚八十三卷引作瑜山之神祠之白珪兩引皆異疑類聚近之又疑今本百或白字之譌也其餘十七山之屬皆毛牷用一羊祠之牷謂牲體全具也左傳曰牷牲肥腯者也燭者百草之未灰懿行案此蓋古人用燭之始經云百草未灰是知上世爲燭蓋亦用麻蒸葦苣爲之詳見詩疏及周禮疏白蓆采等純之純緣也五色純之等差其文綵也周禮莞席紛純懿行案采等者聘禮云繅三采六等等訓就也采一帀爲一就蓆藏經本作席

西次二經之首曰鈐山音髡鉗之鉗或作冷又作塗其上多銅其下多玉其

木多杻橿

西二百里曰泰或作秦懿行案初學記六卷引此經正作秦冒之山懿行案山在今陝西膚施縣其陽多金其陰多鐵浴水出焉懿行案浴當爲洛字之譌初學記六卷及太平御覽六十二卷俱引此經作洛水又晉灼引水經洛水云出上郡雕陰泰冒山過華陰入渭即漆沮水是此經浴水即洛水審矣又詳西次四經白於之山東流注于河其中多藻玉藻玉玉有符彩者或作柬音練懿行案初學記引此經多作有多白蛇水蛇

又西一百七十里曰數歷之山懿行案水經注汧縣有數歷山其上多黃金其下多銀其木多杻橿其鳥多鸚䳇楚水出焉而南流注于渭懿行案水經注云渭水逕南田縣南東與楚水合世所謂長蛇水水出汧縣之數歷山又南流注於渭闞駰以是水爲汧水焉其中多白珠今蜀郡平澤出青珠尸子曰水員折者有珠懿行案穆天子傳云北征舍于珠澤郭注云今越巂平澤

出青珠是初學記二十七卷引華陽國志云廣陽縣山出青珠永昌郡博南縣有光珠穴出光珠珠有黃珠白珠青珠碧珠

又西百五十里高山懿行案魏志張郃傳云劉備保高山不敢戰疑即此也淮南墬形訓云涇出薄落之山是薄落山即高山之異名也又覽冥訓云嶢山崩而薄落之水涸高誘注云薄落涇水是嶢山亦即高山矣嶢高聲相近初學記六卷引嶢作硝高注有硝山在雍四字爲今本所無也玉篇引此經作商山藏經本高山上有日字其上多銀其下多青碧碧亦玉類也今越嶲會稽縣東山出碧懿行案說文云碧石之青美者竹書云周顯王五年雨碧于郢莊子曰萇宏死於蜀其血化爲碧李善注南都賦引廣志云碧有縹碧有綠碧郭注會稽當爲會無字之譌地理志云越嶲郡會無東山有碧雄黃晉太興三年高平郡界有山崩其中出數千斤雄黃懿行案太興三年晉元帝之四年也高平郡晉書地理志作高平國故屬梁國晉初分山陽置也博物志云雄黃似石流黃本草經云雄黃一名黃金石別錄云生武都山谷燉煌山之陽其木多樱其草多竹懿行案竹之爲物亦草亦木故此經或稱木或稱草涇水出焉音經而東流注于渭今涇水出安定朝那縣西幵頭山至京兆高陵縣入渭也懿行案高誘注淮

南墜形訓云薄落之山一名笄頭山安定臨涇縣西笄頭即开頭也高誘及郭注俱本地理志又下文云涇谷之山涇水出焉復云東南流注于渭與此非一水也涇水又見海内東經郭注與此同

其中多磬石書曰泗濱浮磬是也青碧

西南三百里曰女牀之山懿行案薛綜注東京賦云女牀山在華陰西六百里其陽多赤銅其陰多石涅即礬石也楚人名爲涅石秦名爲羽涅也本草經亦名曰石涅也　懿行案吳氏據本草云黑石脂一名石墨一名石涅南人謂之畫眉石是矣又云礬石一名涅石又名羽澤二名原自不同且礬石井無石涅之名以涅石爲石涅是郭注之誤也又引本草石涅一名乎丹又名黑丹孝經援神契曰王者德至山陵而黑丹出文選東京賦云黑丹流淄今案吳說是也然据本草經礬石一名羽涅無石涅之名而郭注引本草經礬石亦名石涅蓋今本草有脫文也涅石見北山經賁聞之山

其獸多虎豹犀兕有鳥焉其狀如翟而五采文翟似雉而大長尾或作鸐鸐雕屬也　懿行案鸐山雉見爾雅郭注云長尾者薛綜注東京賦引此經翟作鶴五采作五色郭云鸐雕屬

者見下文名曰鸞鳥見則天下安寧書說鸞似雞瑞鳥也周成王時西戎獻之懿行案周書王會篇云氐羌鸞鳥孔晁注云鸞大於鳳亦歸於仁義者也說文云鸞亦神靈之精也赤色五采雞形鳴中五音頌聲作則至周成王時氐羌獻鸞鳥廣雅云鸞鳥鳳皇屬也蓺文類聚引決疑注云象鳳多青色者鸞與說文異今所見鸞鳥羽赤色而有點文說文葢近之矣蓺文類聚九十九卷引郭氏讚云鸞翔女牀鳳出丹穴拊翼相和以應聖哲擊石靡詠韶音其絕

又西二百里曰龍首之山懿行案太平御覽九百三十卷引三秦記曰龍首山長六十里頭入於渭尾達樊川頭高二十丈尾漸下高五六尺土赤不毛云昔有黑龍從山南出飲渭其行道因成土山故以名也水經渭水注引尺作丈山南作南山文選西都賦云據龍首李善注引此經云華山之西龍首之山疑引此經郭注文今本脫去之也云華山西者上文女牀之山在華陰西六百里又加二百里則去華山八百里也其陽多黃金其陰多鐵茗水出焉懿行案初學記及太平御覽引此經作若水畢氏云茗當爲茵菹字形相近東南流注于涇水其中多美玉

又西二百里曰鹿臺之山今在上郡　懿行案當爲上黨郡注脫黨字水經沁水注云陽泉水出鹿臺山山上有水淵而不流太平寰宇記云謁戾山一名鹿臺山山在今汾州府平遙縣西謁戾山見北次三經然案其道里不相應當在闕疑其上多白玉其下多銀其獸多㸲牛羬羊白豪豪貆豬也　懿行案貆豬即豪彘也竹山之獸已見上文以其毛白故稱白豪有鳥焉其狀如雄雞而人面名曰鳧徯其鳴自叫也懿行案北堂書鈔一百十三卷引此經面作首鳴作名蓋形聲之譌見則有兵

西南二百里曰鳥危之山其陽多磬石懿行案初學記十六卷引此經與今本同又經中說磬石者三俱見西山經其陰多檀懿行案檀見陸機詩疏及爾雅魄榽橀注楮楮即穀木　懿行案廣雅云穀楮也詳陸機詩疏其中多女牀未詳　懿行案廣雅云顛棘女木也又云女陽女菀也此經女牀未審何物若是草屬或即女木女陽之字因形聲而譌又太平御覽九百九十一卷引吳普本草云女菀一名織女菀今案織女星旁

有四星名女牀是女牀或即織女菟之別名矣烏危之水出焉西流注于赤水其中多丹粟

又西四百里曰小次之山其上多白玉其下多赤銅有獸焉其狀如猿而白首赤足名曰朱厭見則大兵一作見則有兵起焉一作見則爲兵懿行案北堂書鈔一百十三卷太平御覽三百二十九卷引此經並作見則有兵

又西三百里曰大次之山其陽多堊堊似土色甚白音惡懿行案說文云堊白涂也爾雅云牆謂之堊亦謂牆以白堊涂之也然据北山經賁聞之山孟門之山並多黃堊中山經葱聾之山多白堊黑青黃堊明堊非一色不獨白者名堊也其陰多碧其獸多㸲牛麢羊

又西四百里曰薰吳之山無草木多金玉

又西四百里曰厎陽之山音旨懿行案厎當爲底字之譌亦如互人國爲氐人皆形近而譌也厎

藏經本正作底其木多櫻櫻似松有刺細理音卽懿行案李善注南都賦引此經郭注云櫻似松柏柏字衍玉篇廣韻本此注竝無柏字枏豫章豫章大木似楸葉冬夏青生七年而後復可知也懿行案爾雅云楡無疵郭注云楡楩屬似豫章子虛賦云楩枏豫章顏師古注云豫卽枕木章卽樟木二木生至七年乃可分別後漢書王符傳注云豫章卽樟木也淮南修務訓云楩枏豫章之生也七年而後知是郭注所本注復字衍其獸多犀兕虎犳犳音之藥反懿行案玉篇云犳獸豹文音與郭同㸲牛

又西二百五十里曰眾獸之山其上多㻬琈之玉其下多檀楮多黃金其獸多犀兕

又西五百里曰皇人之山其上多金玉其下多青雄黃卽雌黃也或曰空青曾青之屬懿行案經中既有雄黃又有青雄黃或青與雄黃二物也吳氏引蘇頌云階州山中雄黃有青黑色而堅者名曰熏黃青雄黃意卽此今案下文長沙山及北山經譙明山中山經白邊山竝多青雄黃郭云卽雌黃者雌蓋雄字之譌郭

欲明青雄黃卽雄黃又引或說以青與雄黃爲二物不可的知故兩存其說也雌黃及空青曾青皆見本草經皇水出焉西流注于赤水其中多丹粟

又西三百里曰中皇之山其上多黃金其下多蕙棠形棠之屬也蕙或作羔　懿行案蕙與棠二物形棠葢赤棠也棠有二種具見爾雅中山經云陰山其中多彫棠彫疑彤字之譌

又西三百五十里曰西皇之山其陽多金其陰多鐵其獸多麋鹿麋大如小牛鹿屬也　懿行案說文云麋鹿屬冬至解其角詳見爾雅㸲牛

又西三百五十里曰萊山其木多檀楮其鳥多羅羅是食人羅羅之鳥所未詳也　懿行案海外北經有青獸狀如虎名曰羅羅此鳥與之同名

凡西次二經之首自鈐山至于萊山凡十七山四千一百四十里懿行案今四千六百七十里其十神者皆人面而馬身其七神皆人面牛

身四足而一臂操杖以行是爲飛獸之神其祠之毛用少牢羊豬爲少牢也白菅爲席其十輩音背　懿行案輩猶類也軍發以車百兩爲一輩見說文神者其祠之毛一雄雞鈐而不糈鈐所用祭器名所未詳也或作思訓祈不糈祠不以米　懿行案鈐疑祈之聲轉耳經文祈而不糈即祠不以米之義思訓未詳證以周書大匡篇云祈而不賓羅匡篇作勤而不賓勤祈聲轉鈐勤聲又近此經鈐而不糈當即祈而不賓之義郭疑爲祭器名未必然也毛采言用雄色雞也　懿行案雄色雄字譌藏經本作雄

西次三經之首曰崇吾之山懿行案博物志及史記封禪書索隱引此經竝作崇丘博物志又作參隅在河之南北望冢遂山名南望䍃之澤音遙西望帝之搏獸之丘搏或作簿東望蟡淵音於然反有木焉員葉而白柎今江東人呼草木子房爲柎音府一曰柎華下鄂音丈夫字或作柎音符　懿行案經文柎當爲柎故郭音府其音符者乃从木旁傳寫謬誤遂不復可別今正之一曰柎華下鄂者本詩鄭箋云鄂不韡韡承華曰鄂不讀爲柎柎鄂足也不柎同釋文云柎亦作跗是郭義所本也赤華而

黑理其實如枳懿行案說文云枳木似橘考工記云橘踰淮而北爲枳食之宜子孫懿行案周書王會篇云康民以桴苡桴苡者其實如李食之宜子說文引書作芣苢繫傳引韓詩亦云芣苢木名實如李陶注本草車前子亦引韓詩言芣苢是木似李食其實宜子孫與周書合是知芣苢有草有木周書所說是木類疑即此有獸焉其狀如禺而文臂豹虎懿行案吳氏云豹虎字有誤愚謂或有脫誤又虎豹一獸名也太平御覽九百十三卷載虎豹引博物志曰逢伯雲所說有獸緣本緣文似豹若虎毛可爲筆然則玆獸兼有虎豹之體故獨被斯名矣緣本緣文四字復有脫誤而善投名曰舉父或作夸父懿行案爾雅云玃父善顧非此又云虡迅頭郭注云今建平山中有虡大如狗似獮猴黃黑色多髯鬣好奮迅其頭能舉石擿人玃類也如郭所說惟能舉石擿人故經曰善投亦因名舉父舉虡聲同故古字通用舉夸聲近故或作夸父有鳥焉其狀如梟而一翼一目相得乃飛名曰蠻蠻比翼鳥也色青赤不比不能飛爾雅作鶼鶼鳥也懿行案鶼鶼見爾雅釋地郭注本此爲說博物志云崇丘山有鳥一足一翼一目相得而飛名曰䖝又云比翼鳥一靑一赤在參隅山今案䖝蠻聲之轉參隅崇吾亦聲

之轉見則天下大水懿行案此則比翼鳥非瑞禽也封禪書云西海致比翼之鳥以此侈封禪之符過矣

西北三百里曰長沙之山懿行案穆天子傳云送天子至于長沙之山卽此泚水出焉音紫北流注于泑水鳥交反又音黝水色黑也懿行案說文云泑澤在昆侖下讀與黝同卽下文云東望泑澤者也無草木多青雄黃

又西北三百七十里曰不周之山此山形有缺不周帀處因名云西北不周風自此山出懿行案大荒西經云有山而不合名曰不周負子離騷云路不周以左轉指西海以爲期王逸注云不周山名在昆侖西北高誘注呂氏春秋本味篇亦云不周山在昆侖西北並非也此經乃在昆侖東南漢書司馬相如傳注張揖云不周山在昆侖東南二千三百里亦非也不周去昆侖一千七百四十里水經注引此經云不周之山不周之北門以納不周之風今經無此語疑本郭注今脫去之北望諸毗之山臨彼嶽崇之山東望泑澤懿行案泑澤漢書西域傳作鹽澤泑鹽聲之轉地理志謂之蒲昌海云敦煌郡有蒲昌海也河水所潛也其原渾渾泡

泑河南出昆侖潛行地下至蔥嶺出于闐國復分流岐出合而東流注泑澤已復潛行南出於積石山而爲中國河也名泑澤卽蒲澤一名蒲昌海廣三四百里其水停冬夏不增減去玉門關三百餘里卽河之重源所謂潛行也渾渾泡泡水濆涌之聲也袞咆二音　懿行案此注本水經及漢書西域傳爲說也河水原委詳見北山經敦薨之山此注蒲澤蒲字當爲鹽史記大宛傳索隱引此注云泑澤卽鹽澤是也郭又云去玉門關三百餘里三上脫千字水經注作東去玉門陽關千三百里漢書脫千字郭氏仍其失也　爰有嘉果其實如桃懿行案初學記引漢武故事云王母種桃三千歲一著子蓋此之類　其葉如棗黃華而赤柎懿行案柎亦當爲拊說已見前　食之不勞勞憂也　懿行案太平御覽九百六十四卷引此經作其實如桃李其華赤食之不飢與今本異

又西北四百二十里曰峚山音密　懿行案郭注穆天子傳及李善注南都賦天台山賦引此經俱作密山蓋峚密古字通也初學記二十七卷引此經仍作峚山　其上多丹木員葉而赤莖黃華而赤實其味如飴食之不飢丹水出焉西流注于稷澤后稷神所

焉因名云懿行案澤卽后稷所葬都廣之野也其地山水環之故得言澤見海內經其中多白玉是有玉膏其原沸沸湯湯玉膏涌出之貌也河圖玉版曰少室山其上有白玉膏一服卽仙矣亦此類也沸音拂懿行案初學記引十洲記云瀛洲有玉膏如酒名曰玉酒飲數升輒醉令人長生黃帝是食是饗所以得登龍於鼎湖而龍蛻也懿行案注龍蛻二字疑譌太平御覽五十卷引此注作靈化也登龍鼎湖見史記封禪書是生玄玉言玉膏中又出黑玉也懿行案玉藻云公侯佩山玄玉淮南道應訓云玄玉百工高誘注云二玉爲一工也玉膏所出以灌丹木丹木五歲五色乃清言光鮮也五味乃馨言滋香也黃帝乃取峚山之玉榮謂玉華也離騷曰懷琬琰之華英又曰登昆侖兮食玉英汲冢書所謂若華之玉懿行案竹書云斲其名于若華之玉楚詞哀時命篇云采鍾山之玉英穆天子傳云得玉策枝斯之英郭氏注引尸子曰龍泉有玉英又引此經玉榮作玉策李善注思玄賦及李賢注後漢書張衡傳蔡邕傳引此經竝作玉策疑策俱榮字之譌而投之鍾山之陽以爲玉種懿行案思玄賦注及張衡傳注引此經竝作鍾山之陰蔡邕傳注引此復作

鍾山之陽淮南俶眞訓云鍾山之玉炊以鑪炭三日三夜而色澤不變許愼注云鍾山北陸無日之地出美玉瑾瑜之
玉爲良言最善也或作食覲與兩音　懿行案瑾瑜美玉名玉藻云世子佩瑜玉上文云瘞用百瑜下文云泑山其陽
多瑾瑜之玉或作食者黃帝是食是饗楚詞亦云食玉英蕤文類聚八十三卷引郭氏讚云鍾山之寶爰有玉華光采流映氣
如虹霞君子是佩象德閑邪堅粟精密說玉理也禮記曰瑱密似粟粟或作粟玉有粟文所謂穀璧也　懿行案
王引之說經文粟當爲栗注文粟當爲粟郭引禮記似粟當爲以栗又粟字重文亦然俱傳寫之譌也濁澤有而
光濁謂潤厚　懿行案有而當爲而有濁澤類聚引作潤濁五色發作言符彩互映色王子靈符應曰赤如雞冠
黃如蒸栗白如割肪黑如醇漆玉之符彩也　懿行案王子靈符應類聚八十三卷引作王逸正部論李善注魏文帝與鍾大
理書引亦同割肪竝作豬肪其正部　蓋玉部字之譌也郭注色藏經本作也以和柔剛言玉協九德也天地
鬼神是食是饗玉所以祈祭者言能動天地感鬼神君子服之以禦不祥今徼外出金剛
石石屬而似金有光彩可以刻玉外國人帶之云辟惡氣亦此類也　懿行案太平御覽八百十三卷引晉起居注云咸亭三

年燉煌上送金剛玉金中不淘不消可以切玉出天竺又引南州異物志云金剛石也其狀如珠堅利無匹外國人好以飾玦環服之能辟惡毒李時珍本草云金剛石卽金剛鑽引抱朴子云扶南出金剛生水底石上如鍾乳狀體似紫石英可以刻玉人沒水取之雖鐵椎擊之亦不能傷惟羚羊角扣之則灌然冰泮

自崒山至于鍾山四百六十里懿行案下又云其閒盡澤也是多奇鳥怪獸懿行案穆天子傳云舂山百獸之所聚也飛鳥之所棲也爰有口獸食虎豹如麋而載骨盤口始如麢小頭大鼻爰有白鳥青鵰執犬羊食豕鹿舂山卽鍾山也奇魚皆異物焉

又西北四百二十里曰鍾山懿行案海外北經云鍾山之神名曰燭陰淮南子云燭龍在鴈門北是知鍾山卽鴈門以北大山也水經河水注云芒干水出塞外南逕鍾山山卽陰山徐廣注史記云陰山在五原北是也其子曰鼓此亦神名名之爲鍾山之子耳其類皆見歸藏啓筮其狀如人面而龍身啓筮曰麗山之子青羽人面馬身亦似此狀也懿行案海外北經說鍾山之神人面蛇身淮南子說人面龍身是神與其子形狀同是

與欽䲹音邳 懿行案後漢書張衡傳注引此經作欽駓莊子大宗師篇作堪坏云堪坏得之以襲昆侖釋文云崔作邳司馬云堪坏神名人面獸形淮南子作欽負是欽堪坏負並聲類之字殺葆江于昆侖之陽葆或作祖 懿行案思玄賦云過鍾山而中休瞰瑤谿之赤岸弔祖江之見劉李善注引此經作祖江張衡傳注同又陶潛讀山海經詩亦作祖江帝乃戮之鍾山之東曰㠔音遙崖 懿行案思玄賦舊注云瑤谿赤岸謂鍾山東瑤岸也李善注引此經亦作瑤岸張衡傳注同欽䲹化爲大鶚鶚鵰屬也音鄂 懿行案鶚當爲鷻說文云鷻鷙鳥也引詩曰匪鷻匪鳶鷻雕也其狀如雕而黑文白首赤喙而虎爪其音如晨鵠晨鵠鶚屬猶云晨鳧耳說苑曰緤鴃犬比奉晨鳧也 懿行案李善注江賦引此經及郭注並與今本同見則有大兵鼓亦化爲鵕鳥音俊其狀如鴟赤足而直喙黃文而白首其音如鵠 懿行案說文云鵠鴻鵠也見即其邑大旱穆天子傳云鍾山作春字音同耳穆王北升此山以望四野曰鍾山是惟天下之高山也百獸之所聚飛鳥之栖也爰有赤豹白虎白鳥青鵰執犬羊食豕鹿穆王五日觀于鍾山

乃爲銘跡于縣圃之上以詔後世　懿行案鍾山穆天子傳竝作春山郭注云山海經春字作鍾音同耳

又西百八十里曰泰器之山觀水出焉懿行案李善注吳都賦引此經作秦器之山濩水出焉其注曹植七啓引此經仍作泰器之山濩水出焉呂氏春秋本味篇作雚水高誘注云雚水在西極西流注于流沙懿行案海內西經云流沙出鍾山楚詞招魂云西方之害流沙千里王逸注云流沙沙流而行也是多文鰩魚音遙　懿行案呂氏春秋本味篇云味之美者雚水之魚名曰鰩李善注吳都賦及曹植七啓引此經竝止作鰩無文字陳藏器本草拾遺云此魚生海南大者長尺許有翅與尾齊羣飛海上海人候之當有大風狀如鯉魚魚身而鳥翼蒼文而白首赤喙常行懿行案初學記引此經作從呂氏春秋本味篇亦作從西海遊于東海懿行案西海已見上文東海即西海之支流非東方大海也水經河水注引釋氏西域記曰恒水東流入東海蓋二水所注兩海所納自爲東西即此是也或說凡水之大者皆名海史記正義引太康地記曰河北得水爲河塞外得水爲海也以夜飛其音如鸞雞鸞雞鳥名未詳也或作欒　懿行案鸞或作欒古字假借

鸞雞疑卽鸞也說文云鸞五采雞形又鸞一名雞趣顧野王符瑞圖云雞趣王者有德則見又鸞車一名雞趨車蔡邕獨斷云鸞旗車編羽毛列繫橦旁俗人名之雞翹車是也初學記三十卷引此經無雞字其味酸甘食之已狂懿行案淮南墬形訓云丘氣多狂見則天下大穰豐穰收熟也韓子曰穰歲之秋懿行案韓非五蠹篇云飢歲之春幼弟不饟穰歲之秋疏客必食是郭所引也魚見則大穰者詩言衆魚古爲豐年今海人亦言歲豐則魚大上也

又西三百二十里曰槐江之山懿行案呂氏春秋本味篇云水之美者沮江之丘名曰搖水疑沮江卽槐江搖水說在下丘時之水出焉而北流注于泑水其中多蠃母卽蜾螺也懿行案蜾螺卽僕纍字異音同見中次三經青要之山其上多青雄黃多藏琅玕黃金玉琅玕石似珠者藏猶隱也郎干二音懿行案藏古字作臧臧善也此言琅玕黃金玉之最善者爾雅云西北之美者有昆侖虛之璆琳琅玕謂是也郭訓藏爲隱失之其陽多丹粟懿行案管子地數篇云上有丹沙者下有黃金其陰多采黃金銀懿行案采謂金銀之有符采者地理志云豫章郡有黃金采卽此是矣說者謂采取黃金誤也

實惟帝之平圃卽𤣥圃也穆天子傳曰乃爲銘跡于𤣥圃之上謂刊石紀功德如秦皇漢武之爲者也懿行案穆天子傳𤣥圃作縣圃前鍾山注引文同此引作𤣥圃蓋𤣥縣聲同古通用神英招司之司主也招音部其狀馬身而人面虎文而鳥翼徇于四海徇謂周行也懿行案徇當爲侚說文云侚行示也司馬法斬以侚今經典通作徇其音如榴音留或作籀此所未詳也懿行案說文云籀讀書也从竹榴聲疑此經榴當爲擂說文云擂引也莊子云挈水若抽抽卽擂字又榴擂見下文陰山南望昆侖其光熊熊其氣魂魂皆光氣炎盛相焜燿之貌懿行案熊熊猶雄雄也魂魂猶芸芸也皆聲之同類西望大澤后稷所潛也后稷生而靈知及其終化形遯此澤而爲之神亦猶傅說騎箕尾也懿行案后稷所潛卽謂所葬也葬之言藏也已見峚山稷澤傅說騎箕尾見莊子大宗師篇釋文引崔譔云傅說死其精神乘東維託龍尾乃列宿今尾上有傅說星又云其生無父母死登假三年而形遯此言神之無能名者也其中多玉其陰多榣木之有若榣木大木也言其上復生若木大木之奇靈者爲若見尸子國語曰榣木不生花也懿行案花當爲危字形之譌

也郭引國語者晉語文榣當為櫾說文云櫾昆侖河隅之長木也卽謂此省作繇穆天子傳云天子乃釣于河以觀姑繇之木郭注云姑繇大木也又省作榣故韋昭晉語注云榣木大木也大荒西經云有榣山郭注云此山多榣木因名云玉篇亦云榣木名又通作瑤故楚詞哀時命云擥瑤木之欓枝王逸注云言已既登昆侖復欲引玉樹之枝知此經古本或作瑤木也

北望諸毗山名槐鬼離侖居之離侖神名其鷹鸇之所宅也鸇亦鴟屬也莊周曰鴟鴉甘鼠穆天子傳云鍾山上有白鳥青鵰皆此族類也懿行案鴟見爾雅郭引莊子者齊物論文東望恆山四成成亦重也爾雅云再成曰英也懿行案恆山非北嶽計其道里非瞻望所及也淮南時則訓云中央之極自昆侖東絕兩恒山是西極別有恒山明矣文選注長笛賦引此經作桓山四成蓺文類聚九十卷引家語曰孔子在衛聞哭聲甚哀顏回曰回聞桓山之鳥生四子焉羽翼既成將分四海悲鳴而送之哀聲似此云云卽此桓山也其云鳥蓋亦鷹鸇之屬與有窮鬼居之各在一搏搏猶脅也言羣鬼各以類聚處山四脅有窮其總號耳搏一作摶懿行案說文云膀脅也或作髈又云肋脅骨也脅兩膀也是此經之搏依文當為膀膀搏聲近而轉故假借通用爰有淫水其

淸洛洛水留下之貌也淫音遙也懿行案陶潛讀山海經詩云落落淸瑤流是洛洛本作落落淫本作瑤皆假借聲類之字陳壽祺曰淫無遙音經文淫字必傳寫之譌當是也瑤水卽瑤池史記大宛傳贊云禹本紀言昆侖上有醴泉瑤池穆天子傳云西王母觴天子于瑤池是也呂氏春秋本味篇又作搖水竝古字通用郭注留當爲濁或流字

有天神焉其狀如牛而八足二首馬尾其音如勃皇勃皇未詳懿行案勃皇卽發皇也考工記梓人爲筍虡以翼鳴者鄭注云翼鳴發皇屬發皇爾雅作蛂蟥聲近字通見則其邑有兵

西南四百里懿行案自鍾山至此九百里水經注引此經云鍾山西六百里有昆侖山蓋誤曰昆侖之丘懿行案昆侖之丘卽海內西經云海內昆侖之虛在西北帝之下都者也爾雅云三成爲昆侖丘地理志云金城郡臨羌西北至塞外有西王母石室弱水昆侖山祠又云敦煌郡廣至有昆侖障史記正義引括地志云昆侖山在肅州酒泉縣南八十里說文云丘从北从一一地也中邦之居在昆侖東南是則昆侖之丘去中邦蓋不甚遠矣蓺文類聚七卷引郭氏讚云昆侖月精水之靈府惟帝下都西羌之宇嶸然中峙號曰天柱是實惟帝之下都天帝都邑之在下者也穆

天子傳曰吉日辛酉天子升于昆侖之丘以觀黃帝之宮而封豐隆之葬以詔後世言增封于昆侖山之土　懿行案今本穆天子傳作而豐口隆之葬闕誤不復可讀或据穆天子傳昆侖丘有黃帝之宮以此經所說即黃帝之下都非也五臧山經五篇內凡單言帝即皆天皇五帝之神並無人帝之例帝之平圃帝之囿時經皆不謂黃帝審矣神陸吾司之即肩吾也莊周曰肩吾得之以處大山也　懿行案郭所說見莊子大宗師篇釋文引司馬彪云山神不死至孔子時其神狀虎身而九尾人面而虎爪懿行案此神人面虎身有文有尾皆白處之見大荒西經是神也司天之九部及帝之囿時主九域之部界天帝苑圃之時節也　懿行案初學記引河圖云天有九部部署之名本此圃時之時疑讀爲畤史記封禪書云或曰自古以雍州積高神明之隩故立畤郊上帝是也有獸焉其狀如羊而四角名曰土螻是食人懿行案土螻廣韻作土螻云似羊四角其銳難當觸物則斃食人出山海經本此也周書王會篇云州靡費費食人北方謂之吐嘍與此同名非一物也費費即梟陽見海內南經有鳥焉其狀如蠭大如鴛鴦名曰欽原欽或作爰或作至也蠚鳥獸則

死蠚木則枯懿行案蠚疑蓋字之譌說文云蓋螫也螫蟲行毒也有鳥焉其名曰鶉鳥懿行案鶉鳥鳳也海內西經云昆侖開明西北皆有鳳皇此是也埤雅引師曠禽經曰赤鳳謂之鶉然則南方朱鳥七宿曰鶉首鶉火鶉尾亦是也是司帝之百服服器服也一曰服事也或作藏懿行案服事也見爾雅或作藏者藏古作臧才浪切百藏言百物之所聚有木焉其狀如棠棠棃也懿行案棠有赤白見爾雅皆今杜棃也黃華赤實其味如李而無核懿行案李有無核者爾雅云休無實李郭注云一名趙李名曰沙棠懿行案高誘注呂氏春秋本味篇云沙棠木名也昆侖山有之玉篇作桬棠非也云華赤實味如李盇華上脫黃字可以禦水食之使人不溺言體浮輕也沙棠爲木不可得沈呂氏春秋曰果之美者沙棠之實銘曰安得沙棠刻以爲舟汎彼滄海以遨以遊懿行案文選琴賦注引此經作御水人食之使不溺初學記二十五卷引此經有爲木不沈句蓋井引郭注也銘即郭氏圖讚刻當爲制字之譌有草焉名曰蕡草音頻懿行案文選注陸機擬古詩十二首引此經文引字書曰蕡亦蘋字也其狀如葵其味如蔥食之已勞呂氏春秋曰菜

之美者昆侖之蘋懿行案郭引本味篇文也高誘注云蘋大蘋水藻也**河水出焉**出山東北隅也懿行案爾雅云河出昆侖虛色白李賢注後漢書引河圖云昆山出五色流水其白水東南流入中國名爲河**而南流東注于無達**山名懿行案無達卽阿耨達也阿耨華言無也水經注云南河又東右會阿耨大水釋氏西域記曰阿耨達山西北有大水北流注牢蘭海者也**赤水出焉**出山東南隅也懿行案莊子天地篇云黃帝遊乎赤水之北登乎昆侖之丘李善注文選引河圖云昆侖有五色水赤水之氣上蒸爲霞案赤水上有三珠樹見海外南經**而東南流注于氾天之水**氾天亦山名赤水所窮也穆天子傳曰遂宿于昆侖之側赤水之陽陽水北也氾浮劒反懿行案大荒南經云有氾天之山赤水窮焉是郭注所本**洋水出焉**出山西北隅或作清懿行案海內西經洋音翔或作清者聲近而轉也水經注引此經作漾水高誘注淮南子或作養水竝洋字之異文也**而西南流注于醜塗之水**醜塗亦山名也皆在南極穆天子傳曰戊辰濟洋水又曰觴天子洋水也懿行案醜塗水經注作配塗大荒南經作歽塗今本穆天子傳作庚辰濟干洋水**黑水出焉**亦出西北隅也懿行案楚詞天問云黑水玄趾謂

此也黑水亦見海內西經而西流于大杅山名也穆天子傳曰乃封長肱于黑水之西河是惟昆侖鴻鷺之上以爲周室主杅音于　懿行案穆天子傳今本無昆侖二字此注蓋衍是多怪鳥獸謂有一獸九首有一鳥六首之屬也　懿行案九首開明獸也又有鳥六首竝見海內西經

又西三百七十里曰樂游之山懿行案畢氏云疑即樂都也穆天子傳曰天子西濟于河爰有溫谷樂都元和郡縣志云湟水縣湟水亦謂之樂都水出青海東地亂山中桃水出焉懿行案畢氏云疑即洮水也地理志云臨洮洮水出西羌中北至枹罕東入河西流注于稷澤懿行案稷澤已見上文峚山是多白玉其中多䱻魚音滑　懿行案廣韻及太平御覽九百三十九卷引此經竝作䱻今作䱻蓋譌郭音滑亦渭字之譌其狀如蛇而四足是食魚

西水行四百里曰流沙懿行案流沙已見上文泰器之山又詳海內西經二百里至于蠃母之山神長乘司之懿行案水經注云禹西至洮水之上見長人受黑玉疑即此神是天之

九德也九德九氣所生　懿行案九氣之九藏經本作之其神狀如人而犳之藥反　懿行案犳已見上文庝陽之山尾其上多玉其下多青石而無水

又西三百五十里曰玉山是西王母所居也此山多玉石因以名云穆天子傳謂之羣玉之山見其山河無險四徹中繩先王之所謂策府寡草木無鳥獸穆王于是攻其玉石取玉石版三乘玉器服物載玉萬隻以歸雙玉為瑴半瑴為隻　懿行案地理志云金城郡臨羌西北至塞外有西王母石室西王母國名見於竹書紀年及大戴禮爾雅釋地以西王母與觚竹北戶日下並數謂之四荒是為國名無疑此經及穆天子傳始以為人名荀子云禹學於西王國莊子大宗師篇云西王坐乎少廣釋文引司馬彪云少廣穴名崔譔云山名蓋亦本此經為說也今本穆天子傳作阿平無險四徹中繩又云取玉三乘無石版二字又雙玉為瑴初學記二十七卷引此經云珏二玉相合蓋引郭氏此注又誤也

西王母其狀如人豹尾　懿行案莊子大宗師篇釋文說西王母引此經作狗尾又西王母穴處見大荒西經虎齒而善嘯蓬髮戴勝蓬頭亂髮勝玉勝也音龐　懿行案莊子釋文引此經作蓬頭戴勝也

郭云玉勝者蓋以玉爲華勝也後漢輿服志云簪以瑇瑁爲擿端爲華勝是司天之厲及五殘主知災厲五刑殘殺之氣也穆天子傳曰吉日甲子天子賓于西王母執木圭白璧以見西王母獻錦組百縳金玉百斤西王母再拜受之乙丑天子觴西王母于瑤池之上西王母爲天子謠曰白雲在天山陵自出道里悠遠山川閒之將子無死尚復能來天子荅之曰予還東土和理諸夏萬民均平吾顧見汝比及三年將復而野西王母又爲天子吟曰徂彼西土爰居其所虎豹爲羣烏鵲與處嘉命不遷我惟帝女彼何世民又將去子吹笙鼓簧中心翱翔世民之子惟天之望天子遂驅升于弇山乃紀迹于弇山之石而樹之槐眉曰西王母之山弇山即崦嵫山也案竹書穆王五十七年西王母來見賓于昭宮舜時西王母遣使獻玉環見禮三朝懿行案厲及五殘皆星名也李善注思玄賦引此經作司天之屬蓋誤月令云季春之月命國儺鄭注云此月之中日行歷昴昴有大陵積尸之氣氣佚則厲鬼隨而出行是大陵主厲鬼昴爲西方宿故西王母司之也五殘者史記天官書云五殘星出正東東方之野其星狀類辰星去地可六七丈正義云五殘一名五鋒出則見五方毀敗之徵大臣誅亡之象西王母主刑殺故又司此也郭引穆天子傳與今本多有異同其西王母又爲天子吟云彼何世民又將去子二語今本所

無或脫誤不可讀也郭又引竹書及禮三朝者大戴禮少閒篇云西王母來獻其白琯漢書藝文志有孔子三朝七篇皆在大戴禮也

有獸焉其狀如犬而豹文其角如牛或作羊其名曰狡懿行案周書王會篇云匈奴狡犬狡犬者巨身四足果廣韻作巨口黑身爲異疑卽此而此經狡無犬名周書狡犬又不道有角疑未敢定也

其音如吠犬見則其國大穰晉太康七年邵陵扶夷縣檻得一獸狀如豹文有二角無前兩腳時人謂之狡疑非此　懿行案郭所說見爾雅貀無前足注以校此注豹文上脫狗字

有鳥焉其狀如翟而赤名曰胜遇音姓　懿行案說文云胜犬膏臭也一曰不孰也非郭義玉篇有鴸字音生鳥也疑鴸卽胜矣

是食魚其音如錄音錄義未詳　懿行案吳氏以錄爲鹿之假借字也古字錄鹿鹿竝通用又案經文作錄郭復音錄必有誤

見則其國大水

又西四百八十里曰軒轅之丘黃帝居此丘娶西陵氏女因號軒轅丘　懿行案大戴禮帝繫篇云黃帝居軒轅之丘娶于西陵氏之子謂之嫘祖氏史記五帝紀同淮南墬形訓云軒轅丘在西方高誘注云軒轅黃帝有

天下之號卽此也無草木洵水出焉音詢南流注于黑水其中多丹粟多

青雄黃

又西三百里懿行案水經注引此經自昆侖至積石千七百四十里今檢得一千九百里若加流沙四百里便爲二千一百里也曰積石之山其下有石門河水冒以西流冒猶覆也積石山今在金城河門關西南羌中河水行塞外東入塞內懿行案水經注引此經作河水冒以西南流藝文類聚八卷同初學記六卷引亦同而脫流字今本又脫南字也然據此經積石去昆侖一千九百里而河水猶西南流其去東入塞內之地尚遠郭注非也穆天子傳云乃至于昆侖之丘又云飲於枝涛之中積石之南河正與河水冒以西南流合然則此經積石蓋括地志所謂大積石山非禹所導之積石也禹貢積石在今甘肅西寧縣東南一百七十里爲中國河之始水經云河水流入於渤海又出海外南至積石山下有石門卽此經之積石也其下云又南入葱嶺山又從葱嶺出而東北流其一源出于闐國南山北流與葱嶺所出河合又東注蒲昌海又東入塞過敦煌酒泉張掖郡南又東過隴西河關縣北此則禹貢之積石也据水經所說積石

有二明矣酈氏作注疑積石不宜在蒲昌海之上蓋不知積石有二而於河水東入塞下妄引此經積石以當之其謬甚矣然括地志以河先逕于闐鹽澤而後至大積石亦與水經不合其云積石有二則質明可信自古說積石者多不了故詳據水經以定之括地志所說又見海外北經積石下案地理志云金城郡河關積石山在西南羌中河水行塞外東北入塞內是郭所本也注門字衍是山也萬物無不有焉水經引山海經云積石山在鄧林山東河所入也　懿行案郭据水經引山海經者海外北經文也其云水經今亡無攷

又西二百里曰長留之山其神白帝少昊居之少昊金天氏帝摯之號也　懿行案昊當為暤長留或作長流顏氏家訓書證篇引帝王世紀云帝少昊崩其神降於長流之山於祀主秋蓋留通作流也其獸皆文尾文或作長其鳥皆文首文或作長是多文玉石實惟員神磈音隗氏之宮是神也主司反景日西入則景反東照主司察之　懿行案是神員神蓋即少昊也紅光蓋即蓐收見下文泑山北堂書鈔一百四十九卷引此經反作仄恐誤

又西二百八十里曰章莪之山無草木多瑤碧碧亦玉屬所爲甚怪多有非常之物有獸焉其狀如赤豹懿行案大雅韓奕篇云赤豹黃羆穆天子傳云鍾山爰有赤豹廣韻引此經無赤字五尾一角其音如擊石其名如猙京氏易義曰音如石相擊音靜也懿行案經文如猙之如當爲曰字之譌注文音靜之上當脫猙字也廣韻云猙獸名音爭又音淨所說形狀與此經同又狢字注云獸如赤豹五尾然則狢亦猙類或一物二名也有鳥焉其狀如鶴一足赤文青質而白喙懿行案廣韻作白面疑譌名曰畢方懿行案廣雅云木神謂之畢方淮南汜論訓云木生畢方高誘注云畢方木之精也狀如鳥青色赤腳一足不食五穀蓋本此經而說又小異匡謬正俗引郭氏圖讚云畢方赤文離精是燏旱則高翔鼓翼陽景集乃災流火不炎上上與炳景韵又畢方玉篇廣韻竝作鷝鴋非也其鳴自叫也見則其邑有譌火譌亦妖訛字懿行案薛綜注東京賦云畢方老父神如鳥一足兩翼常銜火在人家作怪災卽此經云譌火是也譌蓋以言語相恐喝

又西三百里曰陰山懿行案張揖注漢書司馬相如傳云陰山在昆侖西二千七百里謂此也今校經文二千七百八十里矣地理志云西河郡有陰山非此濁浴之水出焉懿行案太平御覽八百七卷九百十三卷竝引此經浴作谷而南流注于蕃澤懿行案水經沮水注有濁谷水東南至白渠與澤泉合疑非此其中多文貝餘泉蚳之類也見爾雅懿行案爾雅說貝云餘貾黃白文餘泉白黃文有獸焉其狀如貍或作豹懿行案初學記二十九卷引此經亦作貍餘竝同而白首名曰天狗其音如榴榴或作貓貓懿行案貓貓蓋聲如貓也貓貓與榴榴聲又相近北山經譙明山孟槐之獸音亦與此同又經內亦有[illegible]言其音如榴者此經注疊字蓋衍可以禦凶

又西二百里曰符惕之山音陽懿行案藝文類聚二卷太平御覽九卷及十卷竝引此經作符陽之山與今本異其上多椶枏下多金玉神江疑居之是山也多怪雨風雲之所出也懿行案祭法云山林川谷丘陵能出雲爲風雨見怪物皆曰神卽斯類也

又西二百二十里曰三危之山今在燉煌郡尚書云竄三苗于三危是也　懿行案漢書司馬相如傳張揖注云三危山在鳥鼠山之西與岷山相近水經江水注引此經云三危在敦煌南與岷山相接今經無此語蓋引郭注之文也史記正義引括地志云三危山有三峯故曰三危俗亦名卑羽山在沙州燉煌縣東南三十里劉昭注郡國志隴西郡首陽引地道記云有三危三苗所處三青鳥居之三青鳥主爲西王母取食者別自棲息於此山也竹書曰穆王西征至于青鳥所解也　懿行案三青鳥之名見大荒西經爲西王母取食見海內北經青鳥所解即三危山見竹書蓺文類聚九十一卷引郭氏讚云山名三危青鳥所憩往來昆侖王母是隸穆王西征旋軫斯地是山也廣員百里其上有獸焉其狀如牛白身　懿行案廣韻引此經作白首四角其豪如披蓑蓑辟雨之衣也音梭　懿行案蓑當爲衰說文云衰艸雨衣秦謂之萆其名曰獓㹶傲噎二音　懿行案据郭音傲知經文蓋本作獓㹶字亦錯當從玉篇作獒㹶廣韻㹶字注引此經同是食人有鳥焉一首而三身其狀如鶨其名曰鴟鶨似鵰黑文赤頸音洛下句或云扶獸則死扶木則枯應在上欽原

下脫錯在此耳懿行案玉篇云鶨鳥如鵰黑文赤首本郭注為說也今東齊人謂鵰為老鵰蓋本為鶨鵰聲近轉為老鵰耳

又西一百九十里懿行案文選琴賦注云騩山在三危西九十里疑脫百字曰騩山懿行案琴賦云慕老童於騩隅五臣注作隈其上多玉而無石神耆童居之耆童老童顓頊之子懿行案顓頊生老童見大荒西經李善注琴賦引此經及郭注竝與今本同其音常如鍾磬天授然也懿行案此亦其孫長琴所以能作樂風本此亦見大荒西經其下多積蛇其蛇委積不知所來不知所去謂之蛇媒也懿行案今蛇媒所在有之

又西三百五十里曰天山懿行案漢書武帝紀云天漢二年與右賢王戰於天山顏師古注云即祈連山也匈奴謂天為祈連今鮮卑語尚然史記正義引括地志云祁連山在甘州張掖縣西南二百里又云天山一名白山今名折羅漫山在伊吾縣北百二十里晉灼注漢書云在西域近蒲類國去長安八千餘里李賢注後漢書明帝紀引西河舊事曰白山冬夏有雪故曰白山匈奴謂之天山過之皆下馬拜焉去蒲類海百里之內多金玉有青雄黃英

水出焉而西南流注于湯谷有神焉懿行案初學記文選注引此經竝作神鳥今本作焉字蓋譌其狀如黃囊赤如丹火體色黃而精光赤也懿行案文選注王融曲水詩序引此經作其文丹六足四翼渾敦懿行案初學記八卷引此經無敦字無面目懿行案史記正義引神異經云昆侖西有獸焉有目而不見有兩耳而不聞有腹無五藏有腸直短食徑過名渾沌是識歌舞實爲帝江也夫形無全者則神自然靈照精無見者則闇與理會其帝江之謂乎莊生所云中央之帝混沌爲儵忽所鑿七竅而死者蓋假此以寓言也懿行案莊子應帝王篇釋文引崔譔云渾沌無孔竅也簡文云儵忽取神速爲名混沌以合和爲貌

又西二百九十里曰泑山泑音黝黑之黝懿行案北堂書鈔一百四十九卷引泑作呦李善注思玄賦引此經作濛山蓋即淮南子云日至於蒙谷是也尚書大傳云宅西曰柳谷鄭注云西在隴西之西案隴西郡有西縣見地理志此爲寅餞入日之地柳泑之聲又相近疑柳谷即泑山矣神蓐收居之亦金神也人面虎爪白尾執鉞見外傳云懿行案晉語云虢公夢有神人面白毛虎爪執鉞史嚚曰蓐收也天之刑神也是郭注所本尾當爲毛字之譌海

外西經注亦引外傳正作白毛可證月令云其神蓐收鄭注云蓐收少皥氏之子曰該爲金官也李善注思玄賦引此經郭注作人面虎身右手執鉞與今本異其上多嬰短之玉未詳懿行案上文瑜次之山作嬰垣之玉郭云垣或作短謂此也依字當爲嬰垠其陽多瑾瑜之玉其陰多青雄黃是山也西望日之所入其氣員日形員故其氣象亦然也神紅光之所司也未聞其狀懿行案紅光蓋即蓐收也思玄賦注引此經無紅字北堂書鈔引有紅字

西水行百里至于翼望之山或作土翠山懿行案中次十一經首曰翼望之山與此同名大荒南經有翠山非此無草木多金玉有獸焉其狀如貍一目而三尾名曰讙讙音歡或作原懿行案太平御覽九百十三卷引此經讙作讙讙疑郭注讙字本枉經文傳寫者誤入郭注耳御覽又引此經讙作原與郭注合其音如奪百聲言其能作百種物聲也或曰奪百物名亦所未詳懿行案奪說文作奪蓋形近誤作奪也御覽引此經又誤作奪是可以禦凶服之已癉黃癉病也音旦懿行案說文

云痺勞病也疸黃病也與郭異有鳥焉其狀如烏三首六尾而善笑名曰鵸鵌猗餘兩音　懿行案北山經帶山有鵸鵌鳥自爲牝牡與此同名或曰周書王會篇有奇榦善芳奇榦卽鵸鵌善芳卽善笑之譌非也服之使人不厭不厭夢也周書曰服者不眯音莫禮反或曰眯眯目也　懿行案厭俗作魘非倉頡篇云厭眠內不祥也高誘注淮南子云楚人謂厭爲眛是則厭卽眯也故經作不厭郭引周書作不眯明其義同今周書王會篇作佩之令人不眛案眛郭音莫禮反則其字當作眯从目从米藏經本作厭者不眯而今本作眛非矣然眛眯古亦通用春秋繁露郊語篇云鴟羽去眛眛亦作眯是也又說文云𥧌寐而未厭从㝱省米聲正音莫禮反是此注眯與𥧌音義相近又可以禦凶

凡西次三經之首崇吾之山至于翼望之山凡二十三山懿行案今才二十二山六千七百四十四里懿行案今才六千二百四十里又加流沙四百里才六千六百四十里其神狀皆羊身人面其祠之禮用一吉玉瘞玉加采色者也尸子曰吉玉大

[illegible]糈用稷米

西次四經之首曰陰山懿行案上文已有陰山與此同名畢氏以此為彫陰山然上郡彫陰應劭云彫山在西南不名陰山也上多穀無石其草多茆蕃茆鳧葵也蕃青蕃似莎而大卯煩兩音懿行案茆見陸機詩疏云江南人謂之蓴菜說文云茆鳧葵也薠青薠似莎者子虛賦云薛莎青薠是蕃依字當為薠李善注南都賦引此郭注正作薠云薠青薠似莎而大高誘注淮南覽冥訓云薠狀如葴葴如葭也莎草名也陰水出焉西流注于洛懿行案此渭洛之洛即漆沮水也出白於山見下文

北五十里曰勞山多茈草一名茈莀中染紫也懿行案茈草即紫草爾雅云藐茈草廣雅云茈莀茈草也是郭所本弱水出焉懿行案地理志云張掖郡刪丹桑欽以為道弱水自此西至酒泉合黎此禹貢弱水也西域傳云條支有弱水西王母大荒西經云昆侖丘下弱水環之皆非此經之弱水也晉書苻堅載記云堅遣安北將軍幽州刺史苻洛討代王涉翼犍翼犍戰敗遁於弱水苻洛追之逕還陰山此經上有陰山下有弱水當即是也而西流

注于洛懿行案太平寰宇記云保安軍吃莫河在軍北一十里源出蕃部吃莫川南流在軍北四十里入洛河不勝船筏案此則吃莫川卽弱水也今水出陝西靖邊縣東南流至保安縣西入洛西五十里曰罷父之山洱水出焉音耳　懿行案玉篇廣韻竝云洱出罷谷山父谷字形相近疑此經父當爲谷字之譌也隋書地理志云洛源有洱水卽此水也在今甘肅慶陽府而西流注于洛其中多茈碧懿行案茈碧二物也茈卽茈石北百七十里曰申山懿行案水經河水注引此經云西次四經之首曰陰山西北百七十里曰申山案自陰山至此凡二百七十里水經注脫二字其上多穀柞其下多杻橿其陽多金玉區水出焉而東流注于河懿行案水經云河水南過上郡高奴縣東注云河水又右會區水引此經云云區水世謂之清水北二百里曰鳥山懿行案穆天子傳云有鵐鳥之山疑卽此鵐玉篇同鶻其上多桑其下

多楮其陰多鐵其陽多玉辱水出焉而東流注于河懿行案穆天子傳云天子飲于溽水之上疑即是水也水經注云河水又南右納辱水引此經云云其水東流俗謂之秀延水又東會根水又東南露跳水亂流注於河

又北百二十里曰上申之山上無草木而多硌石硌磊硌大石貌也音洛懿行案老子下篇云不欲琭琭如玉珞珞如石珞本或作落依字當爲硌也玉篇引老子正作硌云硌山上大石李善注魯靈光殿賦引此郭注作礧硌大石也下多榛楛榛子似栗而小味美楛木可以爲箭詩云榛楛濟濟臻怙兩音懿行案榛楛見陸機詩疏廣雅云亲栗也說文亥云楛木也陸機疏云形似荆而赤莖似蓍獸多曰鹿懿行案周書王會篇云黑齒白鹿周語云穆王征犬戎得四白鹿穆天子傳云白鹿一牿棄逸出走其鳥多當扈或作戶懿行案玉篇云北鳫鳥名疑即此鳫扈古字通其狀如雉以其髯飛髯咽下須毛也食之不眴目音昕懿行案說文云旬或作眴目搖也湯水出焉東流注于河懿行案水經注云河水又南諸次之

水入焉又南湯水注之引此經云云

又北百八十里曰諸次之山諸次之水出焉而東流注于河懿行案水經注云諸次水出上郡諸次山引此經云云其水東逕榆林塞世又謂之榆林山卽漢書所謂榆谿舊塞也其水東入長城小榆林水合焉又東合首積水又東入於河引此經云云

是山也多木無草鳥獸莫居是多衆蛇懿行案水經注引此經作象蛇則與北次三經陽山之鳥同名今各本竝作衆蛇疑水經注譌

又北百八十里曰號山其木多漆椶漆樹似樗也　懿行案俗語云櫄樗栲漆相似如一見爾雅注及詩釋文

其草多葯虈芎藭葯白芷別名虈香草也芎藭一名江蘺葯音烏較反　懿行案王逸注楚詞九歌云葯白芷也廣雅云白芷其葉謂之葯是郭所本也說文云茝虈也楚謂之蘺晉謂之虈齊謂之茝是茝虈卽江蘺也爾雅釋文引本草云蘪蕪一名江蘺芎藭苗也是芎藭江蘺又爲一物說文云芎藭香草也案芎藭卽鞠窮左傳謂之山鞠窮

多汵石汵或音金未詳　懿行案說文汵本字作淦云泥也从水金聲與郭音合汵石蓋石質柔耎如泥者今水

中土中俱有此石也端水出焉而東流注于河懿行案水經注云圁水又東逕圁陽縣南東流注於河河水又東端水入焉水西出號山引此經云云

又北二百二十里曰盂山音于懿行案水經注引此經郭注云盂或作明今本脫之盂疑當作孟太平御覽九百九卷引此經正作孟大戴禮誥志篇云明孟也明孟同聲故孟或作明其陰多鐵其陽多銅其獸多白狼白虎外傳曰周穆王伐犬戎得四白狼白虎虎名甝虪懿行案郭引外傳者周語文也藝文類聚九十九卷引郭氏讚云矯矯白狼有道則遊應符變質乃銜靈鉤惟德是適出殷見周案白狼銜鉤見緯書穆天子傳云爰有赤豹白虎此注白虎下虎字衍虪字衍据爾雅云甝白虎虪黑虎此注或云白虎名甝黑虎名虪今本又脫黑虎名三字也其鳥多白雉白翟或作白翠懿行案雉翟一物二種經白翟當爲白翠生水出焉懿行案生水水經注謂之奢延水云出奢延縣西南赤沙阜東北流引此經所謂生水出孟山者也又云洛川枉南俗因縣土謂之奢延水又謂之朔水矣案地理志上郡有奢延縣即酈注所指也奢延合聲爲生生朔聲之轉皆方俗語異字隨音變也

而東流注于河懿行案水經云河水又南過離石縣西注云奢延水注之即此經云東流注于河矣離石屬西河郡

西二百五十里曰白於之山懿行案山在今甘肅安化縣元和郡縣志云洛源縣白於山一名女郎山在縣北三十里上多松柏下多櫟檀櫟即柞懿行案櫟見爾雅其獸多㸲牛羬羊其鳥多鴞鴞似鳩而青色懿行案鴞見陸機詩疏洛水出于其陽懿行案洛水雍州浸水經注引闞駰以為漆沮水也說文云洛水出左馮翊歸德北夷界中東南入渭地理志云北地郡歸德洛水出北蠻夷中入河淮南墬形訓云洛出獵山高誘注云獵山在北地西北夷中是則獵山即白於山之異名矣又案西次二經泰冒之山洛水出焉即斯水也太平寰宇記云洛水源出白於山經上郡雕陰泰望山泰望山當即泰冒山葢洛水本出白於山而東經泰冒山二山一是發源一是所經此經則通謂之出也而東流注于渭懿行案禹貢云渭又東過漆沮漆沮水即洛水也水經云渭水又東過華陰縣北注云洛水入焉說文云洛東南入渭地理志云入河者合渭而入河也今則直入於河矣

夾水出于其陰東流注于生水懿行案畢氏云夾水疑即甘肅靖邊縣東莜麥河也其水合紅栁河逕塞外又東至縣入於奢延水水即生水也

西北三百里曰申首懿行案藝文類聚二卷太平御覽十二卷竝引此經作由首之山無草木冬夏有雪懿行案山當在今陝西榆林府北塞外地極高寒故不生草木冬夏有雪申水出于其上潛于其下是多白玉

又西五十五里曰涇谷之山或無之山二字懿行案初學記六卷引此經亦有之山二字涇水出焉或以此爲今涇水未詳懿行案涇水已見西次二經高山又見海內東經俱非此此則涇谷水也水經注云渭水逕縣諸道東又東南合涇谷水水出西南涇谷之山東南流注于渭懿行案水經注云涇谷水又東北歷蓳亭下東北流注於渭引此經云云然經云東南酈云東北與經不合初學記引此經無南字是多白金白玉

又西百二十里曰剛山多柒木懿行案柒木名也廣韻以柒爲漆俗字俗又以代紀數之七字

茈非多瑶琈之玉剛水出焉北流注于渭是多神䰠䰠亦魑魅之類也音恥回反或作䰠　懿行案䰠疑當爲魋字之或體說文云魋神獸也从鬼隹聲與郭音義俱合又云或作䰠者䰠當爲魅說文云魅厲鬼也玉篇云魅丑利切其狀人面獸身一足一手懿行案說文云夔神魖也如龍一足从夊象有角手人面之形許君所說形狀正與此經合再證以魋字之解則知神魖當爲神魋字之譌也其音如欽欽亦吟字假音　懿行案說文云欽欠皃蓋人呵欠則有音聲也

又西二百里至剛山之尾洛水出焉而北流注于河懿行案此又一洛水也所未能詳其中多蠻蠻其狀鼠身而鼈首其音如吠犬懿行案蠻蠻之獸與比翼鳥同名疑即獱也獱蠻聲相近說文云猵或作獱獺屬文選羽獵賦注引郭氏三蒼解詁曰獱似狐青色居水中食魚

又西三百五十里曰英鞮之山懿行案玉篇作莫靴山上多漆木下多金玉鳥獸盡白懿行案史記封禪書云蓬萊方丈瀛州此三神山其物禽獸盡白亦此類涴水出焉涴或

作浼音冤枉之冤　懿行案玉篇正作浼云水出莫靴山蓋英鞮山之異文也而北注于陵羊之澤是多冉遺之魚懿行案玉篇有䲛字音唯無訓太平御覽九百三十九卷引此經作無遺之魚疑卽蒲夷之魚也見北次三經碣石之山下蒲無聲相近夷遺聲同魚身蛇首六足其目如馬耳食之使人不眯懿行案說文云眯艸入目中也可以禦凶

又西三百里曰中曲之山其陽多玉其陰多雄黃白玉及金有獸焉其狀如馬而白身黑尾懿行案爾雅疏引此經作身黑二尾誤一角虎牙爪音如鼓音懿行案爾雅注引此經鼓下無音字其名曰駮是食虎豹爾雅說駮不道有角及虎爪駮亦在畏獸畫中　懿行案爾雅云駮如馬倨牙食虎豹郭注引此經云有獸名駮如白馬黑尾倨牙音如鼓食虎豹今此經無倨牙海外北經有之郭蓋并引二經之文也劉逵注吳都賦引此經云駮如馬白身黑尾一角鋸牙虎爪音如鼓能食虎亦并引二文也管子小問篇云桓公乘馬虎望見之而伏桓公問管仲對曰意者君乘駮馬而洀桓迎日而馳乎公曰然管仲

對曰此駮象也駮食虎豹故虎疑焉說苑又云豹食駮駮食虎駮之狀有似駮馬二書所說竝與此經合可以禦兵養之辟兵刃也有木焉其狀如棠而員葉赤實實大如木瓜木瓜如小瓜懿行案楙木瓜見爾雅名曰櫰木音懷　懿行案爾雅云櫰槐大葉而黑非此也櫰通作槐又通作褢廣雅云褢續斷也本草別錄云續斷一名接骨一名槐陶注云有接骨樹顏師古注急就篇云續斷即今所呼續骨木据諸書所說接骨木即此經櫰木與食之多力尸子曰木食之人多爲仁者名爲若木此之類　懿行案大戴禮易本命篇云食木者多力而拂

又西二百六十里曰邽山音圭　懿行案地理志云隴西郡上邽應劭曰史記故邽戎邑也水經云渭水東過上邽縣注云渭水東歷縣北邽山之陰其上有獸焉其狀如牛蝟毛名曰窮奇音如獋狗是食人或云似虎蝟毛有翼銘曰窮奇之獸厥形甚醜馳逐妖邪莫不奔走是以一名號曰神狗　懿行案窮奇與海內北經所說有異郭又引或云似虎有翼則與彼實一物矣銘蓋郭氏圖讚之文窮奇惡獸而云馳

逐妖邪者後漢禮儀志說大儺逐疫使十二神有云窮奇騰根
其食蠱是窮奇又能驅逐凶邪爲人除害故復號曰神狗也
濛水出焉音蒙　懿行案水經渭水注云濛水出縣西北邽山翼帶衆流積以成谿東流南屈逕上邽縣故城西側城南出
南流注于洋水懿行案水經注云藉水即洋水也北有濛水注焉又云濛水又南注藉水引此經云云
其中多黃貝貝甲蟲肉如科斗但有頭尾耳　懿行案郭注爾雅釋魚與此注同
蠃魚音螺　懿行案蠃玉篇廣韻竝作蠃玉篇云魚有翼見則大水
魚身而鳥翼音如鴛鴦見則其邑大水
又西二百二十里曰鳥鼠同穴之山今在隴西首陽縣西南山有鳥鼠同穴鳥名曰鵌鼠名曰鼵鼵如人家鼠而短尾鵌似燕而黃色穿地八數尺鼠在內鳥在外而其處孔氏尚書傳曰其爲雌雄張氏地理記云不爲牝牡也　懿行案地理志云隴西郡首陽禹貢鳥鼠同穴山在西南史記夏本紀正義引括地志云鳥鼠山今名青雀山在渭州渭源縣西七十六里又引此經郭注云鳥名鵌鼠名鼣如人家鼠而短尾鵌似鵽而小黃黑色穴入地三四尺鵌音余鼣扶廢反鵽丁刮反似雉也所引郭注與爾雅注略同以校此注則異然鼣爾雅仍作鼵與此同也且爾雅說鼠有十三種中有

鼣鼠郭云形則未詳若据史記正義所引是鼣鼠形狀郭亦頗能詮說不應注雖復云未詳是此注之鼣不作鼣字審矣其上多白虎白玉懿行案李善注子虛賦劉昭注郡國志引此經竝與今本同渭水出焉而東流注于河出山東至宏農華陰縣入河　懿行案說文云渭水出隴西首陽渭首亭南谷東入河杜林說夏書以爲出鳥鼠山水經與說文同渭首亭作渭谷亭地理志云鳥鼠同穴山渭水所出東至船司空入河其中多鰠魚音騷　懿行案鰠字見玉篇音義與此同其狀如鱣魚鱣魚大魚也口在頷下體有連甲也或作鮎鯉　懿行案鱣見爾雅郭注詳之鮎鯉亦見爾雅然非一魚注蓋本作鮎魚動則其邑有大兵或脫無從動則以下語者　懿行案太平御覽九百三十九卷引此經圖讚云物以感應亦不數動壯士挺劒氣激江涌騷魚潛淵出則民悚濫水出于其西音檻　懿行案水經河水注云洮水又北逕狄道故城西東北流又北隴水注之即山海經所謂濫水也水出鳥鼠山西北高城嶺西流注于漢水懿行案博物志濫作溫云水出鳥鼠山下注漢水水經注云濫水注於洮水與此經異多鴽魮之魚如玭兩音　懿行案郭氏江賦云文魮磬鳴以孕璆李善注引此經亦作文魮

又引郭注作音䰽無𩸞字之音是𩸞䰽古本作文䰽可證其狀如覆銚懿行案說文云銚溫器也鳥首而魚翼魚尾懿行案玉篇引此經無魚翼二字江賦注引此經魚翼無魚字音如磬石之聲是生珠玉亦珠母蚌類而能主出之懿行案初學記八卷引南越志云海中有文魮魚鳥頭尾鳴似磬而生玉說文云宋宏云玭珠之有聲夏書玭作蠙蠢玭卽魮也古字通有聲卽音如磬是矣御覽九百三十九卷引此經圖讚云形如覆銚苞玉含珠有而不積泄以尾閭閭與道會可謂奇魚

西南三百六十里曰崦嵫之山日沒所入山也見離騷奄茲兩音懿行案離騷云望崦嵫而勿迫王逸注云崦嵫日所入山也下有蒙水水中有虞淵穆天子傳云天子升于弇山郭注云弇茲山日所入也玉篇引此經作崦嵫山其上多丹木懿行案峚山亦有丹木與此異其葉如穀其實大如瓜赤符懿行案符疑借爲柎字音府或讀如本字而黑理食之已癉可以禦火其陽多龜其陰多玉若或作若水出焉懿行案若水疑卽蒙水也若若字形相近上文龍首之山若水出焉初學記亦

引作若水而西流注于海禹大傳曰洧盤之水出崦嵫山懿行案離騷云朝濯髮乎洧盤王逸注云洧盤水名也引禹大傳與此注同是郭以洧盤卽若水矣其中多砥礪磨石也精爲砥麤爲礪也懿行案說文云底柔石也或作砥厲旱石也或作䃂礪俗字也玉篇云崦嵫礪石可磨刃有獸焉其狀馬身而鳥翼人面蛇尾是好舉人喜抱舉人名曰孰湖有鳥焉其狀如鴞而人面蜼身犬尾蜼獼猴屬也音贈遺之遺一音誄見中山經尾又作背懿行案蜼見中次九經鬲山其名自號也或作設設亦呼耳疑此脫誤懿行案注設亦呼耳設無呼義是知設蓋詨字之譌也郭云疑此脫誤者旣云其名自號而經無其名故知是脫見則其邑大旱

凡西次四經自陰山以下至于崦嵫之山凡十九山三千六百八十里懿行案今三千五百八十五里其神祠禮皆用一白雞祈懿行案祈當爲畿已見上文畢氏云糈以稻米白菅爲席

右西經之山懿行案山下脫志字凡七十七山懿行案當云七十八山一萬七千五百一十七里懿行案經當有一萬七千五百二十一里今則一萬八千一十二里

山海經第二

山海經第三　晉　郭璞傳　棲霞郝懿行箋疏

北山經

北山經之首曰單狐之山懿行案玉篇廣韵竝作𡾊孤山多机木机木似榆可燒以糞稻田出蜀中音飢懿行案說文云机木也段氏玉裁注云蓋卽榿木也今成都榿木樹讀若豈平聲揚雄蜀都賦曰春机楊榿机榿古今字榿見杜詩其上多華草懿行案華草未詳爾雅雖云葭一名華而非山上之草呂氏春秋別類篇云夫草有莘有藟太平御覽九百九十四卷引莘作華然則華草豈是與呂氏春秋說此草云獨食之則殺人合而食之則益壽此經不言未知其審存以俟攷逢水出焉音逢而西流注于泑水懿行案泑水已見西次三經長沙之山其中多茈石文石懿行案本草別錄云紫石華一名茈石華生中牟山陰疑茈當爲茈茈古字假借爲紫也中次六經云婁涿之山陂水其中多茈石文石正作茈字明此作茈誤鹽鐵論云周人以紫石蓋卽茈石矣

又北二百五十里曰求如之山其上多銅其下多玉無草木滑

水懿行案藏經本郭注有作渭水三字出焉而西流注于諸毗之水也水出諸毗山懿行案西次三經云槐江之山北望諸毗卽此山也其中多滑魚懿行案藏經本郭注有作鰼魚三字玉篇廣韵竝云鰼魚名其狀如鱓赤背鱓魚似蛇音善其音如梧如人相枝梧聲音吾子之吾懿行案義當如據梧之梧莊子齊物論篇釋文引司馬彪云梧琴也崔譔云琴瑟也食之已疣疣贅也懿行案疣當爲肬說文云肬贅也籀文作䵎其中多水馬其狀如馬文臂牛尾臂前腳也周禮曰馬黑脊而斑臂膢漢武元狩四年燉煌渥洼水出馬以爲靈瑞者卽此類也懿行案內則云馬黑脊而般臂漏鄭注云漏當爲螻如螻蛄臭也其音如呼如人叫呼懿行案呼謂馬叱吒也穆天子傳云其馬歕沙其馬歕玉說文云歕吹气也

又北三百里曰帶山其上多玉其下多青碧有獸焉其狀如馬一角有錯言角有甲錯也或作厝懿行案錯依字正當爲厝說文云厝厲石也引詩曰他山之石可以爲厝今詩通作錯其名曰䑏疏音歡懿行案周書王會篇云俞人雖馬孔晁注云巂如馬一角案巂見爾雅巂雖疏俱

聲相轉可以辟火有鳥焉其狀如鳥五采而赤文名曰鵸鵌上已有此鳥疑同名懿行案鵸鵌已見西次三經翼望之山莊子天運篇釋文引此經云其狀如鳳五采文其名曰奇類與今本異是自爲牝牡懿行案廣雅云鵸離怪鳥屬也玉篇云鵸離鳥自爲牝牡廣韵亦同是鵸離即鵸鵌之異名食之不疽無癰疽病也彭水出焉而西流注于芘湖之水其中多儵魚音由懿行案儵與儵同玉篇作儵云徒堯切又直流切是也其狀如雞而赤毛三尾懿行案玉篇云儵似雞赤尾與今本異六足四首懿行案首當爲目字之譌也今圖正作四目玉篇本此經亦作四目可證今粵東人說海中有魚名儵形如雞而有輭殼多尾足尾如八帶魚宜鹽藏炙食之甚美可以餉遠疑即此也其音如鵲食之可以已憂懿行案太平御覽九百三十七卷引此經圖讚云汨和損平莫慘於憂詩詠萱草山經則儵

又北四百里曰譙明之山譙水出焉西流注于河其中多何羅之魚一首而十身其音如吠犬懿行案初學記三十卷引此經作犬吠食之已癰

懿行案初學記引此經癖作擁誤有獸焉其狀如貆而赤豪貆豪豬也音丸懿行案貆豬白豪已見西山經其音如榴榴懿行案榴榴已見西次三經陰山名曰孟槐可以禦凶辟凶邪氣也亦在畏獸畫中也是山也無草木多青雄黃一作多青碧

又北三百五十里曰涿光之山嚻水出焉而西流注于河其中多鰼鰼之魚音袴褶之褶懿行案鰼鰼見爾雅非此廣韵引此經作鰼魚不作重文其狀如鵲而十翼鱗皆在羽端其音如鵲可以禦火懿行案太平御覽九百三十九卷引此經圖讚云鼓翮一運十翼翻翻厥鳴如鵲鱗在羽端是謂怪魚食之辟燔食之不癉其上多松柏其下多棕橿其獸多麢羊其鳥多蕃未詳或云即鴞音煩懿行案蕃通作繁楚詞天問云繁鳥萃棘王逸注引有鴞萃止爲釋廣雅亦以鷘鳥爲鴞鷘繁於蕃竝同聲假借字皆郭所本也

又北三百八十里曰虢山懿行案初學記及太平御覽引此經竝作號山爾雅疏引作虢山虢即號

字異文也其上多漆其下多桐椐桐梧桐也椐樻木腫節中杖椐音袪　懿行案桐椐竝見爾雅郭注椐與此注同其陽多玉其陰多鐵伊水出焉西流注于河其獸多槖駝有肉鞍善行流沙中日行三百里其負千斤知水泉所在也懿行案初學記二十九卷引此經云善行流沙中云蓋并引郭注也爾雅犦牛郭注云領上肉犦胅起高二尺許狀如槖駝肉鞌一邊健行者日三百餘里釋文云槖字又作馲音託又音洛引字林云馲駝似鹿而大肉鞌出繞山也案繞山見下文郭云知水泉所在者藝文類聚九十四卷引博物志云燉煌西渡流沙往外國濟沙千餘里中無水時有伏流處人不能知駱駝知水脈過其處輒停不行以足踏地人於所踏處掘之輒得水也初學記引郭氏圖讚云駝惟奇畜肉窣是被迅鶩流沙顯功絕地潛識泉淵微乎其智其鳥多寓懿行案方言云寓寄也爾雅有寓屬又有寓鼠曰嗛此經寓鳥蓋蝙蝠之類唯蝙蝠肉翅為異廣韵云鶹鼠鳥名謂是也玉篇云鶹語俱切似禿鶖見則兵起非此狀如鼠而鳥翼其音如羊可以禦兵

又北四百里至于虢山之尾其上多玉而無石魚水懿行案太平御覽八

百七卷引此經作陰山漁水出焉西流注于河其中多文貝

又北二百里曰丹熏之山其上多樗柏其草多韭薤皆山菜爾雅有其名懿行案爾雅云藿山韭𦬼山䪥多丹雘熏水出焉而西流注于棠水有獸焉其狀如鼠而菟首麋身其音如獋犬懿行案初學記二十九卷引此經菟作兔麋身作麇耳獋作嗥以其尾飛或作髯飛獋音豪懿行案初學記引此經亦作尾飛名曰耳鼠懿行案疑即爾雅鼯鼠夷由也耳鼯夷竝聲之通轉其形肉翅連尾足故曰尾飛食之不䏸䏸大腹也見裨倉音采懿行案本草經云鼺鼠主墮胎令產易陶注云鼺即鼯鼠飛生鳥也人取其皮毛以與產婦持之令兒易生義與此近又可以禦百毒懿行案蓺文類聚九十五卷引郭氏讚曰或以尾翔或以髯淩飛鼠鼓翰翛然皆騰用無常所唯神所憑

又北二百八十里曰石者之山其上無草木多瑤碧懿行案碧藏經本作玉泚水出焉西流注于河懿行案水經有兩泚水南山經長沙之山亦有泚水竝與此異也畢氏引

史記司馬相如傳正義云山海經紫淵水出根耆之山西流注河今經無此山疑石者耆字與耆字相近紫淵卽泚水當卽是也

有獸焉其狀如豹而文題白身題頟也名曰孟極是善伏其鳴自呼

又北百一十里曰邊春之山或作春山懿行案穆天子傳有春山卽鍾山也已見西山經多葱山葱名茖大葉懿行案茖山葱見爾雅山上多葱疑卽葱嶺葱嶺水經云河水南入葱嶺山注云郭義恭廣志云休循國居葱嶺其山多大葱葵韭桃李山桃榹桃子小不解核也懿行案榹桃見爾雅郭注與此同初學記二十八卷引此經云邊春之山多李里人常棌之太平御覽九百六十八卷引亦同疑本郭注今脫去之杻水出焉懿行案穆天子傳云春山之澤清水出泉清水或卽杻水而西流注于泑澤懿行案泑澤已見西山經不周之山有獸焉其狀如禺而文身善笑見人則臥言佯眠也名曰幽鴳或作嬻嬒鴳音遏懿行案說文云嬻媟嬻也嬒女黑色也鴳當爲頞字之譌太平御覽九百十三卷引此圖經讚云幽頞似猴俾愚作智觸

物則笑見人佯睡好用小慧終是嬰累其鳴自呼

又北二百里曰蔓聯之山（萬連二音）其上無草木有獸焉其狀如禺而有鬣牛尾文臂馬蹏見人則呼名曰足訾（懿行案楚詞卜居云將哫訾慄斯王逸注云承顏色也哫訾即足訾其音同慄斯即竦斯聲之轉鳥名見下文）其鳴自呼有鳥焉羣居而朋飛（朋猶輩也）其毛如雌雉名曰鵁（音交或作渴也懿行案玉篇鵁云白鵁鳥羣飛尾如雌雞疑經文毛當爲尾字之譌又經不言此鳥白色玉篇作白鵁疑因經文曰鵁相涉而誤衍也其雌雞疑亦雌雉之譌）其鳴自呼（懿行案爾雅鶅雉郭注云黃色鳴自呼此鳥毛如雌雉其鳴自呼與爾雅合又鵁或作渴是無正字疑即鶅雉也）食之已風

又北百八十里曰單張之山其上無草木有獸焉其狀如豹而長尾人首而牛耳一目名曰諸犍（音如犍牛之犍懿行案郭既音犍經文必不作犍疑當

為犍字之譌犍牛之犍說文新附字云犗牛也玉篇同而又云獸似豹人首一目復似經文作犍不誤未知其審善吒行則銜其尾居則蟠其尾有鳥焉其狀如雉而文首白翼黃足名曰白鵺音夜懿行案白鵺卽白鵫郭注爾雅謂之白鵫北次二經縣雍之山謂之白鶾鶾鵺聲轉古無正字疑皆假借為之食之已嗌痛嗌咽也穀梁傳曰嗌不容粒今吳人呼咽為嗌音隘懿行案說文云咽嗌也嗌咽也互相訓郭引穀梁傳者昭十九年文可以已痸痸癡病也懿行案玉篇云痸同瘛癡也與郭義合又云癡不慧也櫟水出焉而南流注于杠水

又北三百二十里曰灌題之山其上多樗柘其下多流沙懿行案說文云漠北方流沙也盋沙漠之地其沙多流此之流沙當卽其類多砥有獸焉其狀如牛而白尾其音如訆如人呼喚訆音叫名曰那父懿行案那玉篇作㸉云奴多切獸似牛本此有鳥焉其狀如雌雉而人面見人則躍躍跳名曰竦斯懿行案竦斯說已見上文其

嗚自呼也匠韓之水出焉而西流注于泑澤其中多磁石可以取鐵管子曰山上有磁石者下必有銅音慈　懿行案磁古通用慈本草云慈石一名玄石春秋繁露郊語篇云慈石取鐵頸金取火水經渭水注云磁石門在阿房前悉以磁石爲之令四夷朝者有隱甲懷刃入門而脅之以示神郭引管子者地數篇文也藝文類聚六卷引郭氏讚云磁石吸鐵琥珀取芥氣有潛通數亦冥會物之相感出乎意外

又北二百里曰潘侯之山其上多松柏其下多榛楛其陽多玉其陰多鐵有獸焉其狀如牛而四節生毛名曰旄牛今旄牛背膝及胡尾皆有長毛　懿行案爾雅犣牛郭注云旄牛也髀膝尾皆有長毛與此注同或云旄牛卽犛牛也見中次八經荆山犛牛注邊水出焉懿行案邊廣韻作邊俗字也而南流注于櫟澤

又北二百三十里曰小咸之山懿行案藝文類聚二卷引此經作小威之山無草木冬夏有雪

北二百八十里曰大咸之山懿行案藝文類聚九十六卷及太平御覽九百三十三卷引此經並作大同之山無草木其下多玉是山也四方不可以上有蛇名曰長蛇懿行案左傳云吳爲封豕長蛇蛇卽此也封豕見海內經其毛如彘豪說者云長百尋今蝮蛇色似艾綬文文間有毛如豬鬐此其類也常山亦有長蛇與此形不同懿行案常山蛇名率然見孫子九地篇蝮蛇卽蝮虫已見南山經猨翼之山注其音如鼓柝如人行夜敲木柝聲音託懿行案類聚引郭氏讚云長蛇百尋厥鬣如彘飛羣走類靡不吞噬極物之惡盡毒之厲

又北三百二十里曰敦薨之山懿行案水經注云敦薨之山在匈奴之西烏孫之東其上多椶柟其下多茈草敦薨之水出焉而西流注于泑澤懿行案水經注云大河又東右會敦薨之水其水出焉耆之北敦薨之山自西海逕尉犂國又西出沙山鐵關谷又西南流逕連城又屈而南逕渠犂國西故史記曰西有大河卽斯水也又南流注於河引此經云敦薨之水西流注于泑澤蓋亂河流自西南注也泑澤

郎經所謂蒲昌海也出于昆侖之東北隅實惟河原郎河水出昆侖之虛懿行案水經及漢書西域傳竝言河出昆侖然後注泑澤此經泑澤乃在昆侖之上者敦薨山在昆侖之東故其水西注泑澤又西出於昆侖之東北隅河水則自西南來亦至昆侖之東北隅重源顯發與敦薨水合而爲河源是河源乃受二水之通稱此經河源蓋指敦薨之水郭云郎河水出昆侖之虛似誤其中多赤鮭今名鯸鮐爲鮭魚音圭懿行案玉篇云鮭魚名鯸鮐作鯸鮔云鯸鮔鮦也麴妒食其肝殺人劉逵注吳都賦云鯸鮐魚狀如蝌斗大者尺餘腹下白背上青黑有黃文性有毒雖小獺及大魚不敢啖之蒸煮啖之肥美豫章人珍之是其形狀也一名河豚又名鯢鯢郎鮭之或體字耳又案經言赤鮭今所見鯸鮐魚背青腹白絕無赤者郭云鯸鮐爲鮭既與經不合而初學記三十卷引此經云鯤魚赤目赤鬣者食之殺人夫鯤郎鮎也鯤與鮭聲相近或初學記所引本在郭注今脫去之邪其獸多兕旄牛或作樸牛樸牛見離騷天問所未詳懿行案天問云恆秉季德焉得夫朴牛王逸注云朴大也言湯出田獵得大牛之瑞也其鳥多鳴鳩懿行案鳴當爲尸藏經本正作尸

又北二百里曰少咸之山無草木多青碧有獸焉其狀如牛而赤身人面馬足名曰窫窳爾雅云窫窳似貙虎爪與此錯軋愈二音　懿行案海內南經云窫窳龍首居弱水中海內西經云窫窳蛇身人面又與此及爾雅不同窫窳爾雅作猰貐其音如嬰兒是食人敦水出焉東流注于鴈門之水水出鴈門山間　懿行案水經灅水注云鴈門水東南流逕高柵縣故城北又東南流屈而東北積而為潭敦水注之敦水導源西北少咸山之南麓東流逕參合縣故城南又東淀水注之又北合敦水亂流東北注鴈門水引此經及郭注其中多魳魳之魚音沛未詳或作鯆　懿行案說文云魳魚名出樂浪潘國魶訓同一曰魶魚出江東有兩乳一名鱄䱐廣雅云鱄䱐魶也鱄一作鯆晉書夏統傳云後作鯆䱐引何超音義引埤倉云鯆䱐魶魚也一名江豚多膏少肉玉篇云欲風則踊鯆䱐語轉為䱐魳太平御覽九百三十九卷引魏武四時食制云䱐魳魚黑色大如百斤豬黃肥不可食即此經云食之殺人矣食之殺人

又北二百里曰獄法之山瀤澤之水出焉音懷　懿行案說文云瀤北方水也即此

玉篇引此經而東北流注于泰澤其中多鱳魚音藻其狀如鯉而雞足懿行案太平御覽九百三十九卷引此經圖讚云鱳之為狀半鳥半鱗是也食之已疣有獸焉其狀如犬而人面善投見人則笑其名山㺐音暉懿行案說文云㺐獸名吳都賦云㺐子長嘯劉逵注云㺐子猿類猿身人面見人則嘯嘯蓋與笑通李善注引此經正作見人則笑名㺐㺐胡奔切無山字與今本異其行如風言疾見則天下大風懿行案御覽九百十二卷引此經圖讚云山㺐之獸見乃歡唬厥性善投行如矢繳是惟氣精出則風作

又北二百里曰北嶽之山懿行案郎恒山也水經謂之北嶽在今山西大同渾源州多枳棘剛木檀柘之屬懿行案郭注中山經云橿剛木也中車材此經云枳棘剛木郭云檀柘之屬者檀中車材柘中弓材也有獸焉其狀如牛而四角人目彘耳其名曰諸懷懿行案玉篇作懷云獸似牛四角人目其音如鳴鴈是食人諸懷之水出焉懿行案諸廣韵作瀦云水名在北嶽

而西流注于𨛜水其中多䱻魚音詣懿行案說文云䱻鮪魚名魚身而犬首懿行案初學記及太平御覽九百三十九卷竝引此經作大首誤其音如嬰兒今海中有虎鹿魚及海豨體皆如魚而頭似虎鹿豬此其類也懿行案劉逵注吳都賦云虎魚頭身似虎或云變而成虎鹿頭魚有角似鹿李善注江賦引臨海異物志曰鹿魚長二尺餘有角腹下有脚如人足又引臨海水土記曰海豨豕頭身長九尺然則推尋郭義此經䱻魚葢魚身魚尾而狗頭極似今海狗登州海中有之其狀非狗非魚本草家謂之骨肭獸是也食之已狂懿行案日華本草云膃肭獸療驚狂癇疾與此經合膃肭卽海狗也

又北百八十里曰渾夕之山無草木多銅玉懿行案銅玉二物也北次二經諸餘之山復多銅玉𨛜水出焉而西北流注于海有蛇一首兩身懿行案藏經本首作頭兩身下有四足二字名曰肥遺見則其國大旱管子曰涸水之精名曰蟡一頭而兩身其狀如蛇長八尺以其名呼之可使取魚龜亦此類懿行案管子水地篇文也說文蟡卽逶字之或體逶迤卽委蛇也與肥遺聲相

近豈即是與

又北五十里曰北單之山無草木多葱韭

又北百里曰羆差之山無草木多馬野馬也似馬而小　懿行案穆天子傳云野馬走五百里郭注云野馬亦如馬而小爾雅釋畜云野馬郭注云如馬而小出塞外

又北百八十里曰北鮮之山是多馬鮮水出焉而西北流注于涂吾之水漢元狩二年馬出涂吾水中也　懿行案漢書武帝紀云元狩二年馬生余吾水中應劭注云在朔方北文選長楊賦注引此經作北經余吾水史記匈奴傳索隱引此經亦作北流注余吾竝無西字又竝作余吾不加水旁也地理志云上黨郡余吾疑縣因水爲名

又北百七十里曰隄山或作陒古字耳　懿行案玉篇云隄古文作陒本此多馬懿行案左傳云冀之北土馬之所生故此三山竝云多馬今名馬多出西北也有獸焉其狀如豹而文首名曰

狕音幺 懿行案玉篇云狕獸名隄水出焉而東流注于泰澤其中多龍龜懿行案龍龜二物也或是一物疑卽吉弔也龍種龜身故曰龍龜裴淵廣州記云弔生嶺南蛇頭龜身水宿木棲其膏至輕利銅及瓦器盛之皆浸出置雞卵殼中則不漏其透物甚於醍醐也見證類本草及李時珍本草

凡北山經之首自單狐之山至于隄山凡二十五山五千四百九十里懿行案今五千六百八十里其神皆人面蛇身其祠之毛用一雄雞彘瘞吉玉用一珪瘞而不糈言祭不用米皆薶其所用牲玉其山北人皆生食不火之物或作皆生食而不火 懿行案大戴禮千乘篇說四辟大遠皆不火食此經唯兩言不火食皆在北山經篇也淮南原道訓云鴈門之北狄不穀食義亦與此同

北次二經之首在河之東其首枕汾臨汾水上也音墳 懿行案水經注引此經作其東首枕汾其名曰管涔之山今在太原郡故汾陽縣北秀容山涔音岑 懿行案太平寰宇記引郭注有管

晉姦三字今本葢脫去之記文又云土人云其山多菅或以爲名是經文管當爲菅矣山在今山西靜樂縣北水經注引十三州志曰汾水出武州之燕京山亦管涔之異名也太原郡汾陽見漢書地理志晉志爲太原國其汾陽屬河東郡也郭云汾陽縣北秀容山漢志直謂之汾陽北山其上無木而多草其下多玉懿行案水經注引此經云其上無草木而下多玉與今本異然又云其山有草無木復與今本同汾水出焉而西流注于河至汾陽縣北西入河懿行案地理志云汾水出汾陽至汾陰入河郭注陽葢陰字之譌也汾水詳見海內東經及郭注

又西懿行案西藏經本作北二百五十里曰少陽之山懿行案元和郡縣志云交城縣少陽山在縣西南九十五里今太原府有交城其上多玉其下多赤銀銀之精也　懿行案穆天子傳有燭銀郭注云銀有精光如燭疑卽此酸水出焉而東流注于汾水懿行案水經注云汾水南逕秀容城東南與酸水合水原西出少陽之山東南流注於汾水其中多美赭管子曰山上有赭者其下有鐵　懿行案說文云赭赤土也本草謂之代赭石別錄云出代郡者名代赭出姑幕者名須九一名血師郭引管子者地數篇文也

又北五十里曰縣雍之山今在晉陽縣西名汲甕雍音甕　懿行案水經作縣甕山劉昭注郡國志引此經及郭注與今本同史記魏世家正義引此作懸甕山括地志亦作懸甕竝非山今在太原縣也一名龍山元和郡縣志云晉陽縣縣甕山一名龍山在縣西南十二里案地理志云太原郡晉陽龍山在西北晉水所出東入汾高誘注淮南墬形訓亦云龍山在晉陽之西北竝非也水經注云今在縣之西南其上多玉其下多銅其獸多閭麢閭即羭也似驢而岐蹏角如麢羊一名山驢周書曰北唐以閭亦見鄉射禮　懿行案周書王會篇云北唐戎以閭閭似隃冠疑隃即羭字之譌也孔晁注云射禮以閭象爲射器孔氏及郭注俱本鄉射禮禮曰國中射則皮樹中於郊則閭中初學記引廣志云驢羊似驢即此也集韻云閭一角岐蹏其鳥多白翟白鵫即白鵫也音于六反　懿行案白鵫即白翰雉也見爾雅晉水出焉而東南流注于汾水東過晉陽南又東入汾　懿行案水經云晉水出晉陽縣西縣甕山東過其縣南又東入於汾水其中多鮆魚其狀如儵而赤麟小魚曰儵　懿行案儵儵字通麟鱗聲同其音如叱食之不驕或作騷騷臭也　懿行案騷臭蓋即蘊羝之疾

俗名狐騷也太平御覽九百三十九卷引此經圖讚云微哉鯊魚食則不驕物有所感其用無標

又北二百里曰狐岐之山懿行案山在今山西孝義縣西八十里無草木多青碧勝水出焉而東北流注于汾水懿行案水經注云文水又東南流與勝水合水西出狐岐之山東逕六壁城南又東合陽泉水又東逕中陽縣故城南又東合文水文水又東南入於汾水也其中多蒼玉

又北三百五十里曰白沙山廣員三百里盡沙也懿行案此即所謂沙漠說文云漠北方流沙也無草木鳥獸鮪水出于其上潛于其下出山之頂是停其底也多白玉

又北四百里懿行案百藏經本作十曰爾是之山無草木無水

又北三百八十里曰狂山無草木是山也冬夏有雪狂水出焉而西流注于浮水其中多美玉

又北三百八十里曰諸餘之山其上多銅玉其下多松柏諸餘之水出焉而東流注于旄水懿行案玉篇作𣻂云水名

又北三百五十里曰敦頭之山其上多金玉無草木旄水出焉而東流注于印澤懿行案印澤下文北𪊨山作卬澤藏經本正作卬其中多䮝馬音勃懿行案郭氏江賦云䮝馬騰波以噓蹀李善注引此經與今本同初學記八卷引南越志云平定縣東巨海有䮝馬似馬牛尾一角又二十九卷引張駿山海經圖畫讚曰敦山有獸其名爲敦麟形一角卽此也麟形蓋犛牛尾敦卽䮝也字音同牛尾而白身一角其音如呼懿行案李善注江賦引此經作其音如虎疑虎當爲嘑字之譌嘑與呼聲同義亦同

又北三百五十里曰鉤吾之山其上多玉其下多銅有獸焉其狀如懿行案藏經本無如字羊身人面其目在腋下懿行案腋俗字也說文作亦云人之臂亦

也又作掖云掖臂下也文選注陳琳爲袁
紹檄豫州引此經作其口腋下葢有脫誤虎齒人爪其音如嬰
兒名曰狍鴞是食人爲物貪惏食人未盡還害其身像在夏鼎
左傳所謂饕餮是也狍音咆　懿行案呂
氏春秋先識覽云周鼎著饕餮有首無身食人未咽害及其身
以言報更是郭所本也注葢圖讚之文與今世所傳復不同文
選注陳琳爲袁紹檄引此注
貪惏作貪婪夏鼎作禹鼎
又北三百里曰北嚻之山無石其陽多碧其陰多玉有獸焉其
狀如虎而白身犬首馬尾彘鬣名曰獨狢音谷　懿行案說文
云北嚻山有獨狢獸
如虎白身豕鬣尾如馬本此又云穀似牂羊出蜀北嚻
山中犬首而馬尾今本經無此獸北嚻山又不在蜀也有鳥焉
其狀如烏人面名曰鷩鵑般冒兩音或作夏也　懿行案鷩鵑
見玉篇郭云或作夏者夏形聲近賈
大荒南經有鷹賈郭注云賈亦鷹屬水經注引莊子有雅賈葢
是鳥類經言此鳥狀如烏疑是也又言宵飛晝伏則似今訓狐
訓狐即鵂鶹之屬其狀
如鷹鷹賈之名或以此宵飛而晝伏鵂鶹之屬食之已暍中熱也音謁涔

水出焉而東流注于卭澤懿行案說文云淦水出北髃山入卭澤从水金聲玉篇同說文是經文滏當爲淦今本或形近而譌也卭亦當爲邙上文作印澤疑亦形近而譌

又北三百五十里曰梁渠之山無草木多金玉脩水出焉而東流注于鴈門水名懿行案地理志云代郡且如于延水出塞外東至寧入沽水經灅水注云即脩水也水出塞外柔矛鎮西長川城南小山引此經云云又云鴈門水東逕大甯郡有脩水注之引此經又云地理志有于延水而無鴈門脩水之名山海經有鴈門之目而無說于延河自下亦通謂之于延水矣今案鴈門水即灅水也說文云灅水出鴈門陰館累頭山東入海或曰治水也許君此釋本地理志鴈門郡陰館注而爲說是雁門水一名治水地理志說于延水入沽即此經云脩水注于雁門矣沽當从說文作治其獸多居暨懿行案暨玉篇廣韻並作監玉篇無居字廣韻作監居其狀如彙而赤毛彙似鼠赤毛如刺猬也彙音渭懿行案爾雅云彙毛刺郭注云今蝟狀如鼠與此注同蝟蒼白色此注赤字猬字並衍又彙玉篇廣韻並作蝟赤毛廣韻作赤尾也其音如豚有鳥焉其狀如

夸父或作舉父　懿行案西次三經云崇吾之山有獸曰舉父或作夸父此經鳥如夸父或作舉父舉夸聲相近故古字通也四翼一目犬尾名曰䴸其音如鵲食之已腹痛可以止衕治洞下也音洞　懿行案玉篇云衕下也義與郭同

又北四百里曰姑灌之山無草木是山也冬夏有雪

又北三百八十里曰湖灌之山其陽多玉其陰多碧多馬湖灌之水出焉而東流注于海其中多䱇亦鱓魚字　懿行案李善注王褒四子講德論引郭氏此經注曰鱓魚似蛇時闡切疑即今本注下脫文也大戴禮勸學篇云虵䱇之穴䱇即鱓字也玉篇云䱇魚似蛇同鱓集韵云䱇上演切音善有木焉其葉如柳而赤理懿行案柳有一種赤者名赤柳晉書地理志云丹陽丹陽山多赤柳

又北水行五百里流沙三百里至于洹山懿行案水經云洹水出上黨泫氏縣注云

水出洹山山在長子縣也計其道里不相應當在闕疑其上多金玉三桑生之其樹皆無枝其高百仞懿行案海外北經云三桑無枝在歐絲東其本長百仞即此百果樹生之其下多怪蛇

又北三百里曰敦題之山懿行案畢氏云疑即雁門陰館累頭山敦題累頭皆音之轉敦讀如自也今案上文有敦頭山與累頭之聲尤相近未審誰是無草木多金玉是錞于北海懿行案西山經云錞于西海此云錞于北海其義同

凡北次二經之首自管涔之山至于敦題之山凡十七山懿行案今才十六山五千六百九十里懿行案今六千一百四十里其神皆蛇身人面其祠毛用一雄雞彘瘞藴之用一璧一珪投而不糈擿玉於山中以禮神不藴之也

北次三經之首曰太行之山今在河內野王縣西北行音戶剛反懿行案漢晉地理志竝云河

內郡墜王太行山在西北今在河南輝縣也列子湯問篇作太形山淮南氾論訓謂之五行山高誘注云今太行山也其首曰歸山其上有金玉其下有碧懿行案藝文類聚七卷引此經碧下有玉字有獸焉其狀如麢羊懿行案劉昭注郡國志引此經麢作麇無羊字而四角馬尾而有距其名曰驒懿行案說文云驒騱馬也無驒字玉篇有驒騱云駿馬屬又有驒云獸名卽此也廣韵旣云驒騱野馬名驒音壇又云驒騱野馬蓋誤也劉昭注郡國志引此經作驒亦誤善還還旋旋舞也驒音暉懿行案還當音旋郭注旋上脫音字劉昭注郡國志引此經無善字蓋脫去之經云善還謂善舞也宋謝莊有舞馬賦其鳴自訆有鳥焉其狀如鵲懿行案廣韵說鷶云似鵲白身懿行案廣韵此下有三目二字赤尾六足其名曰鷶音犇是善驚其鳴自詨今吳人謂呼爲詨音呼交反

又東北二百里曰龍侯之山無草木多金玉決決之水出焉音訣懿行案太平御覽九百三十八卷引此經決水決字不作重文而東流注于河其中多人魚

懿行案人魚卽鯢魚爾雅云鯢大者謂之鰕是也鯢古文省作兒周書王會篇云穢人前兒亦是也兒从儿卽古文人字又人兒聲轉疑經文古本作兒魚闕脫其上卽爲人魚矣其狀如鯑魚四足其音如嬰兒鯑見中山經或曰人魚卽鯢也似鮎而四足聲如小兒嗁今亦呼鮎爲鯑音號懿行案鯑當爲鰟說文云鰟大鮎也郭云見中山經者少室山休水中多鯑魚是也又云人魚卽鯢者水經注云伊水又東北流注於洛水引廣志曰鯢魚聲如小兒嗁有四足形如鯪鯉可以治牛出伊水也司馬遷謂之人魚故其著史記曰始皇帝之葬也以人魚膏爲燭徐廣曰人魚似鮎而四足卽鯢魚也食之無癡疾懿行案說文云癡不慧也中山經云鯑魚食者無蠱疾與此異

又東北二百里曰馬成之山其上多文石其陰多金玉有獸焉其狀如白犬而黑頭見人則飛言肉翅飛行自在其名曰天馬其鳴自訆有鳥焉其狀如烏首白而身青足黃是名曰鶌鶋屈居二音或作鳴懿行案爾雅云鶌鳩鶻鵃此鶌鶋疑卽鶌鳩也聲轉字變經多此例唯白首爲異耳孫炎注爾雅云鶻鵃一名鳴鳩故此經郭

云或作鳴其鳴自詨食之不飢可以已寓未詳或曰寓猶誤也懿行案寓誤葢以聲近爲義誤疑昏忘之病也王引之曰案寓當是癘字之假借玉篇廣韵竝音牛具切疣病也

又東北七十里曰咸山其上有玉其下多銅是多松柏草多茈草條菅之水出焉菅音閒而西南流注于長澤其中多器酸三歲一成所未詳也食之已癘

又東北二百里曰天池之山懿行案水經㶟水注云桑乾水潛承太原汾陽縣北燕京山之大池池在山原之上世謂之天池案山在今山西靜樂縣東北其上無草木多文石有獸焉其狀如兔而鼠首以其背飛用其背上毛飛飛則仰也懿行案文選上林賦云蜼玃飛蠝張揖注云飛蠝飛鼠也其狀如兔而鼠首以其頿飛今經頿作背或所見本異也又上文丹熏山有耳鼠以其尾飛郭云或作髯飛髯即頿字耳初學記二十九卷引郭氏圖讚云或以尾翔或以髯凌飛鼠鼓翰倐然背騰固無常所惟神所憑其名曰飛鼠

懿行案初學記引此經云以其背飛名飛兎又引括地圖亦作飛兎與今經文異瀙水出焉潛于其下停山底也其中多黃堊堊土也

又東三百里曰陽山懿行案水經注有大陽之山亦通謂之薄山疑即此其上多玉其下多金銅有獸焉其狀如牛而赤尾其頸䏶其狀如句瞿言頸上有肉䏶句瞿斗也音劬懿行案廣雅云䏶堅也以句瞿為斗所未詳元和郡縣志云海康縣多牛項上有骨大如覆斗日行三百里即爾雅所謂犦牛疑此是也其名曰領胡懿行案說文云領項也胡牛顄垂也此牛頸肉垂如斗因名之領胡與其鳴自詨食之已狂有鳥焉其狀如雌雉而五采以文是自為牝牡名曰象蛇其鳴自詨留水出焉而南流注于河懿行案水經云河水東過大陽縣南注云河水又東左合積石土柱二谿竝北發大陽之山南流入於河與此經合但不知二谿之中誰為留水耳其中有䱻父之魚音陷懿行案說文云䱻魚名玉篇云䱻魚也見山海經其狀如鮒魚

魚首而彘身懿行案太平御覽九百三十九卷引此經圖讚云鮹父魚首厥體如豚食之已嘔懿行案嘔當爲歐說文云吐也

又東三百五十里曰賁聞之山其上多蒼玉其下多黃堊多涅懿行案即礬石也淮南俶眞訓云以涅染緇高誘注云涅礬石也本草經云礬石一名羽涅別錄云一名羽澤西次二經女牀之山多石涅郭氏注誤當移於此

又北百里曰王屋之山今在河東東垣縣北書曰至于王屋也懿行案漢晉地理志竝云河東郡垣禹貢王屋山在東北今在山西垣曲縣也注東垣東字衍是多石𤃎水出焉𤃎音輦懿行案水經云濟水出河東垣縣東王屋山爲沇水注引此經𤃎水作聯水劉昭注郡國志又作兖水云王屋山兖水出兖沇𤃎俱聲相近而西北流注于泰澤地理志王屋山沇水所出𤃎沇聲相近殆一水耳沇則濟也懿行案水經注引此經泰澤作秦澤疑即滎澤也地理志云沇水東南至武德入河軼出滎陽北地中又東至琅槐入海今案滎澤在滎陽北也濟水又

見海內東經

又東北三百里曰教山懿行案教山在垣縣北見水經注在今山西垣曲縣也其上多玉而無石教水出焉西流注于河懿行案水經注云河水又東與教水合水出垣縣北教山云云南入於河引此經亦作南流注于河今本作西疑譌是水冬乾而夏流實惟乾河今河東聞喜縣東北有乾河口因名乾河里但有故溝處無復水卽是也懿行案水經注云今聞喜縣東北谷口猶有乾河里故溝存焉今無復有水世人猶謂之爲乾澗矣其中有兩山是山也廣員三百步其名曰發九之山其上有金玉

又南三百里曰景山外傳曰景霍以爲城懿行案太平寰宇記云山在聞喜縣東南十八里水經云涑水西過周陽邑南注云涑水又與景水合水出景山北谷引此經云云經不言有水今有水焉西北流注於涑水也南望鹽販之澤卽鹽池也今在河東猗氏縣或無販字懿行案水經注及太平御覽八百六十五卷引此注鹽池上竝

有解縣二字今本脱也穆天子傳云戊子至於盬郭注云盬鹽池今在河東解縣呂氏春秋本味篇云和之美者大夏之鹽高誘注云大夏澤名今案大夏古晉地此澤亦即鹽澤矣地理志云河東郡安邑鹽池在西南晉書地理志云河東郡解有鹽池

北望少澤其上多草藷藇根似羊蹏可食曙豫二音今江南單呼爲藷音儲語有輕重耳　懿行案廣雅云藷藇署預也本草云薯蕷一名山芋皆即今之山藥也此言草藷藇別於木藷藇也木藷藇見中次十一經兔牀之山

其草多秦椒子似椒而細葉草也　懿行案水經注藝文類聚八十九卷及太平寰宇記引此經竝無其草二字當有此二字非也依郭注

其陰多赭其陽多玉有鳥焉其狀如蛇而四翼六目三足名曰酸與其鳴自詨見則其邑有恐或曰食之不醉

又東南三百二十里曰孟門之山尸子曰龍門未辟呂梁未鑿河出於孟門之上大溢逆流無有丘陵高阜滅之名曰洪水穆天子傳曰北升孟門九河之隥　懿行案孟門山在今山西經云東南疑誤　懿行案今本穆天子傳孟作盟盟孟通也山在今山西平陽吉州西水經注云河南孟門山與龍門山相對引此經云云又引淮南子即

此注所引尸子之文又引穆天子傳而云孟門卽龍門之上口也實爲河之巨阨其上多蒼玉多金其下多黃堊多涅石懿行案涅石已見上文賁聞之山

又東南三百二十里曰平山懿行案水經注云敎水南逕輔山疑卽平山也元和郡縣志云臨汾縣本漢平陽縣縣在平水之陽故曰平陽山一名壺口山今名姑射山在縣西八里平水出焉平水出于其上潛于其下懿行案水經注云輔山高三十許里上有泉源不測其深山頂周員五六里少草木引此經云孟門東南有平山水出于其上潛于其下又是王屋之次疑卽平山也案酈氏言上有泉源不測其深卽此經云平水出于其上潛于其下矣是多美玉

又東二百里曰京山有美玉多漆木多竹其陽有赤銅其陰有玄礵黑砥石也尸子曰加玄黃砥明色非一也礵音竹篠之篠懿行案礵字見玉篇同郭義高水出焉南流注于河

又東二百里曰虫尾之山其上多金玉其下多竹多青碧丹水出焉南流注于河薄水出焉淮南子曰薄水出鮮于山　懿行案淮南墬形訓云鎬出鮮于郭引作薄或所見本異而東南流注于黃澤懿行案穆天子傳云東游於黃澤葢即此又地理志云魏郡內黃應劭云黃澤在西

又東三百里曰彭毗之山其上無草木多金玉其下多水蚤林之水出焉音早東南流注于河肥水出焉而南流注于牀水懿行案肥水當即詩之肥泉牀水未詳其中多肥遺之蛇

又東百八十里曰小侯之山明漳之水出焉南流注于黃澤有鳥焉其狀如烏而白文名曰鴣鷚姑習二音　懿行案鴣鷚見玉篇食之不灂不瞧目也或作⿰目爵音醮　懿行案瞧音樵俗以偸視為瞧非也⿰目爵音醮玉篇云目冥也

又東三百七十里曰泰頭之山共水出焉音恭南注于虖池呼佗二音下同其上多金玉其下多竹箭

又東北二百里曰軒轅之山其上多銅其下多竹有鳥焉其狀如梟而白首其名曰黃鳥其鳴自詨食之不妒懿行案周書王會篇云方揚以皇鳥爾雅云皇黃鳥蓋皆此經黃鳥也郭注爾雅以爲黃離留誤矣俗人皆言黃鶯治妒而梁武帝以倉庚作膳爲郗氏療忌又本此經及爾雅注而誤也

又北二百里曰謁戾之山今在上黨郡涅縣懿行案郭注本地理志謁戾山見水經淮南墬形訓作楬戾謁楬聲相近也山在今山西樂平縣其上多松柏有金玉沁水出焉南流注于河至滎陽縣東北入河或出穀述縣羊頭山也懿行案穀述當爲穀遠字之譌也地理志云上黨郡穀遠羊頭山世靡谷沁水所出是郭所本也沁水一名涅水地理志云上黨郡涅氏涅水也顏師古注云涅水出焉水經云沁水出上黨涅縣

謁戾山注云沁水卽涅水也或言出穀遠縣羊頭山世靡谷是酈氏合沁涅爲一水也地理志又云沁水東南至滎陽入河顏師古注云今沁水至懷州武陟縣界入河此云至滎陽疑轉寫錯誤今案顏氏之說非也水經亦云至滎陽縣北入河滎陽在河南武陟在河相去不遠說俱得通今沁水至河南濟源縣入河矣沁水又見海內東經

其東有林焉名曰丹林丹林之水出焉懿行案竹書云周元王六年丹水三日絕不流地理志云高都莞谷丹水所出東南入泲水水經注云丹水出上黨高都縣故城東北阜俗謂之源源源水引此經云云卽斯水矣又水經注引經直作丹水無林字南流注于河懿行案地理志云丹水入泲水又云泲氏楊谷絕水所出南至壄王入沁水經注亦云沁水與丹水合此經云入河者蓋丹水合絕水入沁又入於河也又地理志泲氏應劭注云山海經泲水所出者也今經無泲水葢脫去之而地理志丹水入泲水水經注引作入絕水未審誰是

嬰侯之水出焉北流注于氾水懿行案水經汾水注引此經作嬰侯之水出于其陰北流注于祀水云水出祀山其水殊源其合注於嬰侯之水亂流逕中都縣南俗又謂之中都水據水經注氾水當爲祀水又云出於其陰亦與今本異

東三百里曰沮洳之山詩云彼汾沮洳　懿行案水經注引此經云淇水出沮如山是洳當爲如或古字通山在今河南輝縣無草木有金玉㵵水出焉音其　懿行案㵵即淇字南流注于河今淇水出汲郡隆慮縣大號山東過河內縣南爲白溝　懿行案水經云淇水出河內隆慮縣西大號山又東過內黃縣南爲白溝是郭所本也說文云淇水出河內共北山東入河或曰出隆慮西山地理志云河內郡共北山淇水所出東至黎陽入河晉書地理志云汲郡共北山淇水所出隆慮作林慮也

又北三百里曰神囷之山音如倉囷之囷　懿行案囷即倉囷之囷郭氏復音如之知經文必不作囷廣韵引作神箘疑是也据水經注山當在今河南林縣漢之林慮縣也其上有文石其下有白蛇有飛蟲　懿行案史記周本紀云蜚鴻滿野索隱引高誘曰蜚鴻蠛蠓也言飛蟲蔽日滿野故爲災又後漢書南蠻傳云鹽神旦即化爲蟲與諸蟲羣飛掩蔽日光亦此類也黃水出焉而東流注于洹洹水出汲郡林慮縣東北至魏郡長樂入清水洹音九　懿行案地理志云河內郡隆慮注云隆慮山在北避殤帝名改曰林慮也說文云洹

水在晉魯間水經云洹水出上黨泫氏縣東過隆慮縣北注云縣有黃水出於神囷之山黃華谷又東入於洹水也又云洹水又東逕長樂縣故城南又淸水亦見水經及注滏水出焉懿行案李善注魏都賦引此經與今本同魏志武帝紀云建安九年公進軍到洹水又云臨滏水爲營卽斯水也而東流注于歐水滏水今出臨水縣西釜口山經鄴西北至列人縣入於漳其水熱懿行案劉逵注魏都賦云漳滏二水名經鄴西北滏水熱故日滏口水經注云滏水出鄴西北石鼓山南巖下泉源奮涌若釜之揚湯矣其水冬溫夏冷滏水又東流注於漳謂之合口據水經注石鼓山當卽滏口山之異名也但此經云注於歐水豈歐水亦卽漳水之異名與

又北二百里曰發鳩之山今在上黨郡長子縣西懿行案發鳩山淮南子謂之發包山墜形訓云濁漳出發包高誘注云發包山一名鹿谷山亦在上黨長子縣水經注云鹿谷山與發鳩連麓而在南也其上多柘木懿行案說文云樜木出發鳩山是柘當爲樜玉篇云柘亦作樜蓋同聲假借字也漢書音義云樠似樜葉冬不落是樜樠同類之木樠見中次十一經前山有鳥焉其狀如烏懿行案太平御覽四十五卷引此經烏作鳩文

首白喙赤足懿行案廣韻引此經作白首赤喙名曰精衛其鳴自詨懿行案李善注吳都賦引此經作呼是炎帝之少女名曰女娃炎帝神農也娃惡佳反語誤或作階懿行案李善注吳都賦引此經作赤帝之女姓姜誤也魏都賦注引此經仍作女娃是姓乃娃之譌姜字衍女娃游于東海溺而不返故爲精衛常銜西山之木石以堙于東海堙塞也音因懿行案堙當爲垔見說文文選注引此經銜作取堙作塡唯魏都賦注引此仍作堙列仙傳載炎帝少女追赤松而得仙是知東海溺魂西山銜石斯乃神靈之變化非夫仇海之寃禽矣女尸之爲䔄草亦猶是也藝文類聚九十二卷引郭氏讚云炎帝之女化爲精衛沉形東海靈爽西邁乃銜木石以塡攸害漳水出焉濁漳音章懿行案說文云涑水出發鳩山入於河从水東聲水經注云漳水又東涑水注之水西出發鳩山東逕余吾縣故城南又東逕屯留縣故城北其水又東流注於漳亦引說文涑水爲證然則此經古有二本許君所見本蓋爲涑水卽說文及水經注所云是也桑欽所見本蓋爲漳水水經云濁漳水出上黨長子縣西發鳩山卽此郭注所云是也東流注于河或曰出長子縣鹿谷山而東至鄴入清漳懿行案

地理志云上黨郡長子鹿谷山濁漳水所出東至鄴入清漳說文亦同是皆郭注所本

又東北百二十里曰少山今在樂平郡沾縣沾縣故屬上黨懿行案山在今山西樂平縣水經云清漳水出上黨沾縣西北少山大要谷說文同地理志上黨郡沾大𡕒谷清漳水所出東北至阜城入大河是大要谷卽少山也樂平郡沾及上黨郡竝見晉書地理志又舊本郭注沾縣下復有沾縣字俗本脫其上有金玉其下有銅清漳之水出焉東流于濁漳之水清漳出少山大繩谷至武安縣南暴宮邑入於濁漳或曰東北至邑城入於大河也懿行案郭注繩蓋黽字之譌黽又𡕒字之譌也地理志北地郡大𡕒顏師古注云𡕒卽古要字也顏本作𡕒而今本於上黨郡沾縣大𡕒谷譌爲大黽谷郭氏此注又譌爲大繩谷矣說文云清漳出沾山大要谷北入河以此可證又郭注暴宮當爲黍窖之譌水經云東至武安縣南黍窖邑入於濁漳是也邑城當爲阜城之譌今本地理志上黨郡沾下亦譌爲邑城也阜城縣屬渤海郡見漢晉地理志

又東北二百里曰錫山懿行案地理志水經注竝作堵山或古有二名太平寰宇記云磁州武安縣有

錫山引此經山在今河南武安縣其上多玉其下有砥牛首之水出焉而東流注于滏水懿行案地理志云趙國邯鄲堵山牛首水所出水經濁漳水注云水出邯鄲縣西堵山漢景帝時攻趙圍邯鄲引牛首拘水灌城

又北二百里曰景山懿行案高誘注淮南墬形訓云景山在邯鄲西南有美玉景水出焉東南流注于海澤懿行案淮南墬形訓云西北方曰海澤

又北百里曰題首之山有玉焉多石無水

又北百里曰繡山其上有玉青碧其木多栒木中枚也音荀懿行案郭注未詳所本說文有橁云杶也又有櫄云大木可為鉏柄疑皆非郭義本草經有栒核別錄云味苦療水身面癰腫葢即此木也說文云枝榦也可為杖其草多芍藥芎藭芍藥一名辛夷亦香草屬懿行案廣雅云攣夷芍藥也張揖注上林賦云莔夷新夷也新與辛同莔攣聲轉王逸注楚詞九歌云辛夷香草也是攣夷即莔夷離騷之莔夷又即九歌之辛夷與

芍藥正一物也郭注本廣雅及楚詞洧水出焉而東流注于河懿行案水經有洧水出馬嶺山入潁非此其中有鱯鱯似鮎而大白色也懿行案爾雅云魾大鱯郭注與此同黽鼃黽似蝦蟇小而青或曰鱯黽一物名耳懿行案鼃當爲耿字之譌耿黽見秋官蟈氏注亦見爾雅

又北百二十里曰松山懿行案畢氏云疑即今山西襄垣縣好松山陽水出焉懿行案畢氏云地形志云上黨屯畱有陽水原出三想山東流合平臺水東南入絳水東北流注于河

又北百二十里曰敦與之山懿行案山在今直隸臨城縣西南太平寰宇記引此經作敦輿山其上無草木有金玉溹水出于其陽音悉各反懿行案玉篇云溹所格切水名而東流注于泰陸之水大陸水今鉅鹿北廣平澤即其水懿行案廣平當爲廣阿字之誤也爾雅十藪晉有大陸郭注云今鉅鹿北廣阿澤是也然今爾雅注阿復誤作河呂氏春秋九藪趙之鉅鹿高誘注云廣阿澤也地理志云鉅鹿郡鉅鹿禹貢大陸澤在北又有廣阿劉昭注郡國志亦同泜水出于其陰音抵肆也懿行案泜字晉灼

音邸與郭音同蘇林音祗與地理志同而東流注于彭水今泜水出中丘縣西窮泉谷東注於堂陽縣入於漳水懿行案說文云泜水在常山地理志云常山郡元氏沮水首受中丘西山窮泉谷東至堂陽入黃河又中丘逢山長谷諸水所出東至張邑入濁漳是郭所本也諸水卽泜水矣隋書地理志云房子有彭水案史記陳餘傳索隱引此郭注云泜水出常山中丘縣今本脫常山二字槐水出焉而東流注于泜澤懿行案說文云濟水出常山房子贊皇山東入泜地理志云常山郡房子贊皇山石濟水所出東至廮陶入泜是濟水卽槐水矣

又北百七十里曰柘山其陽有金玉其陰有鐵歷聚之水出焉而北流注于洧水

又北三百里曰維龍之山其上有碧玉其陽有金其陰有鐵肥水出焉而東流注于皋澤其中多礨石未詳也音雷或作壘魄壘大石貌或曰石名懿行案玉篇云礧不平也又云礧硊石與郭義近礧壘字通也又漢書鼂錯傳云具藺石服虔注云藺石可投人石也如淳注

云蘭石城上雷石也蘭礨聲轉礨雷聲近疑礨石卽雷石矣敞鐵之水出焉而北流注于大澤

又北百八十里曰白馬之山懿行案山在今山西盂縣北元和郡縣志云盂縣白馬山在縣東北六十里其陽多石玉其陰多鐵多赤銅木馬之水出焉懿行案木馬水卽俗謂牧馬水也在盂縣東北至定襄入虖沱而東北流注于虖沱呼佗二音

又北二百里曰空桑之山上已有此山疑同名也懿行案東經有此山此經已上無之檢此篇北次二經之首自管涔之山至於敦題之山凡十七山今才得十六山疑經正脫此一山也經內空桑有三上文脫去之空桑蓋在莘虢閒呂氏春秋古史考俱言尹產空桑是也此經空桑蓋在趙代閒歸藏啓筮言蚩尤出自羊水以伐空桑是也兗地亦有空桑見東山經無草木冬夏有雪空桑之水出焉東流注于虖沱音佗懿行案藏經本無郭注音佗二字

又北三百里曰泰戲之山懿行案畢氏云山在今山西繁時縣西淮南墬形訓云虖沱出魯平說文云泒水起鴈門葰人戍夫山元和郡縣志云繁時縣泰戲山一名武夫山在縣東南九十里太平寰宇記云繁時縣泰戲山今曰泒山又云虖沱河源出東南孤阜山據此則戲字當讀如呼說文奉从壴聲泰戲魯平戍夫武夫孤阜皆聲相近字之異也無草木多金玉有獸焉其狀如羊一角一目目在耳後其名曰辣辣音屋棟之棟懿行案玉篇辣字云泰山有獸狀如牛一角疑泰下脫戲字又羊為牛或字之譌也廣韻引此經作泰戲山餘同辣音東又音陳吳氏引楊慎奇字韻云辣辣今產於代州鴈門谷口俗呼為構子見則歲豐音東見晉志今案代州志構作構誤也其鳴自訆虖沱之水出焉今虖沱水出鴈門鹵成縣南武夫山懿行案虖沱又見海內東經地理志云勃海郡成平虖池河民曰徒駭河蓋語聲之轉也郡國志云鴈門郡鹵城劉昭注引此經作呼沱經典或作惡池或作亞馳竝聲近假借之字郭注鹵成成當為城而東流注于漊水音樓懿行案地理志云代郡鹵城虖池河東至參合入虖池別疑虖池別流卽漊水矣液女之水出于其陽南流注于

沁水液音悅懌之懌懿行案泰戲山在繁畤沁水在沁源南北遙阻無緣有水相注疑經文誤此云液女下文直云液水

又北三百里曰石山多藏金玉懿行案藏古字作臧善也西次三經槐江之山多藏黃金玉義與此同濩濩之水出焉濩音尺蠖之蠖而東流注于虖沱鮮于之水出焉而南懿行案吳氏本南上有西字流注于虖沱

又北二百里曰童戎之山皋涂之水出焉而東流注于溇液水

又北三百里曰高是之山今在北地靈丘縣懿行案在縣西北水經作高氏又案晉書地理志北地郡無靈丘代郡下亦無之漢志代郡下則有滋水出焉音茲懿行案說文云滋水出牛飲山白陘谷東入呼沱地理志云常山郡南行唐牛飲山白陸谷滋水所出東至新市入虖池郡國志云南行唐有石白谷谷名三書皆異未知其審而南流注于虖沱其木多椶其草多條懿行案條草未詳或說以爾雅蓧蓨恐非滌

水出焉音寇懿行案說文云滱水起北地靈丘東入河滱水卽漚夷水幷州川也水經云滱水出代郡靈丘縣高氏山注云卽漚夷之水也出縣西北高氏山引此經云云東流注于河過博陵縣南又東北入於易水懿行案地理志云代郡靈丘滱河東至文安入大河說文亦云東入河與此經合水經云滱水東過博陵縣南又東北入於易注云東北至長城注於易水也與郭注合今案滱水自入易水易水復不通河流經言注河未知其審

又北三百里曰陸山多美玉𨛬水出焉或作郯水懿行案𨛬字說文玉篇廣韻俱無之嚴可均曰說文云黃帝娶于姜水而東流注于河

又北二百里曰沂山音祈般水出焉音盤懿行案地理志云平原郡般說者云卽爾雅九河鉤般也元和郡縣志云棣州陽信縣鉤盤河經縣北四十里而東流注于河

北百二十里曰燕山懿行案隋書地理志云無終有燕山疑非此多嬰石言石似玉有符彩嬰帶所謂燕石者懿行案嬰疑燕聲之轉未必取嬰帶爲義水經注云聖水又東逕玉石山謂之玉石口山多珉玉燕石故以

玉石名之是燕石出玉石山將玉石山卽燕山之異名與而與水經鮑止水注無終之燕山似異此蓋別一山也燕水出焉東流注于河

又北山行五百里水行五百里至于饒山懿行案爾雅釋文引字林云駝駝出繞山疑饒繞古字通也初學記二十九卷引此經云陽光之山獸多橐駝經無陽光山疑亦饒山字之譌衍也是無草木多瑤碧其獸多橐駝懿行案橐駝已見虢山其鳥多鸓未詳或曰鸓鴟鸓也懿行案鴟鸓卽鴟久爾雅謂之怪鴟廣雅又云鸓鴟飛鸓也別一物卽鼯鼠也歷虢之水出焉而東流注于河其中有師魚食之殺人未詳或作鯢懿行案師玉篇作鰤非也郭云或作鯢者師鯢聲之轉鯢卽人魚也已見上文酉陽雜俎云峽中人食鯢魚縛樹上鞭至白汁出如構汁方可食不爾有毒也正與此經合

又北四百里曰乾山無草木其陽有金玉其陰有鐵而無水有獸焉其狀如牛而三足其名曰獂懿行案獂當爲豲見說文其藏經本獂下有音元二字

鳴自詨

又北五百里曰倫山倫水出焉而東流注于河有獸焉其狀如麋其川在尾上川竅也　懿行案爾雅云白州驠郭注云州竅是州川其義同廣雅云川臀也本此王引之曰川似當爲州字形稍近而誤　其名曰羆懿行案藏經本作羆九郭氏圖讚亦作羆九疑經文羆下有九字今本脫去之

又北五百里曰碣石之山水經曰碣石山今在遼西臨渝縣南水中或曰在右北平驪城縣海邊山　懿行案地理志云右北平郡驪成大揭石山在縣西南今直隸撫寧昌黎二縣是其地郭引水經今無攷水經注云河之入海舊在碣石今用流所導非禹瀆也故張君云碣石在海中蓋淪於海水也　繩水出焉而東流注于河懿行案地理志遼西郡臨渝有絫云又有揭石水疑揭石水即繩水也水經河水注引此經云云劉昭注郡國志引此經作編水疑誤　其中多蒲夷之魚未詳　懿行案蒲夷魚疑即冉遺魚也已見西次四經玉篇有鯅鰊目華

本草有胡夷魚即河豚竝非此其上有玉其下多青碧

又北水行五百里至于鴈門之山鴈門山即北陵西隃鴈之所出因以名云在高柳北懿行案北陵西隃見爾雅鴈門山鴈出其間在高柳北見海內西經山在今山西代州東北又案經不言此山有水而北次二經梁渠之山有修水東流注于鴈門郭云水名北山經首少咸之山有敦水東流注于鴈門之水郭云水出鴈門山間是此山有水明矣水經灅水注引山海經曰鴈門之水出於鴈門之山蓋古本有此經文今脫去之無草木

又北水行四百里懿行案王崇慶山海經釋義云凡此皆在晉地環晉皆山恐無水行四百里者然鴈門山亦曰水行五百里豈禹治水時事與至于泰澤懿行案泰澤即大澤也大澤方百里羣鳥所生及所解在鴈門北見海內西經其中有山焉曰帝都之山廣員百里懿行案山疑即委羽之山也崇𡾊參雲日月虧蔽在鴈門北見淮南墬形訓無草木有金玉

又北五百里曰錞于毋逢之山北望雞號之山懿行案說文玉篇引此經竝作

惟號之山其風如颱颱急風貌也音戾或云飄風也懿行案颱俗字也說文玉篇引此經竝作𩙪說文云𩙪同力玉篇云急也文選江賦注引此注與今本同西望幽都之山懿行案幽都之山在北海之內見海內經浴水出焉浴即黑水也懿行案浴下疑脫水字郭知浴水即黑水者据海內經幽都之山黑水出焉而爲說也夏小正云黑鳥浴疑浴當訓黑正與此義合說者失之耳是有大蛇赤首白身其音如牛見則其邑大旱

凡北次三經之首自太行之山以至于無逢懿行案無逢即毋逢也毋無古音同之山凡四十六山懿行案今四十七山萬二千三百五十里懿行案今一萬二千四百四十里其神狀皆馬身而人面者廿神懿行案古鐘鼎文二十字皆作廿其祠之皆用一藻茝瘞之藻聚藻茝香草蘭之類音昌代反懿行案藻聚藻見毛詩茝香草見內則其十四神狀皆彘身而載玉懿行案載亦戴也古字通其祠之皆玉不瘞不薶所用玉也

其十神狀皆彘身而八足蛇尾其祠之皆用一璧瘞之大凡四十四神懿行案四十六山其神乃止四十四蓋有攝山者皆用稌糈米祠之此皆不火食懿行案其山北人皆生食不火之物已見北山經首

右北經之山志凡八十七山懿行案今八十八山二萬三千二百三十里懿行案當二萬三千五百三十里今則二萬四千二百六十里

山海經第三

山海經第四　晉　郭璞傳　棲霞郝懿行箋疏

東山經

東山經之首曰樕螽之山速株二音　懿行案廣韵云樕株山名疑即樕螽之異文北臨乾昧亦山名也音妹　懿行案東次四經之首曰北號之山食水出焉而東北流注于海與此互證是北號即乾昧矣食水出焉而東北流注于海其中多鱅鱅之魚音容　懿行案史記裴駰集解引郭氏云鱅似鰱而黑非此也說文云鱅魚名又云鰅魚皮有文出樂浪東暆神爵四年初捕收輸考工周成王時揚州獻鰅周書王會篇云揚州禺禺魚名解隃冠禺禺即鰅鰅聲之轉古字通也史記司馬相如傳有禺禺徐廣云禺禺魚牛也郭氏注上林賦云鰅魚有文彩又云禺禺魚皮有毛黃地黑文與說文鰅魚皮有文合徐廣謂之魚牛即此經狀如犂牛是也說文云出樂浪東暆亦與此經合蓺文類聚九卷引博物志云東海中有牛魚其形如牛剝其皮懸之潮水至則毛起潮去則伏即是魚也其狀如犂牛牛似虎文者　懿行案郭氏注上林賦云禺禺魚皮有毛黃地黑文與此注似虎文義合魏志文帝

紀注引獻帝傳云犂牛之駮似虎正謂此也太平御覽九百三十九卷引此經圖讚曰魚號鱅鱅如牛虎駮犂牛卽留牛見南山經柢山其音如彘鳴

又南三百里曰藟山音誄其上有玉其下有金湖水出焉東流注于食水懿行案地理志云右北平郡俊靡灅水南至無終東入庚說文亦同疑藟山因灅水爲名灅藟聲同灅水卽湖水庚水卽食水矣俟攷其中多活師科斗也爾雅謂之活東懿行案蝦蟇叫而生子其聲聒聒謂之聒子活師聒子聲相近科斗活東亦音相轉也

又南三百里曰栒狀之山懿行案廣韵云汉水出拘扶山此作栒狀字形相似未審誰是其上多金玉其下多青碧石有獸焉其狀如犬六足其名曰從從其鳴自詨有鳥焉其狀如雞而鼠毛懿行案毛說文作尾其名曰䖹鼠音咨懿行案䖹說文作𪕮云𪕮鼠似雞鼠尾玉篇云䖹蟲也見則其邑大旱汉水出焉音枳懿行案玉篇

云沢水名而北流注于湖水其中多箴魚其狀如儵懿行案儵即儵字其喙如箴出東海今江東水中亦有之　懿行案今登萊海中有箴梁魚碧色而長其骨亦碧其喙如箴以此得名太平御覽九百三十九卷引南越記云箴魚口四寸食之無疫疾

又南三百里曰勃亝之山懿行案亝篆文齊字見說文無草木無水

又南三百里曰番條之山無草木多沙減水出焉音同減損之減　懿行案滅即減損之字何須用音知經文必不作滅未審何字之譌北流注于海其中多鱤魚一名黃頰音感　懿行案鱤一名魠說文云魠哆口魚也廣雅云魠魧鱅魠也玉篇云魠黃頰魚郭氏注上林賦云魠鱤也一名黃頰與此注合又謂之鱨小雅魚麗篇毛傳云鱨楊也陸機疏云今黃頰魚也似燕頭魚身形厚而長大頰骨正黃魚之大而有力解飛者徐州人謂之楊黃頰通語也今江東呼黃鱨魚亦名黃頰魚尾微黃大者長尺七八寸許

又南四百里曰姑兒之山其上多漆其下多桑柘姑兒之水出

焉北流注于海其中多鱸魚

又南四百里曰高氏之山其上多玉其下多箴石可以爲砭針治癰腫者懿行案砭當爲砭字之譌南史王僧孺傳引此注作可以爲砭針是也說文云砭以石刺病也素問云東方之域其病爲癰瘍其治宜砭石是砭石正東方所出也又此云箴石史記扁鵲傳有鑱石鑱箴聲相近然非一物也淮南說山訓云病者寢席醫之用針石高誘注云石針所砥彈人癰痤出其惡血者也諸繩之水出焉懿行案水經注云澠水出營城東西北入時水疑卽此東流注于澤其中多金玉

又南三百里曰嶽山其上多桑其下多樗濼水出焉音樂懿行案說文云濼齊魯閒水也水經注云濼水出歷城縣故城西泉源上北入於濟謂之濼口計其道里疑非此東流注于澤其中多金玉

又南三百里曰犲山懿行案犲卽豺別字其上無草木其下多水其中多

堪孖之魚未詳音序　懿行案玉篇孖从子从子不从二子有獸焉其狀如夸父懿行案夸父卽舉父也已見西山經崇吾之山北山經梁渠之山而彘毛其音如呼見則天下大水

又南三百里曰獨山其上多金玉其下多美石末塗之水出焉而東南流注于沔其中多偹蟰條容二音　懿行案郭氏江賦云偹蟰拂翼而掣耀李善注引此經玉篇有偹字亦引此經竝與今本同其狀如黃蛇魚翼出入有光見則其邑大旱

又南三百里曰泰山卽東嶽岱宗也今在泰山奉高縣西北從山下至頂四十八里三百步也　懿行案泰山郡奉高見漢晉地理志山在今山東泰安縣北史記秦始皇本紀正義引此注作百四十八里百字當爲衍文故劉昭注祭祀志引此注作四十八里二百步亦無百字初學記引漢官儀及泰山記亦云自下至古封禪處凡四十里其上多玉其下多金懿行案史記秦始皇本紀正義引此玉作石今案作石是也泰山下既多礉礐又本草經紫白二石

英俱生泰山魏志高堂隆傳云鑿泰山之石英正謂此也有獸焉其狀如豚而有珠名曰狪狪音如吟恫之恫　懿行案玉篇云狪似豕出泰山又狪云獸名廣韵狪狪俱云獸名似豕出泰山是知古本作狪或作狪今本作狪皆一字也郭云音如吟恫之恫疑吟當爲呻字之譌匡謬正俗云關中謂呻吟爲呻恫其鳴自訆環水出焉懿行案水經注云汶水又南合北汶水水東南流逕奉山東又合天門下谿水水出泰山天門下谷東南流又合環水水出泰山南谿南流歷中下兩廟間其水又屈而東流入於汶水引此經云云東流注于江一作海　懿行案當作汶水經注引此經作注于汶其中多水玉

又南三百里曰竹山錞于江一作涯　懿行案江亦當作汶竹山當卽蜀山在今汶上縣獨立波心故名曰蜀無草木多瑤碧激水出焉而東南流注于娶檀之水其中多茈羸懿行案羸當爲蠃字之譌茈蠃紫色蠃也

凡東山經之首自樕螽之山以至于竹山凡十二山三千六百

里懿行案今才三千五百里其神狀皆人身龍首祠毛用一犬祈聃用魚以血塗祭爲聃也公羊傳云蓋叩其鼻以聃社音釣餌之餌懿行案玉篇云以牲告神欲神聽之曰聃此說與郭異据郭注聃疑當爲衈玉篇云耳血也禮雜記云其衈皆于屋下鄭注云衈謂將刲割牲以釁先滅耳傍毛薦之郭引公羊傳者僖十九年文然傳云蓋叩其鼻以血社不作衈字穀梁傳正作叩其鼻以衈社范甯注云衈者釁也是郭此注當由誤記故竟以穀梁爲公羊耳

東次二經之首曰空桑之山此山出琴瑟材見周禮也懿行案此兖地之空桑也淮南本經訓云共工振滔洪水以薄空桑高誘注云空桑地名在魯也思玄賦舊注云少皞金天氏居窮桑在魯北太平寰宇記引于寶云徵在生孔子於空桑之地今名孔竇在魯南山之穴郭引周禮者春官大司樂文北臨食水懿行案食水已見篇首樕螽山東望沮吳南望沙陵西望湣澤音旻懿行案湣疑即汶字之異文有獸焉其狀如牛而虎文懿行案上文狀如犂牛郭注云牛似虎文者其音如欽或作吟其名

曰軨軨(音靈)其鳴自叫見則天下大水

又南六百里曰曹夕之山其下多穀而無水多鳥獸

又西南四百里曰嶧皋之山(音亦　懿行案爾雅云山屬者嶧)其上多金玉其下多白堊嶧皋之水出焉東流注于激女之水(懿行案爾雅疏引此經作激汝之水玉篇同)其中多蜃珧(蜃蚌也珧玉珧亦蚌屬腎遥兩音　懿行案爾雅云蜃小者珧郭注云珧玉珧即小蚌也)

又南水行五百里流沙三百里至于葛山之尾無草木多砥礪

又南三百八十里曰葛山之首無草木澧水出焉(懿行案呂氏春秋本味篇作醴水)東流注于余澤其中多珠蟞魚(音鼈　懿行案呂氏春秋作朱鼈郭氏江賦作頳蟞是經文珠朱蟞鼈竝古字通用)其狀如胏而有目(懿行案此物圖作四目初學記八卷引南越志云海中多

朱鼈狀如胏有四眼六脚而吐珠正與圖合疑此經有目當爲四目字之譌也文選江賦注引此經仍作有目譌與今本同竝當栞正**六足有珠**懿行案呂氏春秋本味篇云六足有珠百碧百碧疑青碧字之譌也高誘注云有珠如蛟皮蛟當爲鮫皮有珠文但郭氏江賦云賴鼈胏躍而吐璣南越志亦云朱鼈吐珠高誘以爲皮有珠葢非也**其味酸甘食之無癘**無時氣病也呂氏春秋曰澧水之魚名曰朱鼈六足有珠魚之美也　懿行案太平御覽九百三十九卷引此經圖讚云澧水之鱗狀如浮胏體兼三才以貨賈害厥用既多何以自衛

又南三百八十里曰餘峩之山懿行案廣韻引此經峩作我**其上多梓柟其下多荆芑**懿行案南山經虖勺之山下多荆杞此經作芑同聲假借字也下文竝同**雜余之水出焉東流注于黃水有獸焉其狀如菟而鳥喙鴟目蛇尾見人則眠**言佯死也　懿行案眠依字當爲瞑**名曰犰狳**仇餘二音　懿行案玉篇犰狳二字竝云獸似兎𤜱音几無犰字是經文犰當爲𤜱郭注仇當爲几竝字形之譌也廣韻犰字注云兎喙蓋脫鳥字**其鳴自訆見則螽蝗爲**

敗蝨蝗類也言傷敗田苗音終　懿行案說文云蝗蝨也蝨蝗也以爲一物据此又似二種太平御覽九百十三卷引此經蝨作蟲

又南三百里曰杜父之山無草木多水

又南三百里曰耿山無草木多水碧亦水玉類　懿行案李善注江賦引此經及郭注竝與今本同又注謝靈運入彭蠡湖口詩及注江淹雜體詩竝引此經郭注云碧亦玉也與今本異又經言水碧生於山閒謝靈運詩云水碧輟流㶁江淹詩云淩波采水碧竝與經不合多大蛇有獸焉其狀如狐而魚翼其名曰朱獳音儒　懿行案說文云獳需聲讀若槈與郭音異然云需聲則與儒音相近樂記云朱儒獶雜蓋獶是獮猴朱儒似狐樂記所言皆獸名也正與此經義合其鳴自訆見則其國有恐

又南三百里曰盧其之山懿行案太平御覽九百二十五卷引此經盧其作壼期無草木多沙石沙水出焉南流注于涔水其中多鵹鶘音黎其狀如鴛鴦

而人足今鵜胡足頗有似人腳形狀也懿行案御覽引此經作鵜鶘鵹鶘聲相近也鵜鶘見爾雅陸機詩疏又名淘河即鵜鶘聲之轉魏志黃初四年有鵜鶘鳥集靈芝池詔曰此詩人所謂汙澤是也其鳴自訆懿行案御覽引訆作呼見則其國多土功

又南三百八十里曰姑射之山懿行案莊子逍遙遊篇云藐姑射之山汾水之陽隋書地理志云臨汾有姑射山山在今山西平陽府西又案已下三山俱名姑射但分南北耳皆山在中國者海內北經有列姑射有姑射國俱地在遠裔者無草木多水

又南水行三百里流沙百里曰北姑射之山無草木多石

又南三百里曰南姑射之山無草木多水

又南三百里曰碧山無草木多大蛇多碧水玉

又南五百里曰緱氏之山一曰俠氏之山懿行案俠即緱聲之轉緱本或作維誤地理志云河南

郡緱氏葢縣因山爲名也無草木多金玉原水出焉東流注于沙澤

又南三百里曰姑逢之山無草木多金玉有獸焉其狀如狐而有翼其音如鴻鴈其名曰獙獙音斃 懿行案斃獘同經文獙即獘字異文玉篇作獘云獸名即此見則天下大旱

又南五百里曰鳧麗之山其上多金玉其下多箴石有獸焉其狀如狐而九尾九首懿行案廣韵說蠪蛭無九首二字餘竝同虎爪名曰蠪姪龍蛭二音 懿行案中次二經昆吾之山有獸名曰蠪蚳郭云上已有此獸疑同名是此經姪當爲蛭注文蛭當爲姪竝傳寫之誤也廣韻作蠪蛭可證又云一名螭蠪其音如嬰兒是食人

又南五百里曰䃌山音一真反 懿行案玉篇云䃌音真石山葢即此郭注一反二字疑衍中次十一經注可證南臨䃌水東望湖澤有獸焉其狀如馬而羊目懿行案藏經本目作

首四角牛尾其音如獋狗其名曰峳峳音攸 懿行案說文玉篇無峳字疑峳當爲莜古从艸之字或从屮屮亦艸也海內經有菌狗即菌狗亦其例見則其國多狡客狡狡猾也有鳥焉
其狀如鳧而鼠尾善登木其名曰絜鉤見則其國多疫
凡東次二經之首自空桑之山至于䃌山凡十七山六千六百
四十里其神狀皆獸身人面載觡麋鹿屬角爲觡音格 懿行案載亦戴也說文云觡骨角之名也鄭注樂記云無䚡曰觡說文云䚡角中骨也史記樂書索隱云牛羊有䚡曰角麋鹿無䚡曰觡 其祠毛用
一雞祈嬰用一璧瘞
又東次三經之首曰尸胡之山北望𡵓山音詳 懿行案玉篇云𡵓女鬼也非此
其上多金玉其下多棘有獸焉其狀如麋而魚目名曰妴胡音婉 懿行案玉篇云妴同婉 其鳴自訆 懿行案嘉慶五年冊使封琉球歸舟泊馬齒山下人進二鹿毛淺而小眼似魚

眼使者箸記謂是海魚所化余以經證之知是鮆胡也沙魚化麋海人常見之非此

又南水行八百里曰岐山其木多桃李其獸多虎

又南水行五百里曰諸鉤之山無草木多沙石是山也廣員百里多寐魚即鮇魚音味　懿行案鮇魚今未詳玉篇云鮇音未魚名與郭義合又有鮇字與鱥同非此也

又南水行七百里曰中父之山無草木多沙

又東水行千里曰胡射之山無草木多沙石

又南水行七百里曰孟子之山懿行案畢氏據藏經本作孟子其木多梓桐多桃李其草多菌蒲未詳音䐃昭之䐃　懿行案䐃當从目旁作⿰目囷音窘昭未聞藝文類聚八十二卷引此經無菌字其獸多麋鹿是山也廣員百里其上有水出焉名曰碧陽懿行案開元占經一百十三卷引竹書紀年云今王四年碧陽君之諸御產二龍碧陽君豈即斯水之神邪其中多

◎

鱣鮪鮪卽鱏也似鱣而長鼻體無鱗甲別名鮔鱅一名鱑也　懿行案鱣鮪竝見爾雅郭云別名鮔鱅者史記集解引郭氏注上林賦云鮔鱅鮪也李奇注漢書云周洛曰鮪蜀曰鮔鱅說文作鮔魧葢古今字耳云一名鱑也者鱣魚一名鱘鱑魚鱣鮪同類故亦同名郭注爾雅鱣云今江東呼爲黃魚黃卽鱑矣

又南水行五百里曰流沙行五百里有山焉曰跂踵之山跂音企廣員二百里無草木有大蛇其上多玉有水焉廣員四十里皆涌今河東汾陰縣有瀵水源在地底濆沸涌出其湙無限卽此類也　懿行案爾雅云瀵大出尾下郭注與此注文有詳畧其義則同其名曰湙澤其中多蠵龜蠵觜蠵大龜也甲有文彩似瑇瑁而薄音遺知反　懿行案瑇瑁玉篇作蝳蝐說文云蠵大龜也以胃鳴者郭注爾雅靈龜云緣中文似瑇瑁俗呼爲靈龜卽今觜蠵龜一名靈蠵能鳴初學記三十卷引郭氏此經圖讚曰水圓二方潛源溢沸靈龜爰處掉尾養氣莊生是感揮竿傲貴有魚焉其狀如鯉而六足鳥尾名曰鮯鮯之魚音蛤　懿行案廣雅釋地本此經云東方有魚焉如鯉六足鳥

尾其名曰鮯不作重文玉篇亦然其名自叫懿行案名藏經本作鳴是

又南水行九百里曰踇隅之山音敏字懿行案玉篇廣韻竝作踇偶山踇莫后切其上多草木多金玉多赭有獸焉其狀如牛而馬尾名曰精精其鳴自叫

又南水行五百里流沙三百里至于無皋之山南望幼海即少海也淮南子曰東方大渚曰少海懿行案初學記六卷引此經及郭注竝與今本同又少海即禆海也史記騶衍傳云禆海環之索隱云禆海小海也郭引淮南子者墜形訓文也東望榑木扶桑二音懿行案榑木即扶桑但不當讀木爲桑注有脫誤鴻範五行傳云東方之極自碣石東至日出榑木之野呂氏春秋求人篇云禹東至榑木之地日出九津高誘注云榑木大木津崖也案扶桑見海外東經無草木多風懿行案東極多風爰有神人來風曰俊處東極以出入風也見大荒東經是山也廣員百里

凡東次三經之首自尸胡之山至于無皋之山凡九山六千九百里懿行案今才六千四百里其神狀皆人身而羊角其祠用一牡羊米用黍是神也見則風雨水爲敗

又東次四經之首曰北號之山臨于北海有木焉其狀如楊赤華其實如棗而無核懿行案爾雅云皙無實棗郭注云不著子者即此今樂陵縣亦出無核棗其味酸甘食之不瘧懿行案本草經腐婢陶注云今海邊有小樹狀如巵子莖條多曲氣作腐臭土人呼爲腐婢用療瘧有效即此食水出焉而東北流注于海懿行案食水已見篇首其云北臨乾昧當即此經北號之山有獸焉其狀如狼赤首鼠目其音如豚名曰猲狙葛苴二音懿行案經文猲狙當爲獦狙注文葛苴當爲葛旦俱字形之譌也玉篇廣韵竝作獦狙云狙丁且切獸名可證今本之譌說文云狙玃屬莊子齊物論釋文引司馬彪云狙一名獦牂似猨而狗頭憙與雌猨交所說形狀與此經異非一物也是食人

有鳥焉其狀如雞而白首鼠足而虎爪其名曰鬿音祈雀懿行案楚詞天問云鬿堆焉處王逸注云鬿堆奇獸也柳子天對云鬿雀在北號惟人是食則以鬿堆爲即鬿雀字之誤王逸注蓋失之亦食人

又南三百里曰旄山無草木蒼體之水出焉而西流注于展水其中多鱃魚今蝦鰌字亦或作鱃音秋懿行案廣雅云鱃鰌也是本二字郭音鱃爲秋與鰌同音其狀如鯉懿行案太平御覽七百四十卷引此經鯉作鱧而大首食者不疣懿行案疣當爲肬

又南三百二十里曰東始之山上多蒼玉有木焉其狀如楊而赤理其汁如血不實其名曰芑音起懿行案李善注西京賦引此經作杞云杞如楊赤理是知杞假借作芑也經內多此例李善又云杞即楩木也未知其審可以服馬以汁塗之則馬調良懿行案良馬有汗血者以芑汁塗馬則調良或取此義與泚水出焉而東北流注于海其中多美

貝多茈魚其狀如鮒一首而十身懿行案似何羅魚其臭如蘼蕪食之不𥼶孚謂反止失氣也懿行案廣韻云𥼶同屁氣下洩也匹寐切玉篇音義同郭注

又東南三百里曰女烝之山其上無草木石膏水出焉而西注于鬲水其中多薄魚懿行案玉篇廣韻竝作鱄魚又云似鯉也其狀如鱣魚而一目其音如歐如人嘔吐聲也懿行案歐吐之字古書作歐俗作嘔初學記三十卷引此經及郭注竝與今本同見則天下大旱懿行案初學記引此經作見則天下反

又東南二百里曰欽山多金玉而無石師水出焉而北流注于皋澤其中多鱃魚多文貝有獸焉其狀如豚而有牙其名曰當康懿行案太平御覽九百十三卷引神異經云南方有獸似鹿而豕首有牙善依人求五穀名無損之獸所說形狀與此獸近當卽此其鳴自叫見則天下大穰懿行案當康大穰聲轉義近蓋歲將豐稔茲獸先出以鳴瑞聖

人通知鳥獸之音故特記之凡經中諸物或出而兆妖祥皆動於幾先非所常有故世人希得見之爾

又東南二百里曰子桐之山懿行案玉篇引司馬相如梓桐山賦云礶碕疑即斯山也梓子聲同子桐之水出焉而西流注于餘如之澤其中多鰨魚音滑懿行案鰨魚見郭氏江賦李善注引此經及郭音竝與今本同玉篇云鰨魚如鳥太平御覽九百三十九卷引此經作鰨魚誤其狀如魚而鳥翼出入有光其音如鴛鴦見則天下大旱懿行案廣韵引此經同

又東北二百里曰剡山懿行案藝文類聚八卷引剡山作刾山竝誤多金玉有獸焉其狀如彘而人面黃身而赤尾其名曰合窳音庾其音如嬰兒是獸也食人亦食蟲蛇見則天下大水懿行案是獸竝即彘屬而異者也彘爲水祥者以坎爲豕爲水故也彘能啗蛇見蘇鶚杜陽雜編

又東二百里曰太山上多金玉楨木女楨也葉冬不凋　懿行案說文云楨剛木也上郡有楨林縣玉篇云楨堅木也引此經作大山多楨木又引郭注與今本同有獸焉其狀如牛而白首一目而蛇尾其名曰蜚音如翡翠之翡　懿行案蜚廣韵作蜚非也玉篇引此經與今本同乃此與春秋之蜚同名異實劉歆解春秋便引此經以爲一物非也行水則竭行草則死見則天下大疫言其體含災氣也其銘曰蜚之爲名體似無害所經枯竭甚於鴆厲萬物斯懼思爾遐逝　懿行案廣韵引此經作見則有兵役與今本異又引郭氏讚即今注中銘語也萬物斯懼斯作攸餘同又案藏經本所載圖讚復與此絕異所未能詳鉤水出焉而北流注于勞水其中多鱃魚

凡東次四經之首自北號之山至于太山凡八山一千七百二十里　懿行案畢氏本里字作三此字形之譌又案此經不言神狀及祠物所宜疑有闕脫

右東經之山志凡四十六山萬八千八百六十里　懿行案今才萬八千

二百六十里

山海經第四

山海經第五　晉　郭璞傳　棲霞郝懿行箋疏

中山經

中山經薄山之首懿行案山在今山西蒲州府南禹都平陽或在安邑故以薄山為中山也地理志云河東郡蒲反雷首山在南史記封禪書云薄山者襄山也正義引括地志云薄山亦名襄山一名雷首山案正義襄音色絹反則當作褢然穆天子傳云河首襄山是字仍當作襄也水經河水注引楊雄河東賦注云襄山在潼關北十餘里又引此經薄山作蒲山蓋薄蒲聲有輕重耳曰甘棗之山懿行案甘棗水經注引作甘桑又括地志說茲山凡十餘名以州縣分之多在蒲州見史記正義其水出焉音恭而西流注于河懿行案水經注云蓼水出襄山蓼谷西南注於河又云今診蓼水川流所趣與共水相扶是酈氏以蓼水即共水也其上多杻木其下有草焉葵本而杏葉或作楛葉黃華而莢實懿行案說文云莢艸實鄭注地官司徒職云莢物薺莢王棘之屬名曰籜他落反可以已瞢音盲懿行案說文云瞢不明也有獸焉其狀如獃

鼠而文題䶂鼠所未詳音弛字亦或作弛　懿行案䶂玉篇以爲古文獨字非郭義也廣韻䶂音徒各切云獸名似鼠又與郭音異䶂鼠爾雅十三鼠中無之其字或作弛蓋同聲假借也其名曰䶅音那或作熊也　懿行案䶅或云即古熊字非也古文能字作䶅見玉篇又玉篇云䶅乃何切獸似鼠食之明目廣韻亦云獸名似鼠班頭食之明目蓋皆本此經而誤記也可以已䏚在上文食之已癭

又東二十里曰歷兒之山懿行案水經注云河東郡南有歷山舜所耕處也史記正義引括地志云蒲山亦名歷山即此也蓋與薄山連麓而異名太平御覽四百九十卷引此經作歷小之山疑見本或作尒聲近而通尒又譌作小也其上多橿多櫔木音厲　懿行案玉篇云櫔木名實如栗是木也方莖而員葉黃華而毛其實如楝楝木名子如指頭白而黏可以浣衣也音練或作簡　懿行案楝當作楝說文云楝木也玉篇云子可以浣衣爾雅翼云木高丈餘葉密如槐而尖三四月開花紅紫色實如小鈴名金鈴子俗謂之苦楝可以湅故名服之不忘

◎

又東十五里曰渠豬之山懿行案史記正義引括地志云雷首山亦名渠山又云薄山亦名豬山即此其上多竹渠豬之水出焉懿行案水經注云永樂谿水又南入於河余按中山經即渠豬之水也太平寰宇記云永樂縣渠豬水一名蓼水今名百丈澗源出縣北中條山今案括地志中條山亦雷首之異名也而南流注于河其中是多豪魚狀如鮪鮪似鱣也赤喙尾赤羽懿行案太平御覽九百三十九卷引此經赤喙上有而字廣韻引作赤尾赤喙有羽而無狀如鮪三字可以已白癬懿行案說文云癬乾瘍也

又東三十五里曰蔥聾之山懿行案自此已下七山亦皆與薄山連麓而異名其中多大谷是多白堊黑青黃堊言有雜色堊也

又東十五里曰涹山音倭　懿行案玉篇云涹山名也其上多赤銅其陰多鐵

又東七十里曰脫扈之山有草焉其狀如葵葉而赤華莢實實

如櫻莢今櫻木莢似皁莢也　懿行案今櫻木結實作房如魚子狀絕不似皁莢也未知其審名曰植楮可以已癙癙病也淮南子曰貍頭已癙也　懿行案太平御覽七百四十二卷引郭注作癙瘻也今本作癙病蓋本爾雅釋詁文非誤也又引淮南子者說山訓文本作貍頭愈鼠今人正以貍頭療鼠瘍鼠瘍即瘻說文云瘻頸腫也食之不眯

又東二十里曰金星之山多天嬰其狀如龍骨懿行案本草別錄云龍骨生晉地川谷及太山巖水岸土穴中死龍處可以已痤癰痤也　懿行案注疑當為痤癰也說文云痤小腫也一曰族絫韓非子六反篇云彈痤者痛

又東七十里曰泰威之山其中有谷曰梟谷或無谷字其中多鐵

又東十五里曰橿谷之山或作檀谷之山其中多赤銅

又東百二十里曰吳林之山懿行案地理志云河東郡大陽吳山在西上有吳城史記正義引括

地志云雷首山亦名吳山即此也已上諸山西起雷首東至吳坂隨地異名大體相屬也吳山在今山西平陸縣其中多葌草亦菅字　懿行案說文云葌香艸出吳林山本此經爲說也衆經音義引聲類云葌蘭也又引字書云葌與蕑同蕑即蘭也是葌乃香艸中次十二經洞庭之山以葌與蘼蕪竝稱其爲香艸審矣郭注以葌爲菅字菅乃茅屬恐非也

又北三十里曰牛首之山今長安西南有牛首山上有館下有水未知此是非　懿行案此山在霍太山之南當在今山西浮山縣界非長安鄠縣之牛首山也水經汾水注有黑山即此太平寰宇記云神山縣黑山在縣東四十四里一名牛首今名烏嶺山有草焉名曰鬼草其葉如葵而赤莖其秀如禾懿行案大雅生民篇云實發實秀是禾謂之秀也服之不憂懿行案太平御覽四百六十九卷引此經圖讚曰焉得鬼草是樹是蓺服之不憂樂天傲世如彼浪舟任波流滯勞水出焉而西流注于潏水音如譎詐之譎　懿行案長安亦有澇水潏水見地理志非此也太平寰宇記云臨汾縣澇水源出烏嶺山俗名長壽水是也水經注云黑水出黑山西逕陽城南又西與巢山水會引此經云云疑是水也潏水即巢山之水也水源東南出巢山東谷北逕浮

山東又西北流與勞水合亂流西北逕高梁城北西流入於汾元和郡縣志云臨汾縣潏水今名三交水也是多飛魚其狀如鮒魚懿行案中次三經復有飛魚與此異太平御覽九百三十九卷引張駿山海經飛魚讚曰如鮒登雲游波今案如鮒之上當脫飛魚二字遂不成文又引林邑國記曰飛魚身圓長丈餘羽重沓翼如胡蟬出入羣飛遊翔翳會而沈則泳海底食之已痔衕

又北四十里曰霍山今平陽永安縣廬江灊縣晉安羅江縣河南鞏縣皆有霍山明山以霍爲名者非一矣按爾雅大山繞小山爲霍　懿行案此平陽永安之霍山也山在今山西霍州東南地理志云河東郡彘霍太山在東冀州山晉書地理志云平陽郡永安霍山在東案水經汾水注有彘水霍水竝出霍太山西南流注於汾水此經絕不言有水又爾雅記西方之美有霍山之多珠玉此經亦復不言其木多穀有獸焉其狀如貍而白尾有鬣名曰朏朏養之可以已憂謂蓄養之也普昧反　懿行案陳藏器本草拾遺云風貍似兔而短人取籠養之即此也

又北五十二里曰合谷之山 懿行案玉篇作金谷多薝棘 是多薝棘 未詳音瞻懿行案本草云天虋冬一名顛棘即爾雅髦顛棘也薝玉篇云丁敢切疑薝顛古字或通

又北三十五里曰陰山 亦曰險山 多礪石文石 礪石石中磨者懿行案礪當爲厲說文云厲旱石也 少水出焉 懿行案水經注云沁水又逕沁水縣故城北春秋之少水也又云少水今沁水酈氏此說蓋言沁水隨地異名耳不云即此經之少水也且沁水出謁戾山少水出陰山既不同源非一水明矣 其中多彫棠 懿行案西次二經云中皇之山多蕙棠郭云彫棠之屬此作彫棠疑形近而譌 其葉如榆葉而方其實如赤菽 菽豆 懿行案菽當爲尗見說文 食之已聾

又東北四百里曰鼓鐙之山 懿行案畢氏云即鼓鍾山在今山西垣曲縣鍾鐙形聲皆相近水經注云平水南流歷鼓鍾上峽水廣一十許步南流歷鼓鍾川分爲二澗一水歷治官西世人謂之鼓鍾城城之左右猶有遺銅及銅錢也即此山而引中次七經鼓鍾山蓋酈元之疏也 多赤銅 懿行案畢氏云詳水經注云有治官遺銅則知古者

治銅於此經言多赤銅信也有草焉名曰榮草其葉如柳其本如雞卵食之
已風懿行案本草經云𦶟茹味辛寒除大風陶注云葉似大戟蜀本注云根如蘿蔔竝與此合豈是與
凡薄山之首自甘棗之山至于鼓鐙之山凡十五山六千六百
七十里懿行案今才九百三十七里經有誤歷兒冢也其祠禮毛太牢之具縣以
吉玉懸祭山之名也見爾雅懿行案爾雅云祭山曰庪縣郭注云或庪或縣置之於山亦引此經文其餘十
三山者懿行案風俗通云趙襄子齋三日親自剖竹有朱書曰無卹余霍太山陽侯大吏云云是霍山之神名陽侯也
其餘未聞毛用一羊縣嬰用桑封瘞而不糈桑封者懿行案畢氏云桑封以下疑周
秦人釋語亂入經文桑主也懿行案穆天子傳云乃駕鹿以遊于山上爲之石主淮南齊俗訓云殷人之禮其社用石
是土神山神之主例當用石此則用木耳又祭山不獨有主兼亦有尸故中次五經云尸水合天也方其下而銳
其上而中穿之加金言作神主而祭以金銀飾之也公羊傳曰虞主用桑主或作玉懿行案郭引公羊

文二年傳也經言作僖公主何休注云主狀正方穿中央達四方彼是說天子諸侯之主此言山神之主所未聞也郭云主或作玉葢字形之譌

中次二經濟山之首曰煇諸之山懿行案山在上黨其上多桑其獸多閭麋其鳥多鶡似雉而大青色有毛勇健鬭死乃止音曷出上黨也　懿行案張揖注上林賦云鶡似雉鬭死不郤說文云鶡似雉出上黨劉昭注郡國志上黨郡猗氏引漢書音義云縣出鶡因知此經煇諸之山在上黨猗氏縣矣李善注鸚鵡賦引此經郭注作青色有角今本作有毛二者皆誤李賢注後漢書西南夷傳引此注云髦雞似雉而大青色有毛角鬭敵死乃止是鶡或作髦又增雞字非也其作毛角則是玉篇云鶡何葛切鳥似雉而大青色有毛角鬭死而止蓺文類聚九十卷引郭氏讚云鶡之為鳥同羣相為疇類被侵雖死不避毛飾武士兼厲以義

又西南二百里曰發視之山其上多金玉其下多砥礪卽魚之水出焉而西流注于伊水

又西三百里曰豪山其上多金玉而無草木

又西三百里曰鮮山懿行案爾雅云小山別大山鮮水經伊水注有鮮山山當在今河南嵩縣多金玉無草木鮮水出焉而北流注于伊水懿行案水經云伊水東北過郭落山注云伊水又東北鮮水入焉水出鮮山北流注於伊水其中多鳴蛇其狀如蛇而四翼其音如磬見則其邑大旱懿行案鳴蛇見南都賦李善注引此經與今本同

又西三百里懿行案三百當爲三十字之譌曰陽山懿行案陽山見水經伊水注隋書地理志云陸渾縣有陽山多石無草木陽水出焉而北流注于伊水懿行案水經注云陽水出陽山陽谿世人謂之太陽谷水亦取名焉東流入伊水其中多化蛇其狀如人面而豺身鳥翼而蛇行懿行案廣雅釋地說化蛇本此經文同其音如叱呼見則其邑大水

又西二百里曰昆吾之山其上多赤銅此山出名銅色赤如火以之作刃切玉如割泥

也周穆王時西戎獻之尸子所謂昆吾之劍也越絕書曰赤堇之山破而出錫若邪之谷涸而出銅歐冶子因以爲純鉤之劍汲郡冢中得銅劍一枚長三尺五寸乃今所名爲干將劍汲郡亦皆非鐵也明古者通以錫雜銅爲兵器也　懿行案列子湯問篇云周穆王大征西戎西戎獻錕鋙之劍其劍長尺有咫練鋼赤刃用之切玉如切泥焉是郭所本也又博物志引周書曰昆吾氏獻切玉刀切玉如蠟也子虛賦云琳瑉昆吾張揖注云昆吾山名也出美金尸子曰昆吾之金又郭注海內經昆吾之丘亦引尸子曰昆吾之金此注引作劍葢字之譌也又銅劍一枝枝當爲枚枝亦字之譌也藝文類聚六十卷引此注枝正作枚又汲郡亦亦皆非鐵郭氏欲明古劍皆銅爲之耳然越絕書云歐冶子干將鑿茨山洩其溪取鐵英作爲鐵劍三枚史記亦云楚之鐵劍利而倡優拙是知古劍亦不盡用銅矣類聚又引龍魚河圖云流洲在西海中上多積石名爲昆吾石冶其石成鐵作劍光明四照洞如水精案河圖所說此自別有昆吾石非昆吾山之所出銅也類聚六卷引十洲記與河圖同

有獸焉其狀如彘而有角其音如號如人號哭名曰蠪蚳上已有此獸疑同名　懿行案蚳疑當爲蚔已見東次二經鳧麗之山食之不眯

又西百二十里曰蔞山音閭　懿行案水經伊水注有蔞山山當在今河南盧氏縣西南蔞水出焉而北流注于伊水懿行案水經注云伊水自熊耳東北逕鸞川亭北蔞水出蔞山北流際其城東而北入伊水世人謂伊水爲鸞水蔞水爲交水故名斯川爲鸞川也其上多金玉其下多青雄黃有木焉其狀如棠而赤葉名曰芒草音忘　懿行案芒草亦單謂之芒海內經說建木云其葉如芒郭注云芒木似棠梨本此經爲說也又爾雅云葞春草郭注引本草云一名芒草疑此非也然芒草卽草類而經言木者雖名爲木其實則草正如侖者之山有木如穀而赤理其名白䓘白䓘卽摹蘇亦草屬也故廣雅列於草部又如竹屬爾雅居於釋草而此經或言草或言木也可以毒魚

又西一百五十里曰獨蘇之山無草木而多水

又西二百里曰蔓渠之山懿行案水經注云卽熊耳山之連麓是也山在今河南盧氏縣熊耳山西其上多金玉其下多竹箭伊水出焉而東流注于洛今伊水出上洛盧氏

縣熊耳山東北至河南洛陽縣入洛懿行案地理志云宏農郡盧氏熊耳山在東伊水出東北入雒是郭所本也晉書地理志云上洛郡盧氏熊耳山在東伊水所出與郭注合水經云伊水出南陽魯陽縣西蔓渠山注引此經云云又引淮南子曰伊水出上魏山地理志曰出熊耳山卽麓大同陵巒互別爾有獸焉其名曰馬腹其狀如人面虎身其音如嬰兒是食人懿行案刀劒錄云漢章帝建初八年鑄一金劒令投伊水中以厭人膝之怪宏景案水經云伊水有一物如人膝頭有爪入浴輒沒不復出陶氏所說參以劉昭注郡國志南郡中盧引荊州記云陵水中有物如馬甲如鯪鯉不可入七八月中好在磧上自曝膝頭如虎掌爪小兒不知欲取弄戲便殺人或曰生得者摘其鼻厭可小小便名爲水盧水經沔水注與荊州記小有異同然則人膝之名葢取此据陶劉二家所說形狀與馬腹相近因附記焉陶氏所引水經葢卽郭所注者今亡無攷

凡濟山經之首自煇諸之山至于蔓渠之山凡九山一千六百七十里懿行案今一千七百七十里其神皆人面而鳥身祠用毛擇用毛色用一

吉玉投而不糈

中次三經萯山之首萯音倍懿行案竹書云夏帝孔甲三年畋于萯山卽此水經河水注引呂氏春秋音初篇云田於東陽萯山帝王世紀以爲卽東首陽山也蓋是山之殊目矣曰敖岸之山或作獻懿行案畢氏云春秋傳云敖鄗之閒疑卽此山音相近其陽多㻬琈之玉其陰多赭黃金神熏池居之是常出美玉或作石北望河林懿行案思玄賦云㑮河林之蓁蓁卽此其狀如蒨如舉說者云蒨舉皆木名也未詳蒨音倩懿行案蒨草也舉木也舉卽欅柳本草陶注詳之李善注思玄賦及李賢注後漢書張衡傳引此經竝無如舉二字葢脫有獸焉其狀如白鹿而四角名曰夫諸懿行案玉篇云麋音夫麠音諸葢夫諸本或作麋麠也見則其邑大水

又東十里曰青要之山懿行案山在今河南新安縣西北二十里水經注云新安縣青要山今謂之彊山實維帝之密都天帝曲密之邑懿行案爾雅云山如堂者密北望河曲河千里一曲一直也

懿行案河曲及郭注竝見爾雅

是多駕鳥 未詳也或曰駕宜爲鴐鴐鵝也音加懿行案說文云鵝鴚鵝也鴚通作駕又通作鴐漢書司馬相如傳云連駕鵞史記正作駕鵞又魯大夫有榮駕鵞也

南望墠渚 水中小洲名渚墠音塡懿行案水經伊水注云禪渚水上承陸渾縣東禪渚渚在原上陂方十里佳饒魚葦卽引此經云云墠作禪又引郭注云禪一音暖今本脫此三字

禹父之所化 鯀化於羽淵爲黃熊今復云在此然則一已有變化之性者亦無往而不化也懿行案水經注引郭注云鯀化羽淵而復在此然已變怪亦無往而不化矣與今本詳略異又案山海經禹所著書不應自道禹父之所化疑此語亦後人羼入之

是多僕纍蒲盧 僕纍蝸牛也爾雅曰蒲盧者螟蛉也懿行案蝸牛名蚹蠃見爾雅蒲盧者夏小正傳云蜃者蒲盧也廣雅云蜌蛤蒲盧也是蒲盧爲蜃蛤之屬蒲盧聲轉爲僕纍卽蝶螺也郭注西次三經槐江之山云蠃母卽蝶螺是矣又聲轉爲蝸蠃卽蒲蠃也吳語云其民必移就蒲蠃於東海之濱是矣是僕纍蒲盧同類之物竝生於水澤下溼之地至於爾雅之蒲盧井水蟲也郭氏引之誤矣以蒲盧爲螟蛉尤誤

魖武羅司之 武羅神名魖卽神字懿行案說文云魖神也玉篇云山神也俱本此李善注魏都賦引此經郭注云魖音神與今本不

同

其狀人面而豹文小要而白齒或作首懿行案白齒即左傳所云晳齰而穿耳以鐻鐻金銀器之名未詳也音渠懿行案鐻假借字也說文以爲虡或字其新附字引此經則作璩云璩環屬也後漢書張奐傳云遺金鐻八枚魏都賦云鐻耳之傑李善李賢注竝引此注其鳴如鳴玉如人鳴玉佩聲是山也宜女子懿行案宜女之義未詳吳氏引淮南子青要玉女降霜神也今攷淮南天文訓雖有青女乃出以降霜雪之文而無青要玉女之說當在闕疑畛水出焉音軫而北流注于河懿行案水經注云河水與敎水合又與畛水合水出新安縣青要山其水北流入於河引此經云云即是水也其中有鳥焉名曰鴢音如窈窕之窈懿行案爾雅云鴢頭鵁郭注云似鳧腳近尾略不能行江東謂之魚鵁李善注江賦引此經與今本同其狀如鳧青身而朱目赤尾朱淺赤也懿行案李善注江賦引此經同食之宜子有草焉其狀如葌菅似茅也懿行案葌非菅已見上文吳林山而方莖黃華赤實其本如藁本根似藁本亦香草懿行案廣雅云出蔖蔵香藁本也名曰荀草或曰苞草服之美人色

令人更美豔懿行案本草經云旋花主面皯黑色媚好一名金沸別錄云一名美草生豫州平澤陶注云根似杜若亦似高良薑又云葉似薑花赤色子狀如豆蔻今案旋花一名金沸明是黃花陶注云赤色誤矣又唐宋本草或以旋花爲今鼓子花然與本經不合此皆非矣唯陶說形狀與此經同別錄云生豫州地亦相近葍旋聲近也

又東十里曰騩山音巍懿行案水經注云騩山彊山東阜也鄭語云主芣騩而食溱洧隗卽騩也古字通用其上有美棗其陰有㻬琈之玉正回之水出焉而北流注于河懿行案水經注云河水與畛水合又東正回之水入焉水出騩山東流俗謂之彊川水與石瓜畤川合又東逕彊冶鐵官東東北流注於河其中多飛魚其狀如豚而赤文服之不畏雷可以禦兵懿行案上文勞水飛魚與此同名非一物也初學記一卷引郭氏讚云飛魚如豚赤文無羽食之辟兵不畏雷音案無君二字譌埶文類聚二卷引作赤文無羽是矣而不畏雷下復脫一字疑初學記雷音當爲雷鼓字之譌

又東四十里曰宜蘇之山懿行案水經注山在河南垣縣今爲孟津縣垣上當脫東字其上

多金玉其下多蔓居之木未詳　懿行案廣雅云牡荆曼荆也曼本草作蔓此經蔓居疑蔓荆聲之轉蔓荆列本草木部故此亦云蔓居之木也滽滽之水出焉音容而北流注于河懿行案滽水經注作庸庸云河水又東正回之水入焉又東合庸庸之水水出河南垣縣宜蘇山俗謂之長泉水伊洛門也其水北流分爲二水一水北入河一水又東北流注於河是多黃貝

又東二十里曰和山懿行案水經注云河水又東湨水入焉引此經云云案山當在今河南孟津縣界其上無草木而多瑤碧懿行案李善注洛神賦引此經與今本同實惟河之九都九水所潛故曰九都　懿行案都者豬也史記夏本紀索隱曰都古文尚書作豬孔安國云水所停曰豬鄭玄云南方謂都爲豬則是水聚會之義郭注潛字誤藏經本作聚李善注海賦引此經及郭注竝與今本同是山也五曲曲回五重　懿行案李善注沈約鍾山應西陽王教詩引此經郭注作曲回也九水出焉懿行案水經注據帝王世紀以是山即東首陽山也云今於首陽東山無水以應之當是今古世縣川域改狀矣以合而北流注于河其中多

蒼玉懿行案水經注引此經作其陽多蒼玉吉神泰逢司之吉猶善也　懿行案逢玉篇作縫云神名廣韻亦作縫其狀如人而虎尾或作雀尾是好居于萯山之陽出入有光

泰逢神動天地氣也言其有靈爽能興雲雨也夏后孔甲田於萯山之下天大風晦冥孔甲迷惑入於民室見呂氏春秋也　懿行案見呂氏春秋音初篇廣韻縫字云大黃萯山神能動天地氣昔孔甲遇之廣韻此言蓋以大風晦冥即是神所爲也大黃二字今未詳太平御覽十一卷引通甲開山圖曰鄭有不毛山上有無爲之君分布雲雨於九州之內滎氏解曰不毛山不生樹木古無爲君常處其上布灑雲雨九州之內平均今案和山上無草木當即不毛山其無爲君當即泰逢矣存以俟攷

凡萯山之首自敖岸之山至于和山凡五山四百四十里懿行案今才八十里其祠泰逢熏池武羅皆一牡羊副副謂破羊骨磔之以祭也見周禮音悃愊之愊　懿行案說文云副判也引周禮曰副辜籀文作疈今周禮大宗伯正作疈嬰用吉玉其二神用一

雄雞瘞之糈用稌

中次四經釐山之首音狸曰鹿蹄之山懿行案水經云鹿蹄山在宜陽縣注云山在河南陸渾縣故城西北俗謂之縱山又云世謂之非山又云山石之上有鹿蹏自然成著非人功所刊其山陰峻絕百仞陽則原阜隆平其上多玉其下多金甘水出焉而北流注于洛懿行案水經云甘水出宏農宜陽縣鹿蹏山注引京相璠曰今河南縣西南有甘水北入洛又云甘水發於東麓北流注於洛水也其中多泠石泠石未聞也泠或作涂懿行案泠當爲汵西次四經號山多汵石是也郭云泠或作涂涂涂亦借作泥塗字汵又訓泥二字義同故得通用又涂或淦字之譌也說文汵淦同

西五十里曰扶豬之山懿行案水經注云南則鹿蹏之山也此經云西者蓋在西北玉篇引此經作狀䐗之山蓋豬亦作䐗見玉篇其上多礝石音耎今鴈門山中出礝石白者如冰水中有赤色者懿行案礝當爲碝說文云碝石次玉者玉篇同云亦作瑌引此經作瑌石或所見本異也張揖注上林賦云碝石白者如冰半有赤色玉篇

引此郭注同與今本異**有獸焉其狀如貉而人目**貉或作貘古字懿行案玉篇云貘同貊本於郭注也玉篇廣韻引此經人目竝作八目誤**其名曰麐**音銀或作麖懿行案玉篇云麐獸名引此經**虢水出焉而北流注于洛**懿行案水經注云洛水又與虢水會水出扶豬之山北流注於洛**其中多瓀石**言亦出水中懿行案瓀亦當爲碝

又西一百二十里曰釐山懿行案山在今河南嵩縣西**其陽多玉其陰多蒐**音搜茅蒐今之蒨草也懿行案茹藘茅蒐見爾雅郭音蒐爲搜非也詩鄭箋及晉語韋昭注竝以茅蒐韎韐爲合聲及聲轉之字是蒐从鬼得聲當讀如鬼不合音搜後人借爲春蒐之字亦誤矣說見爾雅略**有獸焉其狀如牛蒼身其音如嬰兒是食人其名曰犀渠**懿行案犀渠蓋犀牛之屬也吳語云奉文犀之渠吳都賦云戶有犀渠疑古用此獸皮蒙楯故因名楯爲犀渠矣**滽滽之水出焉而南流注于伊水**懿行案水經云伊水又東北過陸渾縣南注引此經云云今水出陸渾縣之西南王母澗澗北山上有王母祠故世因以

名谿東流注於伊水卽滽滽之水也是酈氏所稱王母澗當卽釐山有獸焉名曰𤟤音蒼頡之頡懿行案𤟤
字諸書所無郭氏江賦有賓獺李善注引此經亦作獺又引郭注云音蒼頡之頡與獺同然獺不與頡同音未知其審其
狀如獳犬懿行案說文云獳怒犬皃讀若耨李善注江賦引此經作狀如獳無犬字云獳如珠切與今本異也而
有鱗懿行案江賦注引經無此三字其毛如彘鬣生鱗閒也
又西二百里曰箕尾之山懿行案或云卽箕山許由所隱非也箕山在釐山之東二百里與經言西
不合多穀多涂石懿行案上文鹿蹄山云多泠石郭云泠或作涂說已見上其上多㻬琈之玉
又西二百五十里曰柄山其上多玉其下多銅滔雕之水出焉
而北流注于洛懿行案柄山滔雕水及下文白邊山計其道里當在宜陽永寧盧氏三縣之境其中多
羬羊懿行案羬當爲麢見說文有木焉其狀如樗其葉如桐而莢實其名曰
茇可以毒魚茇一作艾　懿行案爾雅云杬魚毒說文杬从艸作芫疑作艾者因字形近芫而譌又本草別錄云

狠跋子主殺蟲魚陶注云出交廣形扁扁制擣以雜木投水中魚無大小皆浮水而死今案狠跋之名雖與此經名茇相合但彼列草部非此木之比也

又西二百里曰白邊之山其上多金玉其下多青雄黃

又西二百里曰熊耳之山今在上洛縣南懿行案地理志云宏農郡上雒熊耳獲輿山在東北是郭所本也山在今陝西洛南縣東南河南盧氏縣西南洛水所經史記正義引括地志云熊耳山在虢州洛所經又云在虢州盧氏縣南五十里與禹貢導洛自熊耳別一山也其上多漆其下多椶浮濠之水出焉懿行案濠水經注及劉昭注郡國志竝作豪水經注云洛水逕鴎渠關北鴎渠水南出鴎渠山即荀渠山也其水一源兩分川流半解一水西北流屈而東北入於洛引此經云云疑即是水也荀渠蓋熊耳之殊稱也而西流注于洛懿行案水經注及劉昭注郡國志竝引此經西下有北字其中多水玉懿行案劉昭注郡國志引此經作美玉多人魚有草焉懿行案玉篇作熊耳山有細草其狀如蘇而赤華名曰葶薴亭寧耵聹

二音懿行案廣雅云蕭蘼也蕭上疑脫莕字此經云其狀如蘼是必蘼類其味辛香故可以毒魚也蘇頌本草圖經云蘼有魚蘼似茵蔯大葉而香吳人以煮魚者一名魚薢生山石間者名山魚蘼可以毒魚

又西三百里曰牡山懿行案爾雅疏引此經作牝山藏經本作壯山其上多文石其下多竹箭竹𥳑懿行案𥳑上竹字疑衍其獸多㸲牛羬羊鳥多赤鷩音閉即鷩雉也懿行案鷩雉見爾雅

又西三百五十里曰讙舉之山懿行案水經云洛水出京兆上洛縣讙舉山地理志云宏農郡上雒禹貢雒水出冢領山冢領山當即讙舉山也地理志又云上雒熊耳獲輿山在東北或以獲輿讙舉字形相近疑爲一山然據地理志及水經注蓋二山也劉昭注郡國志引此經讙作護雒水出焉而東北流注于玄扈之水懿行案水經注云洛水又東至陽虛山合玄扈之水引此經文是也洛水又見海內東經其中多馬腸之物懿行案上文蔓渠山馬腹一本作馬腸蓋此是也大荒西經女媧之腸或作女媧之腹亦其例此二山

者洛閒也洛水今出上洛縣冢嶺山河圖曰𢀖扈洛汭謂此閒也　懿行案經言此二山者謂𢀖扈讙舉也水經注引此經又云𢀖扈之水出於𢀖扈之山葢山水兼受其目也

凡釐山之首自鹿蹄之山至于𢀖扈之山凡九山　懿行案水經注引此經而釋之云𢀖扈亦山名也而通與讙舉爲九山之次焉千六百七十里其神狀皆人面獸身其祠之毛用一白雞祈而不糈言直祈禱　懿行案祈當爲䤈以采衣之以彩飾雞　懿行案以彩飾雞猶如以文繡被牛

中次五經薄山之首　懿行案薄山卽篇首薄山曰甘棗山者曰苟牀之山或作苟林山　懿行案下文正作苟林山文選江賦注引此經亦作苟林山無草木多怪石怪石似玉也書曰鉛松怪石也

東三百里曰首山　懿行案史記封禪書申公曰天下名山八而三在蠻夷五在中國五山黃帝之所常游首山其一以首山與華山太室並稱葢山起蒲州蒲坂與嵩華連接而爲首故山因取名與呂氏春秋有始覽亦以首山與太華

並稱高誘注云首山在蒲坂之南河曲之中伯夷所隱也其陰多穀柞草多苿芫苿山薊也芫華中藥懿行案苿見爾雅芫見本草又爾雅有杬魚毒在釋木亦是也說文云芫魚毒也其陽多㻬琈之玉木多槐其陰有谷曰机谷多䳁鳥音如鈕釱之釱懿行案玉篇有䳁字云徒頼切其狀如梟懿行案李善注江賦引此經作其狀如鴞玉篇作䳁鳥似鳥而三目有耳其音如錄懿行案錄蓋鹿字假音玉篇作音如豕食之已墊未聞懿行案尚書云下民昏墊方言云墊下也是墊蓋下溼之疾玉篇說此鳥作食之亡熱非郭義也又說文云⿱雨執寒也讀若春秋傳墊阨義亦相近

又東三百里曰縣斸之山音如斤斸之斸無草木多文石

又東三百里曰葱聾之山無草木多摩石未詳懿行案畢氏云摩當爲玤說文云石之次玉者

東北五百里曰條谷之山其木多槐桐其草多芍藥虋冬本草經曰

蘴冬一名滿冬今作門俗作耳 懿行案蘴當為虋爾雅云蘠蘼虋冬郭引本草與此同今檢本草無滿冬之名必郭所見本尚有之今闕脫

又北十里曰超山其陰多蒼玉其陽有井冬有水而夏竭 懿行案視山有井夏有水冬竭與此相反見中次一十一經

又東五百里曰成侯之山其上多櫄木 似樗樹材中車轅吳人呼櫄音輴車或曰輴車 懿行案說文云杶或作櫄即今椿字也 其草多芃 懿行案芃說文訓草盛非草名也疑芃當為艽字之譌艽音交即藥草秦艽也見本草玉篇云艽秦艽藥同芃

又東五百里曰朝歌之山谷多美堊

又東五百里曰槐山 懿行案畢氏云槐當為稷即稷字古文見說文形相近字之誤也稷山在今山西稷山縣杜預注左傳云河南聞喜有稷山今案杜預注河南當為河東字之譌也太平御覽四十五卷引隋圖經曰稷山在絳郡

后稷播百穀於此山亦左氏傳謂晉侯治兵於稷以略狄土是此也谷多金錫

又東十里曰歷山懿行案卽上文歷兒山水經注云河東郡南有歷山舜所耕處也其木多槐懿行案廣韻去聲九御及上聲八語竝收楚字九御楚云木名出歷山疑此經槐本或作楚抑或經文脫楚字也俟攷其陽多玉

又東十里曰尸山懿行案水經洛水注有尸山尸作戶多蒼玉其獸多麖似鹿而小黑色懿行案爾雅云麠大麃牛尾一角說文云麠或作麖是麖當似鹿而大郭云小疑誤尸水出焉南流注于洛水懿行案水經注云洛水又東尸水注之水北發尸山南流入洛尸水經注作戶其中多美玉

又東十里曰良餘之山懿行案水經注有良餘山本或作粮非其上多穀柞無石

餘水出于其陰而北流注于河懿行案水經云[illegible]又東過鄭縣北注云渭水又[illegible]餘水注之水南出粮餘山之陰北流入於渭俗謂之宣水也案餘水入渭此經云注河者蓋合渭而入於河乳水出于其

陽而東南流注于洛懿行案水經注云洛水又東得乳水水北出良餘山南南流注於洛又東南十里曰蟲尾之山懿行案水經注作蟲尾多礪石赤銅龍餘之水出焉而東南流注于洛懿行案水經注云洛水得乳水又東會於龍餘之水水出蟲尾之山東流入洛又東北二十里曰升山懿行案水經渭水注有升山其木多穀柞棘其草多藷藇蕙蕙香草也　懿行案蕙已見西山經浮山及嶓冢山多寇脫寇脫草生南方高丈許似荷葉而莖中有瓤正白零桂人植而日灌之以爲樹也　懿行案寇脫卽活脫也寇活聲之轉爾雅云離南活莌郭注與此注同又云倚商活脫亦是也黃酸之水出焉而北流注于河懿行案水經注云渭水又東合黃酸之水世名之爲干渠水水南出升山北流注於渭案此經云注河者亦合渭而入河其中多璇玉石次玉者也孫卿曰璇玉瑤珠不知佩璇音旋　懿行案孫卿本作荀卿所引見荀子賦篇韓詩外傳亦引作璇琁並非也古無璇字有琁與瓊同赤玉也璇玉之璇當爲璿古文作璿美玉也並見說文後世作字通以琁代璿故經典多誤李善注顏延之陶徵士誄引此經亦作琁玉又

引說文曰琁亦璿字非也

又東十二里曰陽虛之山多金臨于玄扈之水河圖曰蒼頡爲帝南巡狩登陽虛之山臨于玄扈洛汭靈龜負書丹甲青文以授之出此水中也　懿行案水經注云洛水又東至楊虛山合玄扈之水又云玄扈水逕於陽虛之下引此經云云有是爲洛汭四字今本蓋脫去之又引河圖玉版與郭所引同也陽虛山在今陝西洛南縣

凡薄山之首自苟林之山至于陽虛之山凡十六山懿行案今才十五山二千九百八十二里升山冢也其祠禮太牢嬰用吉玉首山䰠也其祠用稌黑犧太牢之具糱釀以糱作醴酒也　懿行案糱牙米也見說文今以牙米釀酒極甘謂之䬴酒干儛干儛萬儛干楯也　懿行案儛與舞同夏小正傳云萬也者干戚舞也邶風簡兮篇云方將萬舞是也置鼓擊之以舞　懿行案置亦植也古字通用鄭注明堂位引殷頌曰植我鼗鼓今商頌那篇植作寘也嬰

用一璧尸水合天也 天神之所馮也 肥牲祠之用一黑犬于上用一雌雞于下刉一牝羊獻血 以血祭也刉猶封也周禮曰刉衈奉犬牲 懿行案秋官士師云凡刉珥則奉犬牲鄭注一釁禮之事用牲毛者曰刉羽者曰衈 嬰用吉玉采之 又加以繒彩之飾也 饗之 勸強之也特牲饋食禮曰執奠祝饗是也 懿行案勸強之者考工記云祭侯之禮以酒脯醢其辭曰強飲強食詒女曾孫諸侯百福特牲饋食禮云尸答拜執奠祝饗鄭注云饗勸彊之也是郭注所本

中次六經縞羝山之首曰平逢之山 懿行案本經穀水注引此經作平蓬山郎北邙山郟山之異名也太平寰宇記云河南縣芒山在縣地十里一名平逢山 南望伊洛東望穀城之山 在濟北穀城縣西黃石公石在此山下張良取以合葬爾 懿行案地理志云河南郡穀成蓋縣因山為名山在今河南洛陽縣西北郭云在濟北者晉書地理志云濟北國穀城是矣水經濟水過穀城縣西注引魏土地記曰縣有穀城山山出文石又云有黃山臺黃石公與張子房期處也 無草木無水多沙石有神焉其狀如人而二

首名曰驕蟲懿行案太平御覽九百五十卷引此經驕作嬌是爲螫蟲爲螫蟲之長實惟蜂蜜之廬言羣蜂之所舍集蜜赤蜂名懿行案赤疑亦字之譌蜂凡數種作蜜者卽呼蜜蜂故曰蜜亦蜂名說文云𧖴或作蜜蠭甘飴也其祠之用一雄雞禳而勿殺禳亦祭名謂禳卻惡氣也

西十里曰縞羝之山懿行案水經注云平逢山西十里廆山是不數此山也然得此乃合於此經十四山之數疑水經注脫去之無草木多金玉

又西十里曰廆山音如瓌偉之瓌懿行案初學記二十八卷引此經作沃山誤畢氏云山當在今河南河南縣西隋地理志云新安有魏山有孝水魏廆音同也新安與河南接境其陰懿行案水經注及太平御覽六十三卷引此經作其陽多㻬琈之玉其西有谷焉名曰雚谷懿行案左傳昭二十六年云王次于萑谷杜預注云萑谷周地釋文云萑音九本又作雚古亂反卽此經雚谷也其地當去河南洛陽爲近初學記引此經云沃山之西有谷焉名均雚谷其木多栭均字衍其木多栭楮其中有鳥焉狀如山雞而長

尾赤如丹火而青喙名曰鴒鸚鈴要二音　懿行案玉篇鸚字說與此經同其鳴自呼服之不眯交觴之水出于其陽而南流注于洛懿行案觴水經洛水注作觸云惠水又東南謝水北出瞻諸之山東南流又有交觸之水北出廆山南流俱合惠水惠水又南流入於洛水俞隨之水出于其陰而北流注于穀水懿行案水經注云穀水又東俞隨之水注之引此經云云世謂之孝水也潘岳西征賦曰澡孝水以濯纓嘉美名之在茲是水在河南城西十餘里故呂忱曰孝水在河南也

又西三十里曰瞻諸之山懿行案山見水經注玉篇作瞻渚山其陽多金其陰多文石謝水出焉而東南流注于洛音謝　懿行案玉篇云謝水出瞻渚山謝水經注作謝已見上文蓋謝水會交觸之水南流俱合惠水又南流入洛也少水出其陰而東流注于穀水世謂之慈澗　懿行案水經注云穀水又東少水注之引此經云云按引眾谿積以成川東流注於穀世謂之慈澗也又澗水注云今孝水東十里有水世謂之慈澗又謂之澗水按山海經則少水也而非澗水蓋習俗之誤爾

又西三十里曰婁涿之山無草木多金玉瞻水出于其陽而東流注于洛懿行案水經洛水注云惠水出白石山之陽東南流與瞻水合水東出婁涿之山而南流入惠水陂水出于其陰世謂之百荅水而北流注于穀水懿行案陂水經注作波云穀水又東波水注之引此經云云世謂之百荅水北流注於穀其中多茈石文石懿行案北山經首逢水中多此二石其茈誤作茈也

又西四十里曰白石之山懿行案水經云澗水出新安縣南白石山注云世謂是山曰廣陽山惠水出于其陽而南流注于洛懿行案水經注云洛水自枝瀆又東出關惠水右注之世謂之八關水水出白石山之陽引此經云云又澗水注引此經作東南注于洛洛水注引此經又無東字與今本同其中多水玉澗水出于其陰書曰伊洛瀍澗　懿行案說文云澗水出宏農新安東南入洛本地理志爲說也水經云澗水出新安縣南白石山注引此經云云世謂是水曰赤岸水亦曰石子澗西北流注于穀水懿行案地

理志說文水經竝言澗水入洛水此經云注于穀水者蓋合穀水而入洛水也又水經澗水及穀水注引此經竝無西字

其中多麋石櫨丹皆未聞 懿行案麋石或是畫眉石眉麋古字通也櫨丹疑即黑丹櫨盧通也又說文云宅櫨木出宏農山陶注本草引李當之曰溲疏一名楊櫨別錄云生熊耳川谷說文宅櫨或即此

又西五十里曰穀山 懿行案山見水經注太平寰宇記云澠池縣穀山在縣南八十里 其上多穀其下多桑爽水出焉 世謂之紵麻澗 而西北流注于穀水 懿行案水經注云穀水又東北逕函谷關城東右合爽水引此經云云世謂之紵麻澗北流注於穀案酈氏引此經直作北流無西字世謂之紵麻澗句蓋并引郭注也上文同 其中多碧綠

又西七十二里曰密山 今滎陽密縣亦有密山疑非也 懿行案爾雅云山如堂者密此密在今河南新安縣也水經注云洛水又東與豪水會水出新安縣密山 其陽多玉其陰多鐵豪水出焉而南流注于洛 懿行案水經注云洛水又東與豪水會南流歷九曲東而南流入於洛 其中多旋

龜其狀鳥首而鼈尾其音如判木懿行案旋龜之狀已見南山經杻陽之山無草木

又西百里曰長石之山懿行案山在今河南新安縣見水經注無草木多金玉其西有谷焉名曰其谷多竹其水出焉西南流注于洛懿行案水經注云洛水又東共水入焉水北出長石之山山無草木其西有谷焉厥名共谷共水出焉南流得尹谿口又西南與左澗水會又南與李谷水合共水世謂之石頭泉而南流注於洛其中多鳴石晉永康元年襄陽郡上鳴石似玉色青撞之聲聞七八里今零陵泉陵縣永正鄉有鳴石二所其一狀如鼓俗因名爲石鼓即此類也懿行案郭氏江賦云鳴石列於陽渚李善注引此經及郭注竝與今本同初學記十六卷引王韶之始興記云縣下流有石室內有懸石扣之聲若磬響十餘里亦此類也郭云襄陽郡上鳴石見晉書五行志

又西一百四十里曰傅山懿行案山見水經注無草木多瑤碧厭染之水出于其陽而南流注于洛懿行案染水經注作梁云洛水又東逕宜陽縣故城南又東與厭梁之水

合水出縣北傅山大陂山無草木其水自陂其中多人魚懿行案人魚已見北次三經決決之水其西有林焉名曰墦冢音番穀水出焉而東流注于洛今穀水出穀陽谷東北至穀城縣入洛河懿行案地理志云宏農郡黽池穀水出穀陽谷東北至穀城入雒是郭所本也洛謂之河者北方人凡水通名河也水經云穀水出宏農黽池縣南墦冢林穀陽谷注引此經云云今穀水出千崤東馬頭山穀陽谷其中多珚玉未聞也珚音堙懿行案太平御覽六十二卷引此經作瑉玉廣雅云瑌珚玉玉篇云珚齊玉奇殞切是此經珚本又作瑉也水經注引此經又作珉玉

又西五十里曰橐山其木多樗懿行案樗當為梓說文云梓木出橐山謂此也廣韻十一模曰黃梓木可染十姹曰梓木名可染緇多構木今蜀中有構木七八月中吐穗穗成如有鹽粉著狀可以酢羹音備懿行案玉篇云構木名說與郭同郭注酢菸作字之譌也本草鹽麸子即五構子俗譌為五倍子陳藏器本草拾遺云鹽麸子生吳蜀山谷樹狀如椿七月子成穗粒如小豆上有鹽似雪可為羹用是也太平御覽引此經作構云音謾或所見本異也管子

地員篇云其木乃樠其陽多金玉其陰多鐵多蕭蕭蒿見爾雅懿行案爾雅云蕭萩郭注云即蒿也橐水出焉而北流注于河懿行案水經云河水又東過陝縣北注云橐水出橐山西北流出谷謂之漫澗西逕陝縣故城南又西北逕陝城西西北入於河其中多脩辟之魚懿行案此魚即䵷屬也䵷亦名䵷魚見漢書東方朔傳狀如黽黽蛙屬也懿行案詹諸拄水者名黽見爾雅而白喙其音如鴟食之已白癬

又西九十里曰常烝之山懿行案山見水經注無草木多堊潐水出焉音譙而東北流注于河懿行案水經注云河水又東合潐水水導源常烝之山俗謂之干山山在陝城南八十里其川二源雙導同注一壑而西北流注於河其中多蒼玉菑水出焉而北流注于河懿行案水經注云河水又東菑水注之水出常烝之山西北逕曲沃城南又屈逕其城西西北入河又引潘岳西征賦曰愬於曹陽之墟以山海經求之菑曹字相類是或有曹陽之名也

又西九十里曰夸父之山懿行案山一名秦山與太華相連在今河南靈寶縣東南水經注云槃㵎水出湖縣夸父山其木多椶柟多竹箭其獸多㸲牛羬羊其鳥多鷩其陽多玉其陰多鐵其北有林焉名曰桃林桃林今宏農湖縣閺鄉南谷中是也饒野馬山羊山牛也懿行案郡國志宏農郡湖有閺鄉閺俗字也水經注引三秦記曰桃林塞在長安東四百里又引春秋戈公十三年晉侯使詹嘉守桃林之塞處此以備秦史記趙世家正義引括地志云桃林在陝州桃林縣西至潼關皆為桃林塞地又酉侯世家索隱引應劭十三州記宏農有桃丘聚古桃林也亦見郡國志劉昭注引博物記曰在湖縣休與之山是廣員三百里其中多馬懿行案史記趙世家云造父取桃林盜驪驊騮綠耳獻之穆王正義引此經廣員作廣闊蓋誤酉侯世家索隱引此經又作廣三百里無員字湖水出焉而北流注于河懿行案水經注云河水又東逕湖縣故城北湖水出桃林塞之夸父山又北逕湖縣東而北流入於河魏土地記曰宏農湖縣有軒轅黃帝登仙處名其地為鼎湖也其中多珚玉

又西九十里曰陽華之山懿行案呂氏春秋有始覽說九藪云秦之楊華高誘註云或曰在華陰西又云桃林縣西長城是也劉昭注郡國志於宏農華陰亦引呂氏春秋及高注又爾雅十藪秦有楊陓郭注云今在扶風汧縣西劉昭注郡國志於右扶風汧亦引爾雅及郭注然則陽華楊陓非一地明矣或說以二者是一故附辨于此其陽多金玉其陰多青雄黃其草多藷藇多苦辛其狀如橚即楸字也懿行案說文云橚長木皃玉篇同非郭義也晏子春秋外篇云景公登箐室而望見人有斲雍門之橚者橚即楸也左傳有伐雍門之萩之語萩蓋楸之同聲假借字也橚亦一音爾其實如瓜其味酸甘食之已瘧懿行案本草經云常山味苦辛主溫瘧又云蜀漆主瘧別錄云常山苗也蘇頌圖經云海州出者葉似楸葉與此經合但常山味苦辛此云味酸甘爲異常山實又不似瓜也玉篇云茖草名其實似瓜食之治瘧蓋即此矣而經復無茖名未審玉篇何据楊水出焉而西南流注于洛懿行案楊水即緒姑水之分流岐出者也其水疏入門水又注於洛水說見下文其中多人魚門水出焉而東北流注于河懿行案水經注云河水東合柏谷水又東

右合門水門水又東北歷陽華之山卽山海經所謂陽華之山門水出焉者也又云門水又北逕宏農縣故城東其水側城北流而注於河

其中多玄礵黑砥石生水中懿行案玉篇礵思六先鳥二切云黑砥石又云礛諸青礪也蓋亦礵類

䌙姑之水出于其陰䌙音藉

而東流注于門水懿行案水經注云門水又東北歷邑川二水注之左水出於陽華之陰東北流逕盛牆亭西東北流與右水合右水出陽華之陽東北流逕盛牆亭東東北與左水合卽山海經所謂䌙姑之水出於陽華之陰東北流注於門水者也今本無北字蓋脫去之又云東北爓水注之是水亂流東注於䌙姑之水二水悉得通稱矣爓水又北入門水水之左右卽函谷山也

其上多銅門水出于河七百九十里入雒水懿行案水經注云門水卽洛水之枝流者也洛水自上洛縣東北於拒陽城之西北分為二水枝渠東北出為門水也然則門水本出洛水此經又云入洛者蓋其枝流復入於本水也爾雅云洛為波水經注引其文蓋以門水卽爾雅所謂波水矣

凡縞羝山之首自平逢之山至于陽華之山凡十四山七百九

十里懿行案今八百二里嶽𤝞其中以六月祭之六月亦歲之中懿行案嶽當謂華山也郭以爲中嶽蓋失之中嶽𤝞下文如諸嶽之祠法則天下安寧懿行案後漢順帝陽嘉元年望都蒲陰狼殺人東觀書言朱遂不祠北嶽致有斯災推此而言嶽祠如法卽天下安寧經語不虛也

中次七經苦山之首曰休與之山與或作輿下同懿行案劉昭注郡國志宏農桃林引博物志曰𤝞湖縣休與之山初學記五卷引博物志作休馬之山馬與聲相近藝文類聚六卷又引作休牛之山牛與聲之轉也其上有石焉名曰帝臺之棋帝臺神人名棋謂博棋也懿行案南次二經漆吳之山多博石郭云可以爲博棊石亦此類五色而文其狀如鶉卵懿行案初學記引博物志作狀如雞卵藝文類聚引此經與今本同帝臺之石所以禱百神者也禱祀百神則用此石服之不蠱懿行案本草經云石膽主諸邪毒氣別錄云一名棊石蘇恭注云有塊如雞卵者爲眞竝與此經義合有草焉其狀如蓍懿行案說文云蓍蒿屬廣雅云著蓍也亦葉而本叢生名曰夙條懿行案夙俗字說文作𡖍

可以爲簳中箭笴也懿行案簳當爲幹鄭注考工記云笴矢幹也廣雅云笴箭也

東三百里曰鼓鐙之山懿行案吳氏云今名鍾山在河南陸渾縣西南三十里畢氏云别有鼓鍾峽在山西垣曲縣水經注引此經以爲即山西鼓鍾山非也已見上文鼓鐙山注帝臺之所以觴百神也舉觴燕會則於此山因名爲鼓鍾也懿行案初學記八卷引郭注此山句下有在伊闕西南五字蓋今本脫去之有草焉方莖而黃華員葉而三成葉三重也其名曰焉酸懿行案焉酸一本作烏酸可以爲毒爲治懿行案治去之也其上多礪其下多砥

又東二百里曰姑媱之山音遙或無之山字懿行案文選别賦注引此經作姑瑤博物志作古詹俗本譌作古詹帝女死焉其名曰女尸化爲䔄草亦音遙懿行案䔄通作瑤文選别賦云惜瑤草之徒芳李善注引宋玉高唐賦曰我帝之季女名曰瑤姬未行而亡封於巫山之臺精魂爲草實爲靈芝今高唐賦無之又注高唐賦引襄陽耆舊傳云赤帝女曰瑤姬此說非也水經江水東過巫縣南注云巫山帝女居焉宋玉所謂天帝之季

女名曰瑤姬未行而亡封於巫山之陽精魂爲草實爲靈芝與別賦注同是帝女卽天帝之女以爲赤帝女者誤也又宣山有帝女之桑亦是天帝之女明矣又案別賦雖作瑤草注引此經仍作䔄草又引郭注云瑤與䔄竝音遙亦今本所無）其葉胥成（言葉相重也　懿行案博物志作䔄草其葉鬱茂）其華黃其實如菟丘（菟丘菟絲也見爾雅　懿行案菟丘兔絲也見廣雅今各本俱作爾雅誤又別賦注引此經文竟作兔絲亦誤博物志作實如豆）服之媚于人（爲人所愛也傳曰人服媚之如是一名荒夫草）

又東二十里曰苦山有獸焉名曰山膏其狀如逐（卽豚字　懿行案玉篇云𧳟音逐獸名卽此郭云卽豚字者畢氏云借遯字爲之逐又遯省文懿行謂遯古文作遂見鄭易遯从豚得聲遂作逐文省正如歸藏易渙作奐損作員竝古字省文也是此經之逐从遯或遂省當讀爲豚故曰逐卽豚字也）赤若丹火善詈（好罵人）其上有木焉名曰黃棘黃華而員葉其實如蘭服之不字（字生也易曰女子貞不字　懿行案蘭蕙皆有實女子種蘭美而芳）有草焉員葉而無莖（懿行案管

子地員篇云葉下於鞏房氏注云葉草名唯生葉無莖與此經合卽是物也赤華而不實名曰無條懿行案無條已見西山經皋塗之山與此同名異物服之不癭

又東二十七里曰堵山懿行案地理志云南陽郡堵陽疑縣因山爲名神天愚居之是多怪風雨其上有木焉名曰天楄音鞭　懿行案說文云楄部方木也此木方莖故以名焉方莖而葵狀服者不𠻳食不噎也　懿行案玉篇𠻳同咽廣韻楄字兩見竝云木名一云食不噎一云食之不咽嗌咽噎聲轉或古字通也說文云噎飯窒也

又東五十二里曰放皋之山放或作效又作牧　懿行案初學記引此經作放皋水經注作狠皋山山在今河南魯山縣北明水出焉南流注于伊水懿行案水經云伊水又東北過新城縣南注云明水出梁縣西狠皋山俗謂之石澗水也西北流逕楊亮壘南西北合康水又西南流入於伊引此經云云其中多蒼玉有木焉其葉如槐黃華而不實其名曰蒙木懿行案此卽槐屬但不實

為異爾蒙玉篇作檬云木名似槐葉黃葉蕋華字之譌也服之不惑懿行案槐味苦寒主熱可以通神明故服之不惑與有獸焉其狀如蜂枝尾而反舌懿行案枝尾岐尾也說文云燕枝尾反舌者蕋舌本在前不向喉淮南墬形訓有反舌民善呼好呼喚也其名曰文文

又東五十七里曰大𦳋之山懿行案𦳋當為苦初學記龜下引此經作文若山誤多㻬琈之玉懿行案水經注引此經作琫琈亦古字所無說已見前多麋玉未詳懿行案麋疑瑂之假借字也說文云瑂石之似玉者讀若眉有草焉其狀葉懿行案當為葉狀本或無葉字如榆方莖而蒼傷懿行案本草經續斷陶注引李當之云是虎薊能療血蜀本圖經云葉似苧莖方范汪方云葉似旁翁菜而小厚兩邊有刺刺人其名曰牛傷猶言牛棘懿行案牛棘見爾雅郭注方言云山海經謂刺為傷也卽指此下文講山亦云反傷赤實其根蒼文服者不厥厥逆氣病懿行案說文云瘚屰气也或省作欮史記扁鵲傳云暴蹷正義引釋名云蹷氣從下蹷起上行外及心脅也是蹷與瘚通可以禦兵懿行案本草經云續斷主金創與此義合

其陽狂水出焉西南流注于伊水懿行案水經注云伊水又北逕當階城西狂水入焉水東出陽城縣之大苦山引此經云云李善注東京賦引此經作陽狂水以陽狂爲水名誤也其中多三足龜今吳與陽羨縣有君山山上有池水中有三足六眼龜鼈龜三足者名賁出爾雅　懿行案爾雅注亦引此經與今本同地理志云會稽郡陽羨晉志有吳興郡無陽羨食者無大疾可以已腫

又東七十里曰半石之山懿行案山在今河南偃師縣東南見水經注其上有草焉生而秀其高丈餘赤葉赤華華而不實初生先作穗卻著葉花生穗閒　懿行案爾雅云草謂之榮不榮而實者謂之秀此草既謂之秀又名爲榮卻又不實所以異也其名曰嘉榮懿行案呂氏春秋本味篇云有菜名曰嘉樹其色若碧高誘注云食之而靈兢即此草而靈或不靈字之譌也又案本草經有蘘荷與巴蕉同類太平御覽引于寶搜神記以蘘荷爲嘉草蓋即嘉榮草也秋官庶氏掌除蠱毒以嘉草攻之是于寶所本蘘荷華生根中可食見古今注而不說實狀證知此草有華無實也因其可食故呂氏春秋謂之菜矣名醫別錄云蘘草主邪氣辟不祥又與此

經服者不霆義合服之者不霆不畏雷霆霹靂也音廷搏之廷懿行案北堂書鈔一百五十二卷引此經霆上有畏字注無雷霆二字今本脫衍也說文云霆雷餘聲也鈴鈴所以挺出萬物又云震劈歷振物者郭云音廷搏之廷不成語當爲脡脯字之譌也公羊傳昭二十五年云與四脡脯來需之水出于其陽而西流注于伊水懿行案需水經注作儒云伊水又北逕高都城東來儒之水出於半石之山至高都城東西八伊水謂之曲水也其中多鯩魚音倫黑文其狀如鮒懿行案廣雅云鰿鮒也即今之鯽魚食者不睡懿行案李善注江賦引此經作食之不腫太平御覽九百三十九卷亦引作食者不腫合水出于其陰而北流注于洛懿行案水經云洛水東過洛陽縣南注云合水南出半石之山北逕合水鳴而東北流注於公路澗合水北與劉水合水出半石東山合水又北流注於洛水也多鰧魚音騰懿行案玉篇云鰧魚似鱖蒼文赤尾郭氏江賦作鰷李善注引此注云鰷音滕狀如鱖居逵鱖魚大口大目細鱗有班彩逵水中之穴道交通者鱖音劌懿行案爾雅云鱖鯞注云小魚也似鮒子而黑初學記魚下引此經云鱖魚大口而細鱗有班彩蓋引郭注誤作經文也如鱖

玉篇作似鰟蒼文赤尾食者不癰可以爲瘻瘻癰屬也中多有蟲淮南子曰雞頭已瘻音漏懿行案說文云癰腫也瘻頸腫也郭引淮南說山訓文高誘注云瘻頸腫疾雞頭水中芡

又東五十里曰少室之山今在河南陽城西俗名泰室懿行案晉書地理志云河南郡陽城郡國志潁川郡陽城有嵩高山地理志云嵩高武帝置以奉泰室山是爲中岳有太室少室山廟古文以崇高爲外方山也初學記五卷引戴延之西征記云其山東謂太室西謂少室相去十七里嵩其總名也謂之室者以其下各有石室焉百草木成囷未詳懿行案說文云囷廩之圓者經蓋言草木屯聚如倉囷之形也其上有木焉其名曰帝休葉狀如楊懿行案文選注王巾頭陁寺碑引此經葉下有茂字疑衍其枝五衢言樹枝交錯相重五出有象衢路也離騷曰靡萍九衢懿行案王逸注楚詞天問云九交道曰衢文選注頭陁寺碑引此注作靡華九衢黃華黑實服者不怒其上多玉此山巔亦有白玉膏得服之即得仙道世人不能上也詩含神霧云懿行案郭注西次三經峚山引河圖玉版曰少室山其上有白玉膏一服即仙矣謂此其下多鐵休水

出焉而北流注于洛懿行案水經注云洛水東逕偃師故縣南與緱氏分水又東休水自南注之其水導源少室山其中多鰤魚狀如盩蜼未詳盩音倫　懿行案盩當爲盩廣雅云狖蜼也狖盩聲相近郭注爾雅云蜼似獼猴鰤卽鯢也北次三經注云鰤見中山經謂此也鯢省作兒周書王會篇云兒若獼猴與此經合而長距足白而對未詳　懿行案對蓋謂足趾相向也史記天官書云疾其對國食者無蠱疾懿行案北次三經云人魚如鰤魚四足食之無癡疾此言食者無蠱疾蠱疑惑也癡不慧也其義同可以禦兵

又東三十里曰泰室之山卽中嶽嵩高山也今在陽城縣西　懿行案今在河南登封縣北藝文類聚七卷引郭氏讚云嵩惟嶽宗華岱恒衡氣通元漠神洞幽明嵬然中立眾山之英其上有木焉葉狀如棃而赤理其名曰栯木音郁　懿行案玉篇云栯於六禹九二切引此經類聚七卷及三十五卷引此經栯竝作指疑誤服者不妒有草焉其狀如荒荒似薊也　懿行案荒有赤荒白荒二種爾雅云荒山薊楊枹薊白華黑實澤如蘡薁言子滑澤　懿行案說文云薁嬰薁也廣雅云燕薁蘡舌也盍

即今之山葡萄齊民要術引陸機詩義疏云櫻薁實大如龍眼黑色今車鞅藤實是又引疏云蘡似燕薁連蔓生皆其形狀也

其名曰䔄草服之不昧上多美石次玉者也啓母化爲石而生啓在此山見淮南子懿行案郭注穆天子傳云太室之丘嵩高山啓母在此山化爲石而子啓亦登仙故其上有啓石也皆見歸藏及淮南子今淮南子無之蓋有闕脫也劉昭注郡國志引帝王世紀曰陽城有啓母冢太平御覽一百三十五卷引連山易曰禹娶塗山之子名曰攸女生啓也

又北三十里曰講山其上多玉多柘多柏有木焉名曰帝屋葉狀如椒反傷赤實反傷刺下勾也懿行案郭注方言云山海經謂刺爲傷也可以禦凶懿行案此別一種椒也蘇頌本草圖經云蔓子出閩中江東其木似樗莖間有刺子辛辣如椒主遊蠱飛尸

又北三十里曰嬰梁之山上多蒼玉錞于玄石言蒼玉依黑石而生也或曰錞于樂器名形似椎頭懿行案錞于已見西山經首騩山或曰樂器似非也

又東三十里曰浮戲之山懿行案山見水經注有木焉葉狀如樗而赤實名曰亢木食之不蠱懿行案本草經衞矛一名鬼箭主除邪殺蠱葉狀如野茶實赤如冬青卽此也汜水出焉懿行案郡國志云成皋有汜水今在汜水縣東汜音似水經云河水又東過成皋縣北注云河水又東合汜水水南出浮戲山世謂之曰方山也又云須水東流綏水會焉水出方山綏谿卽山海經所謂浮戲之山也案綏水卽汜水聲之轉而北流注于河其東有谷因名曰蛇谷言此中出蛇故以名之上多少辛細辛也懿行案廣雅云細條少辛細辛也是郭所本又名小辛見本草及管子地員篇

又東四十里曰少陘之山懿行案水經注云濟水右受黃水黃水北至故市縣重泉水出京城西南少陘山太平寰宇記云滎陽縣嵩渚山一名小陘山俗名周山在縣南三十五里有草焉名曰䔄草音剛懿行案䔄草見玉篇葉狀如葵而赤莖白華實如蘡薁食之不愚言益人智器難之水出焉或作[illegible]懿行案水經濟水注云索水出京縣西南嵩渚山卽古旃然水也其水東北流器難

之水注之其水北流逕金亭又北逕京縣故城西入於旃然之水而北流注于役水一作侵懿行案水經注引此經正作侵水又云器難之水北於旃然之水亦謂之鴻溝水疑侵水卽索水

又東南十里曰太山別有東小太山今在朱虛縣汶水所出疑此非也　懿行案地理志云琅邪郡朱虛東泰山汶水所出以道里計之非此明矣有草焉名曰棃懿行案本草別錄云芥一名棃葉如大青卽此其葉狀如荻荻亦蒿也音狄　懿行案荻當爲萩荻亦當爲秋皆字形之譌也爾雅云蕭萩郭注云卽蒿而赤華可以已疽懿行案太平御覽九百九十八卷引此經作可以爲疽郭注云爲治也與今本異太水出于其陽而東南流注于役水世謂之禮水　懿行案水經注云承水東北流太水注之水出太山東平地引此經云云世謂之禮水蓋幷引郭注也下同承水出于其陰而東北流注于役世謂之靖澗水　懿行案水經注引司馬彪郡國志云中牟有淸口水白溝水注之水有二源北水出密之梅山東南而東逕靖城南與南水合南水出太山西北流至靖城南左注北水卽承水也引此經云云世亦謂之靖澗水畢氏云此經太水承水

皆云注于役與水經注不同者案水經注太水注承水承水注清水清水注渠水渠水又東逕陽武縣故城南與役水合也

又東二十里曰末山懿行案水經渠水注引此經作沫云沫山沫水所出上多赤金末水出焉北流注于役水經作沫懿行案水經注引此經亦作役水云役水東逕曹公壘南東與沫水合東北流逕中牟縣故城西又東北注於役水又案郭云水經作沫郭注水經二卷今亡無攷

又東二十五里曰役山上多白金多鐵役水出焉懿行案水經注云渠水左逕陽武縣故城南東爲官渡水渡在中牟又東役水注之水出苑陵縣西隟候亭東中平陂世名之坙泉也即古役水矣引此經云云北注于河懿行案水經注云役水注渠水此云注河未詳

又東三十五里曰敏山懿行案郡國志云密有大騩山有梅山劉昭注引左傳襄十八年楚伐鄭右迴梅山在縣西北今案山在河南鄭州梅山蓋即敏山梅敏聲之轉也此經敏山去大騩山三十里是今梅山審矣上有木焉其狀如荊白華而赤實名曰薊柏音計懿行案玉篇云薊俗薊字初學記二十八

卷引廣志云柏有計柏計薊聲同疑是也服者不寒令人耐寒其陽多㻬琈之玉

又東三十里曰大騩之山今滎陽密縣有大騩山騩固溝水所出音歸　懿行案地理志云河南郡密有大騩山淉水所出此注云騩固溝水所出疑溝卽淉字之譌固卽山字之譌也騩說文作隗廣韻同莊子徐無鬼篇云黃帝將見大隗乎具茨之山釋文引司馬彪云在滎陽密縣東今名泰隗山水經注云大騩卽具茨山也廣韻云具茨山在滎陽出山海經卽此其陰多鐵美玉青堊懿行案劉昭注郡國志引此經作多美堊有草焉其狀如蓍而毛青華而白實其名曰蒗音狠戾　懿行案玉篇云蒗胡懇切草名似蓍花青白廣韻同是蒗當爲蒗狠當爲很今本經注竝譌服之不夭言盡壽也或作芺　懿行案盡壽蓋益壽字之譌也芺卽夭古今字爾可以爲腹病爲治也一作已

凡苦山之首自休與之山至于大騩之山凡十有九山千一百八十四里懿行案今才一千有五十六里其十六神者皆豕身而人面其祠毛

牲用一羊羞言以羊爲薦羞嬰用一藻玉瘞藻玉玉有五彩者也或曰所以盛玉藻藉也　懿行案藻玉已見西次二經泰冒山此藻疑當與璪同說文云璪玉飾如水藻之文也藻藉見周官大行人苦山少室太室皆冢也其祠之太牢之具嬰以吉玉其神狀皆人面而三首其餘屬皆豕身人面也

中次八經荊山之首曰景山今在南郡界中　懿行案山在今湖北房縣西南二百里俗名馬塞山初學記三十卷引荊州圖記曰沮縣西北半里有鴈浮山是山海經所謂景山沮水之所出也高三十餘里修巖遐亘擢幹干霄鴈南翔北歸徧經其上土人由茲改名焉其上多金玉其木多杼檀杼音橡柱之柱　懿行案杼見爾雅及陸機詩疏雎水出焉雎音癰疽之疽　懿行案雎亦作沮地理志云南郡臨沮是也水經云沮水出漢中房陵縣東山注云沮水出東汶陽郡沮陽縣西北景山即荊山首也故淮南子云沮出荊山又引杜預云水出新城郡之西南發阿山蓋山異名也與郭義合李善注南都賦引此經東南流注于江今雎水出新城魏昌縣東南發

阿山東南至南郡枝江縣入江也懿行案晉書地理志云新城郡昌魏郭作魏昌譌也水經云沮水東南過臨沮縣界又東南過枝江縣東南入於江注云謂之沮口也李善注江賦引此經江上有湧字疑衍

其中多丹粟懿行案李善注南都賦引此經郭注云細沙如粟今本無之已見南次二經柜山注

多文魚有斑彩也

東北百里曰荊山今枉新城沐鄉縣南懿行案晉書地理志云新城郡沶鄉水經注云荊山枉景山東百餘里新城沶鄉縣界沶郭注作沐字形之譌也地理志云南郡臨沮禹貢南條荊山枉東北漳水所出劉昭注郡國志引荊州記曰西北三十里有清谿谿北卽荊山首曰景山卽卞和抱璞之處藝文類聚七卷引河圖括地象云荊山爲地雌上爲軒轅星

其陰多鐵其陽多赤金懿行案劉昭注郡國志引此經云其陽多鐵其陰多赤金

其中多犛牛旄牛屬也黑色出西南徼外也音狸一音來懿行案說文云犛西南夷長髦牛也从牛𠩺聲是知犛古音狸也狸來古同聲旄牛見北次二經潘侯之山旄髦犛實一字耳郭意以犛牛非卽旄牛故云旄牛屬也文選西都賦注及後漢書班固傳注引此注竝云犛力之切與今本小異其音則同

多豹虎其木多松柏其草多竹多

橘櫾櫾似橘而大也皮厚味酸　懿行案說文云橘果出江南劉逵注蜀都賦云大曰柚小曰橘樝爲南安縣出黃甘橘地理志云蜀郡嚴道巴郡朐忍魚復二縣出橘有橘官案今地理志嚴道有木官木蓋橘字之譌也櫾本字作柚說文云柚條也本爾雅又云似橙而酢引夏書曰厥包橘柚又呂氏春秋本味篇云江浦之橘雲夢之柚漳水出焉而東南流注于睢出荊山至南郡當陽縣入沮水　懿行案水經云漳水出臨沮縣東荊山注云地理志曰荊山漳水所出東至江陵入陽水注於沔非也今漳水於當陽縣之東南百里餘而右會沮水也文選江賦及登樓賦注引此經竝作注于睢云睢與沮同其中多黃金多鮫魚鮫鮒魚類也皮有珠文而堅尾長三四尺末有毒螫人皮可飾刀劍口錯治材角今臨海郡亦有之音交　懿行案鮫魚卽今沙魚郭注鮒字譌李善注南都賦引此注云鮫鯌屬是也又云皮有斑文而堅斑疑珠字之譌初學記三十卷引劉欣期交州記曰鮫魚出合浦長三尺背上有甲珠文堅彊可以飾刀口又可以鑢物與郭注合三尺疑當爲三丈字之譌又引此經荊山譌作燕山郭注尾有毒譌作尾青毒張揖注子虛賦云蛟狀魚身而蛇尾皮有珠也蛟卽鮫字古通用其獸多閭麋似鹿而大也　懿行案閭注已見北次二經縣雍之山麋

注已見西次二經西皇之山此注又云似鹿而大疑經文麋當爲麈字之譌下文閭麈疊見郭皆無注益知此爲麈字之注無疑也張揖注上林賦云麈似鹿而大埤雅亦云麈似鹿而大竝與郭注合埤雅又云其尾辟塵又引名苑曰鹿之大者曰麈羣鹿隨之皆視麈所往麈尾所轉爲準古之談者揮焉良爲是也李石續博物志云麈尾掃壇壇不蠹說文云麈麋屬周書世俘篇云武王狩禽麈十有六王會篇云稷愼大麈孔晁注云麈似鹿廣韻亦云麈鹿屬引華陽國志曰郪縣宜君山出麈尾

又東北百五十里曰驕山懿行案李善注南都賦引此經云景山之西曰驕山誤其上多玉其下多青雘懿行案南都賦注引此經郭注云雘黝屬音瓠今本無之已見南山經青丘之山注其木多松柏多桃枝鉤端神𩇯圍處之𩇯音鼉魚之鼉其狀如人面懿行案廣韻鼉字注本此文無面字羊角虎爪恆遊于雎漳之淵淵水之府奧也出入有光

又東北百二十里曰女几之山懿行案山在今河南宜陽縣西水經注云洛水又東渠谷水出宜陽縣女几山又云七谷水西出女几山東南流注於伊水又云蚤谷水出女几山東流入於伊水今本水經注作女机山玉

篇作女岯山其上多玉其下多黃金其獸多豹虎多閭麋麖麂麂似獐而大偎毛豹腳音几懿行案麂麐同爾雅云麐大麢旄毛狗足郭注云旄毛獶長疑此注偎當爲獶豹當爲狗皆字形之譌也其鳥多白鷮鷮似雉而長尾走且鳴音驕懿行案鷮雉見爾雅郭注云即鷮雞也餘同此注多翟多鴆鴆大如鵰紫綠色長頸赤喙食蝮蛇頭雄名運日雌名陰諧也懿行案說文云鴆毒鳥也一名運日廣雅云鴆鳥其雄謂之運日其雌謂之陰諧是郭所本也郭云大如鵰廣韻引廣志云大如鴞疑誤也又云紫綠色有毒頸長七八寸以其毛歷飲食則殺人餘與郭同也劉逵注吳都賦云鴆鳥一名雲白黑色長頸赤喙食蝮蛇體有毒古人謂之鴆毒江東諸大山中皆有之案雲白蓋雲日之譌淮南繆稱訓云暉日知晏陰諧知雨目亦日字之譌雲暉竝聲近假借字也

又東北二百里曰宜諸之山懿行案即溈山因水得名其上多金玉其下多青雘溈水出焉音詭而南流注于漳今溈水出南郡東溈山至華容縣入江也懿行案說文云溈水出南郡高成溈山東入繇木地理志文也志云繇水南至華容入江此言注于漳者水經注云漳水又南逕當陽縣又

南洈水注之引此經云云据諸書所說洈山卽宜諸山之異名矣 其中多白玉
又東北三百五十里曰綸山音倫其木多梓枏多桃枝多柤栗橘櫾柤似棃而酢濇 懿行案注與爾雅注同說文云樝果似棃而酢鄭注內則云樝棃之不臧者 其獸多閭麈麢㚟㚟似菟而鹿腳青色音綽 懿行案㚟俗字也當爲㲋見說文
又東北二百里曰陸郇之山音如跪告之跪 懿行案玉篇引此經云綸山東陸郇山李善注南都賦引此注云郇音跪 其上多㻬琈之玉其下多堊懿行案李善注南都賦引此注云堊似土白色也今本無之已見西次二經大次之山 其木多杻橿
又東百三十里曰光山懿行案今汝寧有光山春秋時爲弦國未審此是非 其上多碧其下多木懿行案木疑水字之譌 神計蒙處之其狀人身而龍首恒遊于漳淵出入必有飄風暴雨

又東百五十里曰岐山其陽多赤金其陰多白珉石似玉者音旻懿行案說文云珉石之美者通作瑉聘義云君子貴玉賤瑉鄭注云石似玉又作玟玉藻云士佩瓀玟經典諸書無言珉色者此言白珉明珉多白者也下文琴鼓之山岷山高山皆多白珉其上多金玉其下多青雘其木多樗神涉鼉處之徒河切一作鼉笑遊切懿行案鼉字音義竝所未詳其狀人身而方面三足

又東百三十里曰銅山其上多金銀鐵懿行案銅山葢以所産三物得名其木多穀柞柤栗橘櫾其獸多犳懿行案犳本或作豹非犳音灼豹文獸也見西次二經底陽之山

又東北一百里曰美山其獸多兕牛多閭麈多豕鹿其上多金其下多青雘

又東北百里曰大堯之山懿行案水經有堯山滍水所出劉昭注郡國志魯陽魯山引南都賦注有

堯山封劉累立堯祠疑非此其木多松柏多梓桑多机懿行案机已見北山經首單狐山注云木似榆出蜀中卽此其草多竹其獸多豹虎麢㚟

又東北三百里曰靈山懿行案今汝寧府信陽州有靈山非此其上多金玉其下多青雘其木多桃李梅杏梅似杏而酢也懿行案郭注爾雅梅柟云似杏實酢非也說見南山經注此梅蓋爾雅時英梅說文作某云酸果是也見陸機詩疏

又東北七十里曰龍山上多寓木寄生也一名宛童見爾雅懿行案郭注爾雅云寄生樹一名蔦廣雅釋草云寄屑寄生也釋木云宛童寄生樢也樢與蔦同蓋此物雖生於木其質則草故廣雅列於釋草釋木而寄生樹今亦謂之寄生草也其上多碧其下多赤錫其草多桃枝鉤端

又東南五十里曰衡山上多寓木穀柞多黃堊白堊

又東南七十里曰石山其上多金其下多青雘多寓木

又南百二十里曰若山若或作前　懿行案地理志云南郡若楚昭王畏吳自郢徙此疑縣因山爲名其上多㻬琈之玉多赭赤土　懿行案李善注南都賦引此經云若之山其上多赭之字衍又引郭注云赭赤土也與今本同多邽石未詳　懿行案邽疑封字之譌也封石見中次十經虎尾之山多寓木多柘

又東南一百二十里曰彘山多美石多柘

又東南一百五十里曰玉山其上多金玉其下多碧鐵其木多柏一作楢　懿行案藝文類聚七卷引王韶之始興記云郡東有玉山草木滋茂泉石澄潤當卽斯山也俟攷

又東南七十里曰讙山其木多檀多邽石懿行案疑卽封石之譌見下文虎尾山多白錫今白鑞也　懿行案夏官職方云揚州其利金錫鄭注云錫鑞也爾雅釋器云錫謂之鈏郭注云白鑞也案經內亦有赤錫見上文龍山下文嬰侯山服山郁水出于其上潛于其下其中多砥礪

又東北百五十里曰仁舉之山其木多穀柞其陽多赤金其陰多赭

又東五十里曰師每之山其陽多砥礪其陰多青雘其木多柏多檀多柘其草多竹

又東南二百里曰琴鼓之山其木多穀柞椒柘椒爲樹小而叢生下有草木則蠚死懿行案檓大椒見爾雅李善注顏延之陶徵士誄引此經其上多白珉其下多洗石懿行案洗石已見西山經首錢來之山其獸多豕鹿多白犀懿行案兹山有白犀西域有白象皆異種也其鳥多鴆

凡荊山之首自景山至琴鼓之山凡二十三山二千八百九十里懿行案今三千有一十里其神狀皆鳥身而人面其祠用一雄雞祈瘞禱請

已瘞之也懿行案祈當爲鐖用一藻圭糈用稌驕山冢也其祠用羞酒少牢祈瘞嬰毛一璧

中次九經岷山之首曰女几之山懿行案畢氏云山在今四川雙流縣淮南子天文訓云日回於女紀是謂大遷隋書地理志云蜀郡雙流有女伎山紀伎几三音同也其上多石涅其木多杻橿其草多菊茈懿行案大菊瞿麥見爾雅洛水出焉東注于江懿行案地理志云廣漢郡雒章山雒水所出南至新都谷入湔水經云江水又東過江陽縣南雒水從三危山東過廣魏雒縣南東南注之注云雒水出雒縣漳山亦言出梓潼縣柏山又云洛水與緜水合又與湔水合亦謂之郫江也案左思蜀都賦云浸以緜洛即此洛水劉逵注以爲上雒桐柏山之雒水誤矣此洛在四川入江李冰之所導也其中多雄黃雄黃亦出水中懿行案吳氏引蘇頌曰階州出水窟雄黃生於山巖中有水流處其獸多虎豹

又東北三百里曰岷山江水出焉岷山今在汶山郡廣陽縣西大江所出懿行案說文云

谿山在蜀湔氐西徼外地理志云蜀郡湔氐道禹貢崏山在西徼外江水所出東南至江都入海水經注云岷山即瀆山也又謂之汶阜山在徼外江水所導也今案汶即岷古字通岷山在今四川茂州東南即漢之徼外地也汶山郡漢武帝所開宣帝省并蜀郡見後漢書西南夷傳郭注廣陽史記封禪書索隱引此注亦作廣陽葢晉時縣也漢汶江縣晉改爲廣陽縣屬汶山郡見晉書地理志藝文類聚八卷引郭氏讚云岷山之精上絡東井始出一勺終致淼溟作紀南夏天清地靜

東北流注于海至廣陽縣入海　懿行案海內東經注云至廣陵郡入海此注廣陽縣當爲廣陵郡或廣陵縣字之譌也竝見晉書地理志劉昭注郡國志引此經注上無流字海下有中字

其中多良龜良善

多鼉似蜥蜴大者長二丈有鱗彩皮可以冒鼓　懿行案說文云鼉水蟲似蜥易長大陸機詩疏云鼉似蜥蜴長丈餘其甲如鎧皮堅厚可冒鼓是郭所本也鼉亦作鼉周書王會篇云會稽以鼉又或作鱓夏小正云二月剝鱓傳云以爲鼓也是鱓即鼉矣李善注西京賦引此注有徒多切三字葢今本脫去之

其上多金玉其下多白珉其木多梅棠懿行案棠有赤白二種具見爾雅又劉逵注蜀都賦云風連出岷山岷山獨多藥草其椒尤好異於天下而此經曾不言焉

其獸多

犀象多㸲牛今蜀山中有大牛重數千斤名爲㸲牛晉太興元年此牛出上庸郡人弩射殺得三十八擔肉卽爾雅所謂魏懿行案注射殺下當脫之字今本爾雅作犩注引此經作㸲竝加牛丼其鳥多翰鷩白翰赤鷩行案翰鷩竝見爾雅

又東北一百四十里曰崍山江水出焉邛來山今在漢嘉嚴道縣南江水所自出也山有九折坂出狛狛似熊而黑白駮亦食銅鐵也懿行案初學記八卷引此經作峽山邛水出焉峽蓋崍字之譌也晉志有漢嘉郡嚴道漢地理志云蜀郡嚴道邛來山邛水所出東入青衣郡國志蜀郡嚴道有邛僰九折阪劉昭注引華陽國志云邛峽山今名邛莋水經注云崍山邛崍山也在漢嘉嚴道縣一曰新道南山有九折阪夏則凝冰冬則毒寒平恒言是中江所出矣案酈氏言崍山中江所出郭云南江所出者蓋据海曰東經南江出高山之文也是崍山一名高山南江一名邛水皆山水之異名者也崍俗字也當作來山在今雅州滎經縣西又劉昭注引此經郭注云中江所出李善注江賦及李賢注後漢書西南夷傳引此經郭注竝云崍山中江所出俱誤矣狛卽貘白豹見爾雅及注又卽猛豹見西山經首南山注東流注大

江 懿行案水經云青衣水至犍爲南安縣入於江注云青衣水又東邛水注之又東流注於大江 其陽多黃金其陰多麋麈其木多檀柘其草多䪥韭多葯 卽藷 懿行案郭云葯卽藷非也西次四經號山草多葯藷郭既分釋於下此注又謂一草誤也玉篇云葯白芷葉卽藷也又承郭注而誤 空奪 卽蛇皮脫也 懿行案郭知空奪卽蛇皮脫者玉篇廣韻竝云𧋍蟬脫𧋍皮蓋空字後人加虫作𧋍也說文云蛻蛇蟬所解皮廣韻云蛻又他臥切與奪聲近奪古字作敓疑空奪本作空蛻譌蛻爲敓又改敓爲奪耳

又東一百五十里曰崌山 音居 江水出焉 北江 懿行案畢氏云海內東經云北江出曼山今四川名山縣西有蒙山曼蒙音相近疑是也沫水經此或卽郭所云北江與今案畢說當是也郡國志云蜀郡漢嘉有蒙山劉昭注引華陽國志云有沫水從西來出岷江又從岷山西來入江合郡下青衣江入大江又水經亦云沫水與青衣水合東入於江案其道里沫水當卽中江矣李善注江賦引此經郭注云崌山北江所出 東流注于大江其中多怪蛇 今永昌郡有鉤蛇長數丈尾岐在水中鉤取岸上人牛馬啖之又呼馬絆蛇謂此類也 懿行案水經若水注

云山有鉤蛇長七八丈尾末有岐蛇在山澗水中以尾鉤岸上人牛食之李善注江賦引此注作鉤取斷岸人及牛馬啖之其餘則同又李石續博物志云先提山有鉤蛇云云與水經注所說同多鰲魚音贅未聞　懿行案鰲見玉篇云魚名其木多楢杻楢剛木也中車材音秋　懿行案說文云楢柔木也工官以爲耎輪讀若糗郭以楢爲剛木而云楢音秋未詳多梅梓其獸多夔牛麢㚟犀兕有鳥焉狀如鴞懿行案大平御覽四十四卷及八百七十卷引此經鴞作鶚而赤身白首其名曰竊脂今呼小青雀曲觜肉食者爲竊脂疑此非也　懿行案與爾雅竊脂同名異物可以禦火

又東三百里曰高梁之山懿行案畢氏云山在今四州劍州北太平寰宇記云劍門縣大劍山亦曰梁山山海經高梁之山西接岷嶓東引荆衡其上多堊其下多砥礪其木多桃枝鉤端有草焉狀如葵而赤華莢實白柎可以走馬懿行案柎當爲柎西山經首天帝之山有草焉其狀如葵臭如蘼蕪名曰杜衡可以走馬亦此之類

又東四百里曰蛇山其上多黃金其下多堊其木多栒懿行案栒木已見北次三經繡山多豫章懿行案豫章已見西次二經底陽之山其草多嘉榮懿行案嘉榮已見中次七經半石之山少辛懿行案少辛已見中次七經浮戲之山有獸焉其狀如狐而白尾長耳名㹢狼音巴懿行案郭蓋音巳字譌作巴也玉篇云㹢時爾切云獸如狐白尾見則國內有兵一作國有亂

又東五百里曰鬲山其陽多金其陰多白珉蒲鸏音甍懿行案說文玉篇竝無鸏字之水出焉而東流注于江其中多白玉其獸多犀象熊羆多猨蜼蜼似獼猴鼻露上向尾四五尺頭有岐蒼黃色雨則自縣樹以尾塞鼻孔或以兩指塞之懿行案蜼見爾雅郭注同此廣雅云狖蜼也高誘注淮南覽冥訓云狖猨屬也長尾而昻鼻狖讀中山八相遺物之遺郭注西次四經亦云蜼獼猴屬也音贍遺之遺是則蜼即狖矣音義同

又東北三百里曰隅陽之山其上多金玉其下多青雘其木多梓桑其草多茈徐之水出焉東流注于江其中多丹粟

又東二百五十里曰岐山今在扶風美陽縣西　懿行案地理志云右扶風美陽禹貢岐山在西北郡國志云美陽有岐山劉昭注引此經晉志右扶風爲扶風郡也其上多白金其下多鐵其木多梅梓梅或作蔽多杻櫄減水出焉懿行案劉昭注郡國志引此經作城水城疑城字之譌或古本減有作城者也畢氏云岐山當在四川俗失其名減水疑卽黜水也說文又作黚皆音相近地理志云犍爲符黚水南至鄨入江水經注云闞駰謂之闞水東南流注于江

又東三百里曰勾欘之山音絡椐之椐　懿行案絡椐之椐不成語疑椐當爲梶字之譌也說文云欘絡絲欘讀若梶又云杘或作梶籆柄也方言云籆榬也郭注云所以絡絲也玉篇亦云欘絡絲檷也本說文然則籆柄卽絡絲之梶故郭音絡梶本說文方言也今譌爲絡椐遂不復可讀又玉篇云欘枸山名疑欘枸卽句欘誤倒其文爾其上

多玉其下多黃金其木多櫟柘其草多芍藥

又東一百五十里曰風雨之山其上多白金其下多石涅其木多椒櫟椒木未詳也櫟木白理中櫛騶善二音懿行案說文云椒木薪也疑非此又云櫟木也可以爲櫛玉藻云櫛用櫟櫛鄭注云櫟白理木也多楊懿行案楊見爾雅宣余之水出焉東流注于江其中多蛇懿行案水蛇也一名公蠣蛇其獸多閭麋多麈豹虎其鳥多白鷮

又東北二百里曰玉山其陽多銅其陰多赤金懿行案銅與赤金竝見非一物明矣郭氏誤注見南山經杻陽之山其木多豫章楢杻其獸多豕鹿麢㲋其鳥多鴆

又東一百五十里曰熊山有穴焉熊之穴恒出神人夏啓而冬閉是穴也冬啓乃必有兵今鄴西北有鼓山下有石鼓象懸著山旁鳴則有軍事與此穴殊象而同

應懿行案劉逵注魏都賦引冀州圖鄴西北鼓山山上有石鼓之形俗言時時自鳴劉劭趙都賦曰神鉦發聲俗云石鼓鳴則天下有兵革之事是郭所本也水經渭水注云朱圉山在梧中縣有石鼓不擊自鳴鳴則兵起亦此類其上多白玉其下多白金其木多樗柹其草多寇脫

又東一百四十里曰騩山其陽多美玉赤金其陰多鐵其木多桃枝荊芑懿行案芑蓋芭字之譌芭又杞之假借字也南次二經云虖勺之山其下多荊杞中次十一經云歷石之山其木多荊芑竝以荊芑連文此誤審矣

又東二百里曰葛山其上多赤金其下多瑊石瑊石勁石似玉也音緘懿行案子虛賦云瑊玏玄厲張揖注云瑊玏石之次玉者說文作玪塾云玪塾石之次玉者玉篇云玪同瑊郭云勁石疑勁當爲玏字之譌瑊石石字衍其木多柤栗橘櫾楢杻懿行案太平御覽九百六十四卷引此經云葛山其上多桐今本無桐字疑有脫誤其獸多麢㚟其草多嘉榮

又東一百七十里曰賈超之山其陽多黃堊其陰多美赭其木多柤栗橘櫾其中多龍脩龍須也似莞而細生山石穴中莖倒垂可以為席　懿行案龍修龍須聲轉耳廣雅云龍木龍修也述異記云周穆王東海島中養八駿處有草名龍芻龍芻亦龍須也須芻聲相近

凡岷山之首自女几山至于賈超之山凡十六山三千五百里懿行案今三千六百五十里　其神狀皆馬身而龍首其祠毛用一雄雞瘞糈用稌文山懿行案此上無文山蓋即岷山也史記又作汶山竝古字通用穆天子傳云天子三日遊于文山於是取采石郭注云以有采石故號文山案經云岷山多白珉傳言取采石蓋謂此然則文山即岷山審矣　勾檷風雨騩之山是皆冢也其祠之羞酒先進酒以酹神少牢具嬰毛一吉玉熊山席也席者神之所馮止也　懿行案席當為帝字形之譌也上下經文竝以帝冢為對此譌作席郭氏意為之說蓋失之　其祠羞酒太牢具嬰毛一璧干儛用兵以禳禳祓除之祭名儛者持盾武儛也

懿行案地官舞師云掌教兵舞帥而舞山川之祭祀鄭注云兵舞執干戚以舞祈璆冕舞祈求福祥也祭用玉舞者冕服也美玉曰璆巳求反懿行案爾雅釋器云璆琳玉也郭注云美玉名

中次十經之首曰首陽之山懿行案地理志云隴西郡首陽禹貢鳥鼠同穴山在西南葢縣因山爲名也此云首陽下文又稱首山史記封禪書說天下名山八首山其一又云黃帝采首山銅鑄鼎於荆山下葢皆不謂此山也晉灼據地理志首山屬河東蒲坂彼中次五經首山也非此其上多金玉無草木

又西五十里曰虎尾之山其木多椒椐多封石懿行案本草別錄云封石味甘無毒生常山及少室下文游戲之山嬰侯之山豐山服山聲匈之山竝多此石其陽多赤金其陰多鐵

又西南五十里曰繁繢音潰之山其木多楢杻其草多枝勾今山中有此草懿行案說文稜多小意而止也一曰木也柳稜柳也一曰木名然則枝勾即稜柳之省文葢草木通名耳

又西南二十里曰勇石之山無草木多白金多水

◎

又西二十里曰復州之山其木多檀其陽多黃金有鳥焉其狀如鴞懿行案太平御覽七百四十七卷引此經作雞而一足彘尾其名曰跂踵音企懿行案跂踵御覽引作企踵海外北經有跂踵國郭注云其人行腳跟不著地也疑是鳥亦以此得名見則其國大疫銘曰跂踵爲鳥一足似夔不爲樂興反以來悲懿行案銘蓋亦郭氏圖讚之文而與今世所傳復不同

又西三十里曰楮山一作渚州之山多寓木多椒椐多柘多堊

又西二十里曰又原之山其陽多青雘其陰多鐵其鳥多鸜鵒鴝鵒也傳曰鴝鵒來巢音臞懿行案說文云鴝鵒鵒也古者鴝鵒不踰泲鴝或作鸜說文義本考工記

又西五十里曰涿山懿行案郭注海內經引世本云顓頊母濁山氏之子名昌僕大戴禮帝繫篇作昌意娶于蜀山氏之子謂之昌濮濁蜀古字通涿濁聲又同史記索隱云涿鹿或作蜀鹿是此經涿山即蜀山矣史稱昌意降居若水索隱云若水在蜀然則昌意居蜀而娶蜀山氏之女蓋蜀山國因山爲名也即此經涿山矣其木多穀柞杻

其陽多瑀琈之玉

又西七十里曰丙山其木多梓檀多弞杻弞義所未詳懿行案方言云弞長也東齊曰弞郭注云弞古矧字然則弞杻長杻也杻爲木多曲少直見陸機詩疏此杻獨長故著之俟攷

凡首陽山之首自首山懿行案首山即首陽山至于丙山凡九山二百六十七里懿行案今三百一十里其神狀皆龍身而人面懿行案太平御覽九百四十卷引汲冢瑣語云晉平公與齊景公乘至于澮見人乘白驂八駟以來平公之前公問師曠曰有大貍身而狐尾者乎師曠有頃而答曰有之來者其名曰首陽之神飲酒霍太山而歸其居而于澮乎見之甚善君有喜焉所說神形狀與此經異汲冢瑣語水經澮水注引作古文瑣語其祠之毛用一雄雞瘞糈用五種之糈堵山冢也懿行案堵山即楮山又楮山注云一作渚州之山渚陼古通用陼堵同音當古切故古字俱得通與其祠之少牢其羞酒祠嬰毛一璧瘞騩山帝也其祠羞酒太牢其懿行案其當爲具字

之譌合巫祝二人儛嬰一璧

中次一十一山經荊山之首曰翼望之山懿行案山在今河南內鄉縣見水經注元和郡縣志云臨湍縣翼望山在縣西北二十里湍水出焉鹿摶反懿行案水名之湍集韻朱遄切音專郭音鹿摶反似誤然文選南都賦注引此經郭注亦作湍鹿摶切又非誤也未知其審地理志云宏農郡析黃水出黃谷鞠水出析谷俱東至酈入湍水水經云湍水出酈縣北芬山注云湍水出宏農界翼望山東流注于濟今湍水逕南陽穰縣而入清水懿行案經文濟注文清並當為淯字之譌也文選南都賦注引此經郭注云今湍水逕南陽穰縣而入淯也水經亦云湍水至新野縣東入於淯郡國志云盧氏有熊耳山淯水出地理志作育水也又案晉書地理志南陽無穰縣義陽郡有穰義陽郡太康中置是郭注南陽當為義陽字之譌也貺水出焉音況懿行案玉篇云脫虛放切水名蓋即此是貺當為脫字之譌也然其水今未聞東南流注于漢其中多蛟似蛇而四腳小頭細頸有白癭大者十數圍卵如一二石甕能吞人懿行案廣雅云有鱗曰蛟龍說文云蛟龍之屬也池魚滿三千六百蛟來為之長能率魚飛

置筍水中卽蛟去史記司馬相如傳正義引此注小頭細頸作小細頭癭作嬰十數圍作數十圍一二石作一二斛太平御覽九百三十卷引與史記正義同小頭細頸句與今本同藝文類聚九十六卷引此注癭亦作嬰小頭細頸下復有頸字十數圍下有卵生子三字一二石甕作三斛瓮三字又引郭氏讚云匪蛇匪龍鱗釆暉煥騰躍濤波蜿蜒江漢漢武飲羽佽飛疊斷

其上多松柏其下多漆梓其陽多赤金其陰多珉

又東北一百五十里曰朝歌之山懿行案山在今河南泌陽縣西北見水經注潕水出焉潕水今在南陽舞陽縣音武懿行案地理志云潁川郡舞陽應劭注云舞水出南㙬舞水卽潕水矣而水經云潕水出潕陰縣西北扶予山東過其縣南注引此經而釋之云經書扶子者其山之異名乎明扶予卽朝歌也東南流注于滎懿行案說文云潕水出南陽舞陰東入潁水經云潕水東過定潁縣北東入於汝二說不同蓋潕水合汝而入潁也經言注于滎者水經注云滎水又東北於潕陰縣北左會潕水其中多人魚其上多梓枏其獸多麢麝有草焉名曰莽草可以毒魚今用之殺魚懿行案秋官翦氏掌除蠹物以

莽草熏之鄭注云藥物殺蟲者本草云莽草別錄云一名葞一名春草爾雅云葞春草郭注引本草云一名芒草是芒草即莽草中次二經云葌山有芒草可以毒魚也芒又通作㟌水經夷水注云郗人以㟌草投淵上流魚則多死是也

又東南二百里曰帝囷之山去倫反　懿行案囷廣韻引作箘　其陽多㻬琈之玉其陰多鐵帝囷之水出于其上潛于其下多鳴蛇　懿行案鳴蛇已見中次二經鮮山

又東南五十里曰視山其上多韭有井焉名曰天井夏有水冬竭　懿行案爾雅云井一有水一無水爲瀱汋郭注引此經爲說也又中次五經云超山有井冬有水而夏竭與此相反　其上多桑多美堊金玉

又東南二百里曰前山　懿行案郭注中次八經若山云若或作前　其木多櫧似柞子可食冬夏生作屋柱難腐音諸或作儲　懿行案上林賦云沙棠櫟櫧郭注云櫧似柃葉冬不落漢書音義云櫧似櫪葉冬不落也玉

篇亦云櫧木名冬不凋郭云或作儲者聲近假借字多柏其陽多金其陰多赭

又東南三百里曰豐山懿行案山在今河南南陽府東北有獸焉其狀如蝯赤目赤喙黃身名曰雍和見則國有大恐懿行案禺似蝯而赤目長尾即此類神耕父處之懿行案耕玉篇作⿰耳井云神名李善注南都賦引此經劉昭注郡國志引南都賦注云耕父旱鬼也其注禮儀志又引東京賦注云耕父旱鬼也今注並無之常遊清泠之淵出入有光清泠水在西號郊縣山上神來時水赤有光耀今有屋祠之懿行案莊子讓王篇云舜友北人無擇自投清泠之淵呂氏春秋離俗覽作蒼領之淵高誘注云蒼領或作青令莊子釋文引此經云在江南一云在南陽郡西鄂山下所引蓋郭注之文也薛綜注東京賦亦云清泠水名在南陽西鄂山上與莊子釋文同今本郭注號郊當即鄂字之誤衍劉昭注郡國志引此經郭注作今有屋祠也見則其國為敗有九鍾焉是知霜鳴霜降則鍾鳴故言知也物有自然感應而不可為也懿行案北堂書鈔一百八卷引此經及郭注知並作和疑今本字形之譌其上多金其下多穀柞杻

欜

又東北八百里曰兔牀之山其陽多鐵其木多藷萸懿行案木藷萸未聞其狀其草多雞穀懿行案廣雅云雞狗獳蒲公也說者謂卽蒲公英唐本草云蒲公草一名構耨草構耨與狗獳聲相近穀字古有構音構狗之聲又相近疑此經雞穀卽廣雅雞狗矣下文夫夫山又作雞鼓亦卽雞穀也又本草別錄云黃精一名雞格格穀聲轉疑亦近是其本如雞卵其味酸甘食者利于人

又東六十里曰皮山多堊多赭其木多松柏

又東六十里曰瑤碧之山懿行案藝文類聚八十九卷引此經瑤作搖其木多梓枏其陰多青雘其陽多白金有鳥焉其狀如雉恆食蜚蜚負盤也音翡懿行案蜚見爾雅郭注云蜚負盤臭蟲名曰鴆此更一種鳥非食蛇之鴆也

又東四十里曰支離懿行案水經及文選注竝作攻離畢氏云山今在河南嵩縣疑卽雙雞嶺之山

濟水出焉南流注于漢今濟水出酈縣西北山中南入漢酈離音字亦同　懿行案經文濟及注文濟
並清字之譌也說文云清水出宏農盧氏山東南入沔或曰出
酈山西酈雝聲同也清地理志作育云盧氏有育水南至順陽
入沔沔即漢也故地理志南陽郡酈又云育水出西北南入漢
並說文所本也郡國志作淯水誤水經云清水出宏農盧氏縣
攻離山又南過鄧縣東南入於沔文選南都賦注引此經作攻
離之山清水出焉可證今本之譌酈縣淯陽俱屬南陽國見晉
書地理志有鳥焉其名曰嬰勺其狀如鵲赤目赤喙白身其尾若勺似酒勺形　懿行案鵲尾似勺故後世作鵲尾勺本此其鳴自呼多柞牛多羬羊

又東北五十里曰袟筒之山音彫　懿行案廣韻引此經作族菡之山其上多松柏机柏柏葉似柹皮黃不措子似楝著酒中飲之辟惡氣浣衣去垢核堅正黑可以閒香纓一名栝樓也　懿行案机柏廣
韻引此經作机桓玉篇云桓木葉似柹皮黃白色與郭義合是
此經及注並當作桓今本作柏字形之譌也且柏已屢見人所
習知不須更注注所云云又非是柏也郭云皮黃不措措當為
楷與皻同見玉篇子似楝當从木旁為楝陳藏器本草拾遺云

無患子一名桓引博物志云桓葉似櫸柳葉核堅正黑如瑿可作香纓及浣垢案所引正與郭注合或卽郭所本也郭云閒香纓閒字疑譌又云一名栝樓本草拾遺云一名噤婁也

又西北一百里曰堇理之山其上多松柏多美梓其陰多丹雘多金其獸多豹虎有鳥焉其狀如鵲青身白喙白目白尾名曰青耕可以禦疫其鳴自叫

又東南三十里曰依軲之山音枯其上多杻橿多苴未詳音蒩 懿行案經內皆云其木多苴疑苴卽柤之假借字也柤之借爲苴亦如杞之借爲芑矣有獸焉其狀如犬虎爪有甲其名曰獜言體有鱗甲音吝善駚坌跳躍自撲也鞅奮兩音 懿行案駚坌二字說文玉篇所無据郭音義當爲鞅掌奮訊之意食者不風不畏天風 懿行案獜狗止風見爾雅釋天注及鄭司農大宗伯注此物蓋亦狗類也又案此物形狀頗似鯪鯉鯪獜聲近後世亦用鯪鯉療風痺

又東南三十五里曰卽谷之山多美玉多玄豹黑豹也卽今荊州山中出黑虎也　懿行案周書王會篇云屠州玄豹海內經云幽都之山多玄豹玄虎郭注爾雅黑虎云晉永嘉四年建平秭歸縣檻得之狀如小虎而黑毛深者爲斑此注云荊州黑虎卽是物也晉建平秭歸縣屬荊州注出當爲之字之譌多閭麈多麢㚟其陽多珉其陰多青雘

又東南四十里曰雞山其上多美梓多桑其草多韭

又東南五十里曰高前之山懿行案呂氏春秋本味篇云水之美者高泉之山其上有涌泉焉卽此泉前聲同也太平寰宇記云內鄉縣高前山今名天池山引此經云云扗翼望山東五十里其上有水焉甚寒而清或作潛　懿行案北堂書鈔一百四十四卷引此經亦作清帝臺之漿也今河東解縣南檀首山上有水潛出停不流俗名爲盎漿卽此類也　懿行案檀首釋名作譚首聲近假借字檀首當爲檀道字之譌也太平御覽五十九卷引此注正作檀道山水經涑水注又引作鹽道山盎漿作鴦漿也有水潛出停不流太平寰宇記引作有水泉出停

而不流飲之者不心痛其上有金其下有赭

又東南三十里曰游戲之山多杻橿穀多玉多封石

又東南三十五里曰從山其上多松柏其下多竹從水出于其上潛于其下其中多三足鼈枝尾三足鼈名能見爾雅懿行案郭注爾雅亦引此經李善注江賦引此經作岐尾岐枝古通用食之無蠱疫

又東南三十里曰嬰硜之山音真懿行案玉篇音與郭同東次二經硜山郭音一真反蓋一反二字衍其上多松柏其下多梓櫄懿行案櫄即杶字見說文

又東南三十里曰畢山帝苑之水出焉懿行案畢氏云畢山疑即旱山字相近在河南泌陽水經注有比水出撫陰縣旱山東北注於瀙此帝苑之水疑即比水也東北流注于視懿行案視當爲瀙字形相近見下文其中多水玉多蛟其上多㻬琈之玉

又東南二十里曰樂馬之山有獸焉其狀如彙懿行案說文云彙或作蝟蟲似豪豬者爾雅云彙毛刺赤如丹火其名曰㹻音戾懿行案㹻字說文玉篇所無疑當爲戾吳氏引十六國春秋云南燕主超祀南郊有獸如鼠而赤大如馬來至壇側須臾大風晝晦疑即此獸也見則其國大疫

又東南二十五里曰葴山視水出焉或曰視宜爲瀙瀙水今在南陽也懿行案說文云瀙水出南陽舞陽中陽山入潁地理志云舞陰中陰山瀙水所出東至蔡入汝水經云瀙水出潕陰縣東上界山注云山海經謂之視水也出葴山許慎云出中陽山皆山之殊目也東南流注于汝水懿行案水經云瀙水東過上蔡縣南東入汝與此經及地理志合與說文則異說文云入潁者蓋合潁而入汝也潁水逕汝陰縣汝水枝津注之見水經注其中多人魚多蛟多頡如青狗懿行案中次四經云釐山滽滽之水有獸名⿰犭頡其狀如獳犬而有鱗其毛如彘鬣文選江賦注引⿰犭頡作獺然獺故無鱗恐非也此經之頡郭云如青狗則頡似獺矣而獺復不名頡亦所未詳

又東四十里曰嬰山其下多青雘其上多金玉

又東三十里曰虎首之山多苴椆椐椆未詳也音彫 懿行案說文云椆木也讀若丩類篇云椆寒而不凋

又東二十里曰嬰矦之山其上多封石其下多赤錫懿行案中次八經已云讙山多白錫此又云多赤錫明錫非一色也

又東五十里曰大孰之山殺水出焉東北流注于視水懿行案水經注云瀙水又東北殺水出西南大孰之山東北流入於瀙其中多白堊

又東四十里曰卑山其上多桃李苴梓多纍今虎豆貍豆之屬纍一名縢音誄 懿行案爾雅云欇虎櫐郭注云今虎豆纏蔓林樹而生莢有毛刺古今注云虎豆似貍豆而大也郭云櫐一名縢者廣雅云藟藤也

又東三十里曰倚帝之山懿行案新唐書吳筠傳云筠下第遂居南陽倚帝山今案山在河南鎮平

縣西北其上多玉其下多金有獸焉其狀如鼫鼠爾雅說鼠有十三種中有此鼠形所未詳也音狗吠之吠　懿行案郭注爾雅亦引此經釋文引舍人云其鳴如犬也白耳白喙名曰狙如音即蛆　懿行案爾雅云蒺藜蝍蛆郭言此狙音蝍蛆之蛆也文省爾見則其國有大兵

又東三十里曰鯢山音倪鯢水出于其上潛于其下其中多美堊其上多金其下多青雘

又東三十里曰雅山澧水出焉音禮今澧水出南陽　懿行案說文云澧水出南陽雉衡山本地理志為說也玉篇云澧水出衡山無雉字非也澧通作醴水經注云汝水又東得醴水口水出南陽雉縣亦云導源雉衡山即山海經衡山也今案此經雅山去衡山九十五里是其連麓疑雅山當為雉山字形相近晉書地理志雉縣屬南陽國縣葢因茲山得名也後漢書馬融傳注引此經正作雉山山在今河南南陽縣北也東流注于視水懿行案說文云澧水東入汝地理志云東至郾入汝郾葢郾字之譌也水經云汝水東南過郾縣北注云醴水東逕郾縣故城南左入汝引此

經云醴水東流注于潕水也酈氏改經潕水爲涀水涀水卽㶏水從呂忱之說也然說文地理志竝云入汝此云注涀水者葢合涀水而入汝也其中多大魚懿行案史記秦本紀云占夢博士曰水神不可見以大魚蛟龍爲候其上多美桑其下多苴多赤金

又東五十五里曰宣山淪水出焉東南流注于視水懿行案水經注云瀙水又東淪水注之水出宣山東南流注瀙水其中多蛟其上有桑焉大五十尺圍五丈也其枝四衢言枝交互四出其葉大尺餘赤理黃華青柎名曰帝女之桑婦女主蠶故以名桑懿行案李善注南都賦引此經及郭注竝與今本同蓺文類聚八十八卷引郭氏讚云爰有洪桑生濱淪潭厭圍五丈枝相交參園客是采帝女所蠶

又東四十五里曰衡山今衡山在衡陽湘南縣南嶽也俗謂之岣嶁山懿行案水經汝水注云醴水導源雉衡山卽山海經衡山也郭景純以爲南岳非也馬融廣成頌曰面據衡陰指謂是山在雉縣界故世謂之雉衡山案海

內經云南海之內有衡山郭注云南嶽是也此又云南嶽誤矣初學記五卷引此經云衡山一名峋嶁山葢并引郭注也其上多青雘多桑懿行案藝文類聚八十八卷引此經同其鳥多鸜鵒

又東四十里曰豐山懿行案上文豐山在今南陽縣漢西鄂縣地此豐山葢與連麓而別一山非重出也其上多封石其木多桑多羊桃狀如桃而方莖一名鬼桃懿行案本草云羊桃一名鬼桃郭注爾雅及此注所本也可以爲皮張治皮腫起　懿行案張讀如張脈憤興之張唐本草云羊桃煮汁洗風痒及諸創腫極效

又東七十里曰嫗山其上多美玉其下多金其草多雞穀

又東三十里曰鮮山其木多楢杻苴其草多亹冬其陽多金其陰多鐵有獸焉其狀如膜大懿行案大當爲犬字之譌廣韻作犬可證膜犬者郭注穆天子傳云西膜沙漠之鄉是則膜犬卽西膜之犬今其犬高大獶毛猛悍多力也赤喙赤目白尾見則其邑

有火懿行案廣韻說移云出則大兵名曰移即音移懿行案玉篇云移獸名

又東三十里曰章山或作童山懿行案經章山當爲皐山注童山當爲章山竝字形之譌也見水經注又漢晉地理志竝云江夏郡竟陵章山在東北古文以爲內方山非此也其陽多金其陰多美石皐水出焉東流注于澧水懿行案水經汝水注云醴水東流歷唐山下又東南與皐水合水發皐山郭景純言或作章山東流注於醴水案唐山在今河南唐縣南其中多脃石未聞魚脃反懿行案說文云脃小耎易斷也此石耎薄易碎故以名焉本草別錄云石脾無毒味甘一名膏石一名消石生隱蕃山谷石間黑如大豆有赤文色微黃而輕薄如棊子亦此類也注魚脃之脃誤藏經本作跪

又東二十五里曰大支之山其陽多金其木多穀柞無草木懿行案木字衍藏經本無之

又東五十里曰區吳之山其木多苴

又東五十里曰聲匈之山其木多穀多玉上多封石

又東五十里曰大騩之山山已有此山疑同名懿行案畢氏疑即南都賦所謂天封大胡大胡大騩聲相近李善注引南郡圖經曰大胡山故縣縣南十里懿行案水經云比水出比陽東北太胡山注云太胡山在比陽北如東三十餘里廣員五六十里張衡賦南都所謂天封大狐者也如酈氏所說不引此經大騩山明大胡非大騩矣此大騩又不言有水出無以定之其陽多赤金其陰多砥石

又東十里曰踵臼之山無草木

又東北七十里曰歷或作磨懿行案磨蓋磿字之譌地官遂師云及窆抱磿磿亦當爲磿又戰國策磿室燕宮名今本亦譌爲磨石之山其木多荊芑其陽多黃金其陰多砥石有獸焉其狀如貍而白首虎爪名曰梁渠見則其國有大兵

又東南一百里曰求山求水出于其上潛于其下中有美赭其

木多苴多𥳇篠屬懿行案篠箭見爾雅又中次十二經云暴山多竹箭䉋箘是䉋亦箘屬中箭也戴凱之竹譜云箭竹高者不過一丈節間三尺堅勁中矢江南諸山皆有之會稽所生最精好其陽多金其陰多鐵

又東二百里曰丑陽之山其上多椆椐有鳥焉其狀如烏而赤足名曰䳄鵌音如枳柑之枳懿行案玉篇廣韻說䳄鵌鳥與此經同郭云音如枳柑柑當為棋字之譌鄭注曲禮下云棋枳也有實今邳郯之東食之可以禦火

又東三百里曰奧山其上多柏杻橿其陽多㻬琈之玉奧水出焉東流注于視水懿行案水經注云潕陰縣瀙水東南流注瀙水瀙水又東得奧水口水西出奧山東入於瀙水也又水經比水注云比水又西澳水注之水北出茈丘山東流屈而南轉又南入於比水引此經云澳水又北入視不注比水今案此澳似別一水其引經又與今異所未詳也存以俟攷

又東三十五里曰服山其木多苴其上多封石其下多赤錫

又東百十里（懿行案本多作三百里非）曰脊山其上多嘉榮草多金玉

又東三百五十里曰凡山（懿行案玉篇作獜出泰山誤）其木多楢檀杻其草多香（懿行案草多香者即如下文洞庭之山其草多蘪蕪芍藥芎藭之屬也）有獸焉其狀如彘黃身白頭白尾名曰聞獜（獜音鄰獜一作䝖音瓴　懿行案玉篇云獜力人切似豕身黃出泰山廣韻云獸名似豕黃身白首出埤蒼郭云一作䝖蓋獜字之譌也玉篇云獜獸名本此）見則天下大風

凡荊山之首自翼望之山至于凡山凡四十八山三千七百三十二里（懿行案今四千二百二十里）其神狀皆彘身人首其祠毛用一雄雞祈（懿行案祈當為𥃀）瘞用一珪糈用五種之精（備五穀之美者）禾山（懿行案上文無禾山或云帝囷山之脫文或云求山之誤文）帝也其祠太牢之具羞瘞倒毛（薦羞反倒牲薶之也　懿行案倒古字作到見說文）用一璧牛無常堵山玉山（懿行案堵山見中次十經玉山見中次八

九經此經都無此一山未審何字之譌冢也皆倒祠懿行案倒祠亦謂倒毛也羞毛少牢嬰毛吉玉

中次十二經洞庭山之首曰篇遇之山或作肩無草木多黃金

又東南五十里曰雲山懿行案劉逵注吳都賦云梢雲山名出竹疑梢雲卽雲山也無草木

有桂竹甚毒傷人必死今始興郡桂陽縣出筀竹大者圍二尺長四丈又交趾有篥竹實中勁強有毒銳以刺虎中之則死亦此類也懿行案始興郡桂陽見晉書地理志吳都賦注引異物志曰桂竹生於始興小桂縣大者圍三尺長四五丈又云簩竹大如戟穫實中勁強交趾人銳以爲矛甚利簩竹有毒夷人以爲觚刺獸中之則必死竝與郭注合又郭注篥疑當爲簩筀當爲桂其上多黃金其下多瑇琈之玉懿行案初學記梅下引此經云雲山之上其實乾腊又引郭注云腊乾梅也今經無之葢脫

又東南一百三十里曰龜山其木多穀柞椆椐其上多黃金其下多青雄黃多扶竹邛竹也高節實中中杖也名之扶老竹懿行案劉逵注蜀都賦云邛竹出興古盤

江以南竹中實而高節可以作杖

又東七十里曰丙山多筆竹懿行案筆亦當爲桂桂陽所生竹因以爲名也多黃金銅鐵無木

又東南五十里曰風伯之山懿行案初學記桺下引此經作鳳伯之山其上多金玉其下多痠石文石未詳痠石之義懿行案廣韻云痠素官切音酸廣雅云痠痛也多鐵其木多桺杻檀楮其東有林焉名曰莽浮之林多美木鳥獸

又東一百五十里曰夫夫之山懿行案吳氏云釋義本作大夫之山續通考引此亦大夫山又案秦繹山碑及漢印篆文大夫都作夫夫則二字古相通也余案宋景文筆記曰古者大夫字便用疊畫寫之以夫有大音故也莊子李斯嶧山碑如此其上多黃金其下多青雄黃其木多桑楮其草多竹雞鼓懿行案即雞穀也穀鼓聲相轉神于兒居之其狀人身而身操兩蛇懿行

案列子湯問篇說愚公事云操蛇之神聞之告之於帝操蛇之神葢卽此常遊于江淵出入有光

又東南一百二十里曰洞庭之山今長沙巴陵縣西又有洞庭陂潛伏通江離騷曰邅吾道兮洞庭洞庭波兮木葉下皆謂此也字或作銅宜從水　懿行案洞庭山在今蘇州府城西太湖中一名包山初學記七卷引史記吳起傳裴駰集解云今太湖中苞山有石穴其深洞無知其極者名洞庭洞庭對彭蠡卽斯山也詳見水經沔水過毗陵縣北爲北江注郭以此經洞庭山卽君山也在今湖南巴陵洞庭湖中郭云洞庭陂潛伏通江詳見海內東經湘水注其上多黃金其下多銀鐵其木多柤棃橘櫾其草多荔蘪蕪芍藥芎藭蘪蕪似蛇牀而香也　懿行案淮南說林訓云蛇牀似蘪蕪而不能香高誘注云蛇牀臭蘪蕪香帝之二女居之天帝之二女而處江爲神卽列仙傳江妃二女也離騷九歌所謂湘夫人稱帝子者是也而河圖玉版曰湘夫人者帝堯女也秦始皇浮江至湘山逢大風而問博士湘君何神博士曰聞之堯二女舜妃也死而葬此列女傳曰二女死於江湘之閒俗謂爲湘君鄭司農亦以舜妃爲湘君說者皆以舜陟方而死二妃從之俱溺死於湘江遂號爲湘夫人按九歌湘

君湘夫人自是二神江湘之有夫人猶河洛之有虙妃也此之爲靈與天地並矣安得謂之堯女且既謂之堯女安得復總云湘君哉何以考之禮記曰舜葬蒼梧二妃不從明二妃生不從征死不從葬義可知矣卽令從之二女靈達鑒通無方尚能以鳥工龍裳救井廩之難豈當不能自免於風波而有雙淪之患乎假復如此傳曰生爲上公死爲貴神禮五嶽比三公四瀆比諸侯今湘川不及四瀆無秩於命祀而二女帝者之后配靈神祇無緣當復下降小水而爲夫人也參互其義義既混錯錯綜其理理無可據斯不然矣原其致謬之由由乎俱以帝女爲名名實相亂莫矯其失習非勝是終古不悟可悲矣　懿行案初學記八卷引此經作帝女居之不言二女可知帝女爲天帝之女如言帝女化爲䔄草帝女之桑之類皆不辨爲何人也郭云二妃生不從征死不從葬或難以鄭注禮記云舜死於蒼梧二妃留江湘之閒又張衡思玄賦云哀二妃之未從翩繽處彼湘濱是二妃不從葬而實從征也余案此論亦非佳證竹書云帝舜三十年葬后育于渭注云后育娥皇也大戴禮帝繫篇云帝舜娶于帝堯之子謂之女匽氏女匽或卽娥皇也藝文類聚十一卷引尸子云妻之以媓媵之以娥娥卽女英也海內北經云舜妻登比氏一曰登北氏然則舜有三妃娥皇先卒何言二妃留處江湘假有此事其非帝堯二女亦明矣且舜年百有餘歲

正使二妃尚存亦當年近百歲生不從征郭氏斯言殆無可議爾**是常遊于江淵灃沅之風交瀟湘之淵**此言二女遊戲江之淵府則能鼓三江令風波之氣共相交通言其靈響之意也江湘沅水皆共會巴陵頭故號為三江之口澧又去之七八十里而入江焉淮南子曰弋釣瀟湘今所在未詳也瀟音消　懿行案水經湘水注引此經淵作浦思𤣥賦舊注引作是常游江川澧沅之側交游瀟湘之淵李善注謝朓新亭渚別范零陵詩引作是常遊于江淵澧沅風交瀟湘之川又引郭注靈響作靈鑾初學記引云沅澧之交瀟湘之淵並與今本異也地理志云武陵郡充歷山澧水所出東至下雋入沅又云牂柯郡故且蘭沅水東南至益陽入江水經注云澧水流於洞庭湖俗謂之澧江口沅水下注洞庭湖方會於江說文云湘水出零陵陽海山北入江地理志云北至酃入江也瀟當作潚說文云潚深清也水經云湘水北過羅縣西注云瀟者水清深也湘中記曰湘川清照五六丈是納瀟湘之名矣文選注顏延年登巴陵城樓詩引此注作共會巴陵無頭字**是在九江之閒**地理志九江今在潯陽南江自潯陽而分為九皆東會於大江書曰九江孔殷是也　懿行案初學記引此經作是在九江之門**出入必以飄風暴雨**懿行案中次八經云光山之神計蒙恒遊

于漳淵出入必有飄風暴雨又博物志云文王夢見一婦人當道而哭曰我東海泰山神女嫁為西海婦欲東歸灌壇令當吾道太公有德吾不敢以暴風疾雨過也是山水之神出入恒以風雨自隨乃是其常泰始皇渡江遭大風而伐樹赭山何其寃耶

是多怪神狀如人而載蛇懿行案載亦戴也古字通左右手操蛇多怪鳥

又東南一百八十里曰暴山懿行案文選鵾鷄賦注引此經作景山其木多椶枏荊芑竹箭䉋箘箘亦篠類中箭見禹貢懿行案說文云簬箘簬也引夏書曰惟箘簬楛戴凱之竹譜云箘簬二竹亦皆中矢出雲夢之澤皮特黑澀又云篃亦箘徒概節而短江漢之閒謂之䉋竹䉋苦怪反篃是箭竹類一尺數節葉大如履可以作篷亦中作矢其筍冬生引此經云其竹名篃据竹譜所說篃即䉋也郭氏說䉋已見西山經首英山注與竹譜小竹異

其上多黃金玉其下多文石鐵其獸多麋鹿麢就就鵰也見廣雅懿行案廣雅云鷲鵰也說文云鷲鳥黑色多子通作就漢書匈奴傳云匈奴有斗入漢地生奇材木箭竿就羽顏師古注云就大鵰黃頭赤目其羽可為箭皆其形狀也就鳥也經統謂之獸者鳥獸通名耳

又東南二百里曰卽公之山懿行案史記司馬相如傳索隱載姚氏引此經作卽山無公字作山經無海字其上多黃金其下多㻬琈之玉其木多柳杻檀桑有獸焉其狀如龜而白身赤首名曰蛫音詭　懿行案史記司馬相如傳云蜥胡縠蛫索隱引郭注云蛫未聞是可以禦火

又東南一百五十九里曰堯山懿行案初學記二十四卷引王韶之始興記云含洭縣有堯山堯巡狩至於此立行臺蓋卽斯山也其陰多黃堊其陽多黃金其木多荊芑柳檀其草多藷藇艽懿行案水經洭水注云堯山盤紆數百里有赫巖迭起冠以青林與雲霞亂采山上有白石英山下有平陵有大堂基耆舊云堯行宮所然則茲山草木蓋多云

又東南一百里曰江浮之山其上多銀砥礪無草木其獸多豕鹿懿行案江浮山亦堯山之連麓水經注所云堯山盤紆數百里是其證也又引王歆始興記曰含洭縣有白鹿城白鹿岡

以爲咸康中張魴爲縣有善政致白鹿此說恐非也經言玆山多鹿獸當由記人附會爲說耳

又東懿行案畢本東下有南字二百里曰直陵之山懿行案初學記栁下引此經作直陵之山其上多黃金其下多玉其木多穀柞栁杻其草多榮草懿行案榮草形狀已見中山經首鼓鐙之山

又東南一百二十里曰陽帝之山多美銅其木多橿杻檿楮檿山桑也其獸多麢麝

又南九十里曰柴桑之山今在尋陽柴桑縣南其廬山相連也懿行案地理志云廬江郡尋陽豫章郡柴桑晉書地理志尋陽亦屬廬江郡其柴桑屬武昌郡也廬山在今九江府廣輿記云在府城南柴桑山在府城西南也其上多銀其下多碧多汵石懿行案汵石當爲泠石已見上文其木多栁芑楮桑其獸多麋鹿多白蛇懿行案史記龜策傳云求之於白蛇蟠杅林中索隱云謂白蛇嘗蟠杅此

林中飛蛇卽螣蛇乘霧而飛者也懿行案螣蛇見爾雅

又東二百三十里曰榮余之山其上多銅其下多銀其木多柳芑懿行案芑亦杞之假借字其蟲懿行案海外南經云南山人以蟲爲蛇多怪蛇怪蟲

凡洞庭山之首自篇遇之山至于榮余之山凡十五山二千八百里懿行案今才一千八百四十九里其神狀皆鳥身而龍首其祠毛用一雄雞一牝豚刏刏亦割刺之名懿行案說文云刏劃傷也一曰斷也糈用稌凡夫夫之山卽公之山堯山陽帝之山皆冢也其祠皆肆瘞肆陳之也陳牲玉而後薶藏之懿行案肆通作矢矢陳也見爾雅釋詁祈用酒毛用少牢嬰毛一吉玉洞庭榮余山神也其祠皆肆瘞肆竟然後依前薶之也祈酒太牢祠嬰用圭璧十五五采惠之惠猶飾也方言也懿行案惠義同藻繪之繪蓋同聲假借字也

右中經之山志大凡百九十七山懿行案校經文當有百九十八山今除中次五經內闕一山乃得百九十七山二萬一千三百七十一里懿行案今二萬九千五百九十八里

大凡天下名山五千三百七十居地大凡六萬四千五十六里

禹曰懿行案經既禹作無緣又稱禹曰蓋記者述禹之意而作之非必禹所親筆亦如禹貢非禹所爲故篇內復稱禹其義同也天下名山經懿行案經言禹所經過也五千三百七十山六萬四千五十六里居地也懿行案劉昭注郡國志引此經云名山五千三百五十經六萬四千五十六里此文作七十者古五七字形相近蓋傳寫之譌也又廣雅釋地作名山五千二百七十亦疑三譌爲二也言其五臧懿行案藏字古作臧才浪切漢書云山海天地之臧故此經稱五臧蓋其餘小山甚眾不足記云天地之東西二萬八千里南北二萬六千里出水之山者八千里受水

者八千里懿行案廣雅釋地引此經文而云夏禹所治四海內地也管子地數篇呂氏春秋有始覽淮南墬形訓竝與此同出銅之山四百六十七出鐵之山三千六百九十懿行案劉昭注郡國志引此經作三千六百九無十字又上句作出水者八千里無之山二字管子地數篇及廣雅釋地竝同此天地之所分壤樹穀也戈矛之所發也刀鎩懿行案鎩管子地數篇作幣之所起也能者有餘拙者不足懿行案劉昭注郡國志作儉則有餘奢則不足封于太山禪于梁父七十二家管子地數云封禪之王七十二家也懿行案管子封禪篇曰古者封泰山禪梁父者七十二家而夷吾所記者十有二焉自無懷氏至周成王爲十二家據此則非禹言也得失之數皆在此內是謂國用懿行案畢氏云自此天地之所分壤樹穀也已下當是周秦人釋語舊本亂入經文也今案自禹曰已下蓋皆周人相傳舊語故管子援入地數篇而校書者附著五臧山經之末

右五臧山經五篇大凡一萬五千五百三字懿行案今二萬一千二百六十

山海經第五

五字

山海經第五

山海經第六　　晉　郭璞傳　　棲霞郝懿行箋疏

海外南經

地之所載六合之閒四方上下爲六合也　懿行案淮南齊俗訓云往古來今謂之宙四方上下謂之宇列子湯問篇夏革引此經六合之閒已下四十七字而稱大禹曰則此經亦述禹言與前文禹曰之例同文選注歐陽建臨終詩及曹植七啟竝引此經文四海懿行案淮南墬形訓本此經文作四極之內照懿行案淮南墬形訓作昭之以日月經之以星辰紀之以四時要之以太歲神靈所生其物異形懿行案列子湯問篇作其形或夭或壽唯聖人能通其道言自非窮理盡性者則不能原極其情狀

海外自西南陬至東南陬者陬猶隅也音騶

結匈國懿行案淮南墬形訓海外三十六國俱本此經文有結胷民在其西南其爲人結匈

臆前胅出如人結喉也　懿行案說文云胅骨差也讀與跌同郭注爾雅犪牛云領上肉犦胅起義與此同

南山在其東南自此山來蟲爲蛇蛇號爲魚　以蟲爲蛇以蛇爲魚　懿行案今東齊人亦呼蛇爲蟲也埤雅云恩平郡譜蛇謂之訛蓋蛇古字作它與訛聲相近訛聲轉爲魚故蛇復號魚矣　一曰南山在結匈東南　懿行案經內凡一曰云云者蓋後人校此經時附著所見或別本不同也疑初皆細字郭氏作注改爲大字遂與經竝行矣

比翼鳥在其東　懿行案比翼鳥卽蠻蠻也已見西次三經崇吾之山　其爲鳥青赤　似鳧　兩鳥

比翼一曰在南山東

羽民國　懿行案大戴禮五帝德篇云東長鳥夷疑卽此也楚詞遠遊云仍羽人於丹丘王逸注引此經言有羽人之國呂氏春秋求人篇亦作羽人高誘注云羽人鳥喙背上有羽翼　在其東南其爲人長頭身生羽　能飛不能遠卵生畫似仙人也　懿行案博物志云羽民國民有翼飛不遠多鸞鳥民食其卵去九疑四萬三千里太平御覽

九百十六卷引括地圖同唯三千作一千也郭云畫似仙人者謂此經圖畫如此也下同一曰在比翼鳥東南其爲人長頰啟筮曰羽民之狀鳥喙赤目而白首懿行案文選鸚鵡賦注引歸藏啟筮曰金水之子其名曰羽蒙是生百鳥即此也羽民羽蒙聲相轉

有神人二八懿行案八淮南墬形訓作人誤連臂爲帝司夜于此野晝隱夜見懿行案薛綜注東京賦云野仲游光惡鬼也兄弟八人常在人閒作怪害案野仲游光二人兄弟各八人正得十六人疑即此也在

羽民東其爲人小頰赤肩當脾上正赤也懿行案脾當爲髀字之譌說文云髀肩甲也甲俗作胛廣韻云背胛明藏經本髀作胛可證玉篇引此經肩作眉譌盡十六人疑此後人所增益語耳懿行案此蓋校書者釋經之語

畢方鳥懿行案畢方形狀已見西次三經章莪之山在其東青水西懿行案青水出昆侖西南隅過畢方鳥東見海內西經其爲鳥人面一腳懿行案西次三經說畢方鳥不言人面一曰在二

八神東

讙頭國懿行案讙頭國鯀之苗裔見大荒南經淮南墬形訓有讙頭國民在其南其爲人人面有翼鳥喙方捕魚讙兜堯臣有罪自投南海而死帝憐之使其子居南海而祠之畫亦似仙人也懿行案讙兜古文作鴅吺見尚書大傳注鴅當爲鴅玉篇云鴅呼丸切人面鳥喙史記正義引神異經云南方荒中有人焉人面鳥喙而有翼兩手足扶翼而行食海中魚卽斯人也一曰在畢方東或曰讙朱國懿行案頭聲轉爲徒徒朱聲相近故讙頭爲讙朱

厭火國懿行案博物志作厭光國淮南墬形訓云裸國民與此異在其國南獸身黑色生懿行案埶文類聚八十卷引此經無生字火出其口中言能吐火畫似獼猴而黑色也懿行案博物志云厭光國民光出口中形盡似獼猴黑色一曰在讙朱東

三株樹懿行案初學記二十七卷引此經作珠淮南墬形訓及博物志同在厭火北生赤水上

懿行案莊子天地篇云黃帝遊乎赤水之北遺其玄珠蓋本此爲說也樹生赤水之南故陶潛讀山海經詩云粲粲三珠樹寄生赤水陰陰謂水南也

其爲樹如柏葉皆爲珠 懿行案即琅玕樹之類海内西經云開明北有珠樹

一曰其爲樹若彗 如彗星狀 懿行案彗埽竹也見說文彗星爲欃槍見爾雅

三苗國 懿行案史記五帝紀云三苗在江淮荆州數爲亂正義曰左傳云自古諸侯不用王命虞有三苗也吳起云三苗之國左洞庭而右彭蠡今江州鄂州岳州三苗之地也案周書史記篇云外內相閒下撓其民民無所附三苗以亡是三苗乃國名高誘注淮南墬形訓既云三苗國名在豫章之彭蠡而注脩務訓又云渾敦窮奇饕餮三族之苗裔謂之三苗非也

在赤水東其爲人相隨 昔堯以天下讓舜三苗之君非之帝殺之有苗之民叛入南海爲三苗國 懿行案郭說三苗疑非實錄當以周書史記篇爲據

一曰三毛國 懿行案苗毛亦聲相近

臷國 音秩亦音替 懿行案臷疑當爲戴見說文玉篇作𢧵云𢧵國名也在三苗東本此

在其東其爲人黃能操弓射蛇 大荒經云此國自然有五穀衣服 懿行案臷民國朌姓見大荒南經

一曰臷國

在三毛東

貫匈國懿行案竹書云黃帝五十九年貫匈氏來賓博物志云穿匈人去會稽萬五千里詳見文選注在其東

其爲人匈有竅尸子曰四夷之民有貫匈者有深目者有長肱者黃帝之德常致之異物志曰穿匈之國去其衣則無自然者盖似效此貫匈人也　懿行案淮南墬形訓有穿胷民高誘注云穿胷胷前穿孔達背文選注王融曲水詩序引此經又引括地圖文有脫誤藝文類聚九十六卷引括地圖曰禹誅防風氏夏后德盛二龍降之禹使范氏御之以行經南方防風神見禹怒射之有迅雷二龍升去神懼以刃自貫其心而死禹哀之瘞以不死草皆生是名穿胷國博物志亦同茲說然黃帝時已有貫匈民防風之說盖未可信　一曰在戴國東

交脛國在其東其爲人交脛言腳脛曲戾相交所謂雕題交趾者也或作頸其爲人交頸而行也

懿行案廣韻引劉欣期交州記云交阯之人出南定縣足骨無節身有毛臥者更扶始得起引此經及郭注竝與今本同太平御覽七百九十卷引外國圖曰交脛民長四尺淮南墬形訓有交股民高誘注云交股民腳相交切即此也說文云尥行脛

相交也亦此義怉音力弔切　一曰在穿匈東懿行案此作穿匈者穿貫音義同

不死民懿行案楚詞遠遊云仍羽人於丹丘留不死之舊鄉王逸注引此經言有不死之民天問云何所不死王逸注引括地象曰有不死之國也呂氏春秋求人篇云禹南至不死之鄉在其東其為人黑色壽不死有員丘山上有不死樹食之乃壽亦有赤泉飲之不老　懿行案淮南墬形訓有不死民高誘注云不死不食也大戴禮易本命篇云食氣者神明而壽不食者不死而神是高注所本然則不死之民蓋以不食不飲而得之郭云食木飲泉据大荒南經為說也搏物志說員丘赤泉與郭同又陶潛讀山海經詩亦同茲說蓋魏晉閒人祖尚清虛舊有成語郭氏述之爾　一曰在穿匈國東

岐舌國在其東其人舌皆岐或云支舌也　懿行案支舌即岐舌也爾雅釋地云枳首蛇即岐首蛇岐一作枝枝支古字通也又支與反字形相近淮南墬形訓有反舌民高誘注云語不可知而自相曉又注呂氏春秋功名篇云一說南方有反舌國舌本在前末倒向喉故曰反舌是支舌古本作反舌也藝文類聚十七卷引此經作反舌國其人反舌太平御覽

三百六十七卷亦引此經同而云一曰交案交蓋支字之譌也二書所引經文作反舌與古本正合

一曰在不死民東

昆侖虛在其東虛四方虛山下基也　懿行案畢氏曰爾雅云三成爲昆侖丘是昆侖者高山皆得名之此在東南方當即方丈山也水經河水注云東海方丈亦有昆侖之稱

一曰在岐舌東爲虛四方

羿與鑿齒戰于壽華之野羿射殺之鑿齒亦人也齒如鑿長五六尺因以名云　懿行案說文云羿帝嚳射官夏少康滅之引論語曰羿善䠶又云羿亦古諸侯也一曰䠶師吳越春秋云黃帝作弓後有楚狐父以其道傳羿羿傳逢蒙据二書所說羿蓋非一人也此經之羿說者以爲堯臣淮南本經訓云堯之時鑿齒爲民害堯乃使羿誅鑿齒於疇華之野高誘注云鑿齒獸名齒長三尺狀如鑿徹頷下而持戈盾疇華南方澤名又注墜形訓鑿齒民云吐一齒出口下長三尺大意與郭注同唯以鑿齒爲獸非也李善注長楊賦引服虔云鑿齒齒長五尺似鑿亦食人與郭義近疇華即壽華北堂書鈔一百十八卷引此注人下有貌字經文之下無在字此脫衍

在昆侖虛東羿持弓矢鑿

鹵持盾懿行案亦謂圖畫如此也太平御覽三百五十七卷引此經作持盾戟一曰戈未詳懿行案一說鑿齒持戈也

三首國在其東其爲人一身三首懿行案海內西經云有三頭人伺琅玕樹即斯類也淮南墬形訓有三頭民高誘注云身有三頭

周饒國懿行案周饒亦僬僥聲之轉又聲轉爲朱儒魏志東夷傳云女王國又有侏儒國在其南人長三四尺去女王四千餘里蓋斯類也焦僥國幾姓見大荒南經在其東其爲人短小冠帶其人長三尺穴居能爲機巧有五穀也懿行案初學記十九卷引拾遺記云員嶠山有陀移國人長三尺壽萬歲疑陀移即周饒之異名員嶠山與方丈山相近也又引神異經曰西北荒中有小人長一寸朱衣玄冠與此經短小冠帶合也又云有鶴國人長七寸海鵠遇則吞之史記正義引括地志云小人國在大秦南人纔三尺其耕稼之時懼鶴所食大秦助之即焦僥國其人穴居也亦與郭注合郭云能爲機巧者案竹書云帝堯二十九年僬僥氏來朝貢沒羽是其機巧之事也一曰焦僥國在三首

東外傳云焦僥民長三尺短之至也詩含神霧曰從中州以東西四十萬里得焦僥國人長尺五寸也　懿行案說文云南方有焦僥人長三尺短之極又云西南僰人焦僥从人垚在坤地頗有順理之性郭引外傳者魯語文民當爲氏字之譌也韋昭注云焦僥西南蠻之別名也淮南墬形訓云西南方曰焦僥高誘注云長不滿三尺案列子湯問篇夏革所說與郭引詩含神霧同唯東下無西字此葢衍文太平御覽七百九十卷引外國圖曰焦僥民善沒游善捕鷙鳥其草木夏死而冬生去九疑三萬里

長臂國懿行案淮南墬形訓有修臂民高誘注云一國民皆長臂臂長於身南方之國也在其東捕魚水中兩手各操一魚舊說云其人手下垂至地魏黃初中玄菟太守王頎討高句麗王宮窮追之過沃沮國其東界臨大海近日之所出問其耆老海東復有人否云嘗在海中得一布褐身如中人衣兩袖長三丈即此長臂人衣也　懿行案穆天子傳云乃封長肱于黑水之西河郭注云即長臂人也身如中國臂長三丈魏時在赤海中得此人裾也案郭注與此注同其中國當爲中人字之譌也此注所說本魏志東夷傳布褐彼文作布衣中人作中國人博物志亦同唯三丈博

物志作二丈也一日在焦僥東捕魚海中懿行案經云兩手各操一魚又云捕魚海中亦皆圖畫如此也

狄山帝堯葬于陽呂氏春秋曰堯葬穀林今陽城縣西東阿縣城次鄉中赭陽縣湘亭南皆有堯冢懿行案史記集解引皇覽曰堯冢在濟陰城陽劉向曰堯葬濟陰丘壠山呂氏春秋曰堯葬穀林皇甫謐曰穀林即城陽正義引括地志云堯陵在濮州雷澤縣西三里雷澤縣本漢郕陽縣也今案地理志云濟陰郡成陽有堯冢靈臺晉書地理志云濟陽郡城陽堯冢在西二志皆作城陽郭注作陽城譌其引呂氏春秋安死篇文也高誘注云傳曰堯葬成陽此云穀林成陽山下有穀林是諸書所說其地皆不殊唯墨子云堯北教乎八狄道死葬蛩山之陰然則此經狄山蓋狄中之山今大名府清豐縣有狄山也司馬相如大人賦云歷唐堯於崇山漢書張揖注云崇山狄山也引此經云云水經瓠子河注亦引此經而云狄山一名崇山崇蛩聲相近蛩山又狄山之別名也帝嚳葬于陰嚳堯父號高辛今冢在頓丘縣城南臺陰野中也音酷懿行案大戴禮帝繫篇云黃帝產玄囂玄囂產蟜極蟜極產高辛是為帝嚳帝嚳產放勳是為帝堯也史記五帝紀索隱引皇

覽曰帝嚳冢在東郡濮陽頓丘城南臺彫虎也
陰野中案東郡濮陽頓丘具見地理志**爰有熊羆文虎**尸子曰
中黃伯余左執太行之獶而右搏彫虎也　懿行案文選思玄
賦舊注云彫虎象獸名也引尸子中黃伯曰云云劉逵注蜀都
賦亦引尸子曰中黃伯云竝與**雌**雌獼猴類　懿
此注同此注中黃伯下脫曰字**豹**行案雌見爾雅**離朱**木名也見
莊子今圖作赤鳥　懿行案郭云木名者蓋据子虛賦櫱離朱
楊爲說也然郭於彼注既以朱楊爲赤莖柳則此注非也又云
見莊子者天地篇有其文然彼以離朱爲人名則此亦非矣又
云今圖作赤鳥者赤鳥疑南方神鳥焦明之屬也然大荒南經
離朱又**視**聚肉形如牛肝有兩目也食之無盡尋復更生如
作離俞**肉**故　懿行案北堂書鈔一百四十五卷引此注作
食之盡今本無字衍也初學記引神異經云西北荒有遺酒追
復脯焉其味如麞食一片復一片疑卽此也博物志云越嶲國
有牛稍割取肉牛不死經日肉生如故又神異經云南方有獸
似鹿而豕首有牙善依人求五穀名無損之獸人割取其肉不
病肉復自復已上所說二物義與郭近而形狀則異郭注未見
所出又魏志公孫淵傳云襄平北市生肉長圍各數尺有頭目
口喙無手足而動搖占曰有形不成有體無聲其國滅亡亦其
類也又高誘注淮南墬形訓云視肉其人不知言也所說復與

郭異今所未詳吁咽所未詳也文王皆葬其所今文王墓在長安鄗聚社中按帝王冢墓皆有定處而山海經往往復見之者蓋以聖人久於其位仁化廣及恩洽鳥獸至於殂亡四海若喪考妣無思不哀故絕域殊俗之人聞天子崩各自立坐而祭醊哭泣起土爲冢是以所在有焉亦猶漢氏諸遠郡國皆有天子廟此其遺象也　懿行案尚書大傳金縢篇云畢者文王之墓地史記集解引皇覽云文王武王周公冢皆在京兆長安鎬聚東社中也是文王之葬既不與堯嚳同地又此經禹記何得下及文王明海外經已下蓋周秦閒人讀此經者所附著也一曰湯山一曰爰有熊羆文虎雌豹離朱鴟久鴟久鵂鶹之屬　懿行案鴟當爲鴟說文云雖舊舊畱也舊或作鵂是經文鴟久即雖舊注文雖鶹即鵂鶹也皆聲近假借字視肉虖交所未詳也　懿行案即吁咽也吁虖聲相近其范林方三百里言林木氾濫布衍也　懿行案范林海內南經作氾林范氾通南方祝融獸身人面乘兩龍火神也　懿行案越絕書云祝融治南方僕程佐之使主火尚書大傳云南方之極自北戶南至炎風之野帝炎帝神祝融司之呂氏春秋孟夏紀云其神祝融高誘注云祝融顓頊氏後老童之

子吳回也爲高辛氏火正死爲火官之神漢書司馬相如傳張揖注本此經

山海經第六

山海經第七　晉　郭璞傳　棲霞郝懿行箋疏

海外西經

海外自西南陬至西北陬者

滅蒙鳥在結匈國北懿行案博物志云結匈國有滅蒙鳥本此海內西經又有孟鳥爲鳥青赤尾

大運山高三百仞在滅蒙鳥北

大樂之野懿行案畢氏云卽今山西太原疑非也据大荒西經說天穆之野在西南海外不得近在晉陽也夏后啟懿行案經稱夏后卽知非夏書也于此儛九代九代馬名儛謂盤作之令舞也懿行案九代疑樂名也竹書云夏帝啟十年帝巡狩舞九韶于大穆之野大荒西經亦云天穆之野啟始歌九招招卽韶也疑九代卽九招矣又淮南齊俗訓云夏后氏其樂夏籥九成疑九代本作九成今本傳寫形近而譌也李善注王融三月三日曲水詩序引此經云

舞九代馬疑馬字衍而藝文類聚九十三卷及太平御覽八十二卷引此經亦有馬字或并引郭注之文也舞馬之戲恐非上古有所乘兩龍懿行案大荒西經同雲蓋三層層猶重也懿行案李善注西京賦兩引此注竝同又注潘岳爲賈謐作贈陸機詩引此注云層重也慈登切今本脫郭音三字又層經典通作曾據郭音益知此經層當爲曾矣左手操翳羽葆幢也懿行案說文云翳翿也所以舞也右手操環玉空邊等爲環懿行案說文云環璧也肉好若一謂之環佩玉璜半璧曰璜在大運山北歸藏鄭母經曰夏后啟筮御飛龍登于天吉明啟亦仙也懿行案太平御覽八十二卷引史記曰昔夏后啟筮乘龍以登于天占于皐陶皐陶曰吉而必同與神交通以身爲帝以王四鄉今案御覽此文卽與郭注所引爲一事也一曰大遺之野大荒經云大穆之野懿行案大荒西經作天穆之野此注云大穆之野竹書天穆大穆二文竝見此經又云大遺之野大樂之野諸文皆異所未詳

三身國懿行案三身國姚姓舜之苗裔見大荒南經淮南墜形訓有三身民在夏后啟北一首而三身懿行案藝文類聚三十五卷引博物志云三身國一頭三身三手今此經無三手字

◎

一臂國懿行案淮南墬形訓有一臂民在其北一臂一目一鼻孔懿行案郭注爾雅釋地比肩民云此即半體之人各有一目一鼻孔一臂一腳蓋本此經爲說也有黃馬虎文一目而一手懿行案手馬臂也內則云馬黑脊而般臂漏

奇肱之國肱或作弘奇音羈　懿行案肱說文作厷古文作厶此注云或作宏即大荒南經張宏之國也呂氏春秋求人篇云其肱一臂其肱即奇肱淮南墬形訓作奇股高誘注云奇隻也股腳也與此異在其北其人一臂三目有陰有陽乘文馬陰在上陽在下文馬即吉良也　懿行案吉良見海內北經有鳥焉兩頭赤黃色在其旁其人善爲機巧以取百禽能作飛車從風遠行湯時得之於豫州界中即壞之不以示人後十年西風至復作遣之　懿行案博物志說奇肱民善爲栻杠以殺百禽栻杠蓋機巧二字之異又云湯破其車不以視民視即古示字當作眎又云十年東風至乃復作車遣返郭注作西風至西字譌也云其國去玉門關四萬里當須東風至乃得遣返矣

形天懿行案淮南墬形訓作形殘天殘聲相近或作形天誤也太平御覽五百五十五卷引此經作形天與帝至此懿行案御覽引此經無至此二字爭神帝斷其首葬之常羊之山懿行案宋書符瑞志云有神龍首感女登於常羊山生炎帝神農卽此山也大荒西經有偏勾常羊之山亦卽此乃以乳爲目以臍爲口操干戚以舞于盾戚斧也是爲無首之民懿行案淮南墬形訓云西方有形殘之尸高誘注云一說曰形殘之尸於是以兩乳爲目肥臍爲口操干戚以舞天神斷其手後天帝斷其首也高氏所說卽本此經甚肥臍疑朏臍之譌也肥本亦作腹

女祭女戚懿行案女戚一曰女薎見大荒西經在其北居兩水閒戚操魚䱇鱓魚屬懿行案北次二經云湖灌之水其中多䱇郭注云亦鱓魚字是䱇卽鱓字之異文此注又云鱓魚屬以爲二物葢失檢也祭操俎肉几䳐鳥鸇鳥次瞻兩音其色青黃所經國亡此應禍之鳥卽今梟鵂鶹之類懿行案郭氏但舉類以曉人玉篇云䳐鸇卽鵂鶹非也大荒西經云爰有青鴍黃鶩青鳥黃鳥其所集者其國亡是鴍鶩卽䳐鸇

之異名非鵂鶹也廣韻云鶬鳥似梟本此經及郭注在女祭北鶬鳥人面居山上一曰維鳥青鳥黃鳥所集懿行案下云丈夫國在維鳥北則作維鳥是也青鳥黃鳥見大荒西經

丈夫國懿行案淮南墬形訓有丈夫民高誘注云其狀皆如丈夫衣黃衣冠帶劍高云狀如丈夫非也說見下女子國在維鳥北其爲人衣冠帶劍殷帝太戊使王孟採藥從西王母至此絕糧不能進食木實衣木皮終身無妻而生二子從形中出其父卽死是爲丈夫民懿行案竹書云殷太戊三十六年西戎來賓王使王孟聘西戎卽斯事也西戎豈卽西王母與其無妻生子之說本括地圖太平御覽七百九十卷引其文與郭注畧同但此言從形中出彼云從背間出又玄中記云從脅間出文有不同

女丑之尸生而十日炙殺之懿行案十日竝出炙殺女丑於是堯乃命羿射殺九日也在丈夫北以右手鄣其面蔽面懿行案大荒西經云衣青以袂蔽面也十日居上女丑居山之上

巫咸國懿行案地理志云河東郡安邑巫咸山在南非此也此國亦當在海外觀登備山在南荒經可見水經涑水注以巫咸山卽巫咸國引此經云云非矣太平御覽七百九十卷引外國圖曰昔殷帝太戊使巫咸禱於山河巫咸居於此是爲咸氏去南海萬千里卽此國也在女丑北右手操青蛇左手操赤蛇在登葆山懿行案登葆山大荒南經作登備山葆備聲之轉也淮南墬形訓作保羣巫所從上下也採藥往來

并封懿行案周書王會篇云區陽以鼈封鼈封者若彘前後有首是鼈封卽并封并鼈聲轉也大荒西經又作屏蓬皆一物或曰卽兩頭鹿也後漢書西南夷傳云雲南縣有神鹿兩頭能食毒草注云見華陽國志在巫咸東其狀如彘前後皆有首黑今弩弦蛇亦此類也懿行案弩弦蛇卽兩頭蛇也見爾雅釋地枳首蛇注

女子國懿行案淮南墬形訓有女子民高誘注云其貌無有須皆如女子也此說非矣經言丈夫女子國並眞有其人非但貌似之也高氏不達創爲異說過矣女子丈夫之國又見大荒西經注在巫咸北兩女子居水懿行案太平御覽七百九十卷引此經水下有外字周之有黃池婦人入浴出卽懷姙矣若生男子三歲輒死周猶繞也

離騷曰水周於堂下也懿行案太平御覽三百六十卷引外國圖曰方丘之上暑溼生男子三歲而死有潢水婦人入浴出則乳矣是去九嶷二萬四千里今案潢水即此注所謂黃池矣魏志云沃沮耆老言有一國在海中純女無男後漢書東夷傳云或傳其國有神井闚之輒生子亦此類也

一曰居一門中懿行案居一門中蓋謂女國所居同一聚落也

軒轅之國懿行案西次三經有軒轅之丘郭云黃帝所居然則此經軒轅之國蓋黃帝所生也水經渭水注云軒轅谷水出南山軒轅谿南安姚瞻以爲黃帝生於天水在上邽城東七十里軒轅谷案地理志上邽在隴西郡也在此窮山之際其國在山南邊也大荒經曰岷山之南懿行案大荒西經說軒轅之國江山之南此云岷山者以大江出岷山故也經文此字疑衍李善注思玄賦引此經云在窮山之際史記五帝紀索隱引此經同並無此字周本紀正義引此經又作此地窮桑之際蓋山字聲譌爲桑矣其不壽者八百歲在女子國北人面蛇身尾交首上

窮山在其北不敢西射懿行案史記五帝紀索隱周本紀正義引此經並作西射之南蓋誤衍畏

軒轅之丘言敬畏黃帝威靈故不敢向西而射也懿行案軒轅之丘在積石山之東三百里也在軒轅國北其丘方四蛇相繞繚繞繆纏此諸夭之野夭音妖懿行案經文此字亦衍天郭音妖葢譌夭野大荒西經作沃野是此經之天乃沃字省文郭注之妖乃沃字譌文也諸夭蓺文類聚九十九卷引作清沃博物志作渚沃淮南墬形訓有沃民又云西方曰金丘曰沃野高誘注云沃猶白也西方白故曰沃野案高說非也沃野葢謂其地沃饒耳鸞鳥自歌鳳鳥自舞鳳皇卵民食之甘露民飲之所欲自從也言滋味無所不有所願得自在此謂天野也百獸相與羣居在四蛇北其人兩手操卵食之兩鳥居前導之懿行案亦言圖畫如此

龍魚懿行案龍魚郭氏江賦作龍鯉張衡思玄賦仍作龍魚淮南墬形訓作硥魚高誘注云硥魚如鯉魚也有神聖者乘行九野在無繼民之南硥音蚌陵居在其北狀如貍或曰龍魚似貍一角懿行案貍當爲鯉字之譌李

善注江賦引此經云龍鯉陵居其狀如鯉或曰龍魚一角也葢
并引郭注又注思玄賦引此經云龍魚陵居在北狀如鯉高誘
注淮南墬形訓亦云懿行案後漢書張衡傳注引
云如鯉魚也可證一曰鰕音遐此經鰕作蝦葢古字通也爾雅云鯢
大者謂之鰕郭注云今鯢魚似鮎四脚梁虞荔鼎錄云宋文帝
得鰕魚遂作一鼎其文曰鰕魚四足然則鰕即龍魚其狀如鯉
故又名龍鯉矣即有神聖乘此以行九野九域之野懿行案張衡傳
龍鯉矣即有神聖乘此以行九野注引此經無即字作有神巫
疑巫即聖字形近而譌也高誘注淮南墬形訓作有神聖者乘
行九野可知今本不譌神聖若琴高子英之屬見列仙傳思玄
賦云跨汪氏之龍魚謂此矣一曰鼈魚鼈音惡横也懿行案注有譌字在
龍魚所未詳明藏本作鼈音猶也亦譌在
天野北西海外此國足龍魚也疑汪氏當爲沃民汪野當爲沃懿行案思玄賦注引此經云在汪野北又云汪氏國在
野竝字形之譌也張衡傳及其爲魚也如鯉九十六卷引郭氏
注亦竝作汪譌與文選注同懿行案藝文類聚
讚云龍魚一角似鯉居陵候時而
出神聖攸乘飛騖九域乘雲上升
白民之國懿行案白民國銷在龍魚北白身被髮言其人體洞白
姓見大荒東經懿行案

高誘注淮南墬形訓云白民白身民被髮亦白有乘黃其狀如狐其背上有角周書曰白民乘黃似狐背上有兩角卽飛黃也淮南子曰天下有道飛黃伏皁　懿行案周書王會篇云乘黃似騏郭引作似狐初學記引與郭同博物志亦作狐兩角初學記引作肉角皆所見本異也郭又引淮南子者覽冥訓云青龍進駕飛黃伏皁乘黃又卽訾黃漢書禮樂志云訾黃其何不徠下應劭注云訾黃一名乘黃龍翼而馬身黃帝乘之而仙乘之壽二千歲懿行案博物志作三千歲

肅愼之國懿行案竹書云帝舜二十五年息愼氏來朝周成王九年肅愼氏來朝書序云貽肅愼之命周書王會篇云稷愼大麈孔晁注云稷愼肅愼也又大戴禮五帝德篇及史記五帝紀竝作息愼鄭康成云息愼或謂之肅愼也又大荒北經有肅愼之國在白民北有樹名曰雄或作雒常懿行案雒常淮南墬形訓謂之雒棠先入伐帝于此取之其俗無衣服中國有聖帝代立者則此木生皮可衣也　懿行案經文伐疑代字之譌郭注可證太平御覽七百八十四卷引此經正作代穆天子傳云至于蘇谷骨飦氏之所衣被郭注云言谷中有草木皮可以爲衣被

廣韵云㯄青木皮葉可作衣似絹出西域鳥者國亦此類也

長股之國懿行案竹書云黃帝五十九年長股氏來賓淮南墬形訓有修股民又玉篇廣韵竝有鼓巨支切云長鼓國名髮長於身與此經被髮義合疑長股本或作長鼓也**在雄常北被髮**國在赤水東也長臂人身如中人而臂長二丈以類推之則此人腳過三丈矣黃帝時至或曰長腳人常負長臂人入海中捕魚也懿行案長臂國已見海外南經郭云臂長二丈二當爲三字之譌也初學記十九卷引郭氏讚云雙臂三丈體如中人彼曷爲者長臂之人脩腳是負捕魚海濱案脩腳即長腳郭注穆天子傳云長腳人國又在赤海東謂是也大荒西經又有長脛之國**一曰長腳**或曰有喬國今伎家喬人盖象此身懿行案今喬人之戲以木續足謂之蹻喬是也

西方蓐收左耳有蛇乘兩龍金神也人面虎爪白毛執鉞見外傳懿行案郭說蓐收本國語晉語文已見西次三經泑山注尚書大傳云西方之極自流沙西至三危之野帝少皞神蓐收司之呂氏春秋孟秋紀云其神蓐收高誘注云少皞氏裔子曰該皆有金德死託祀爲金神

山海經第七

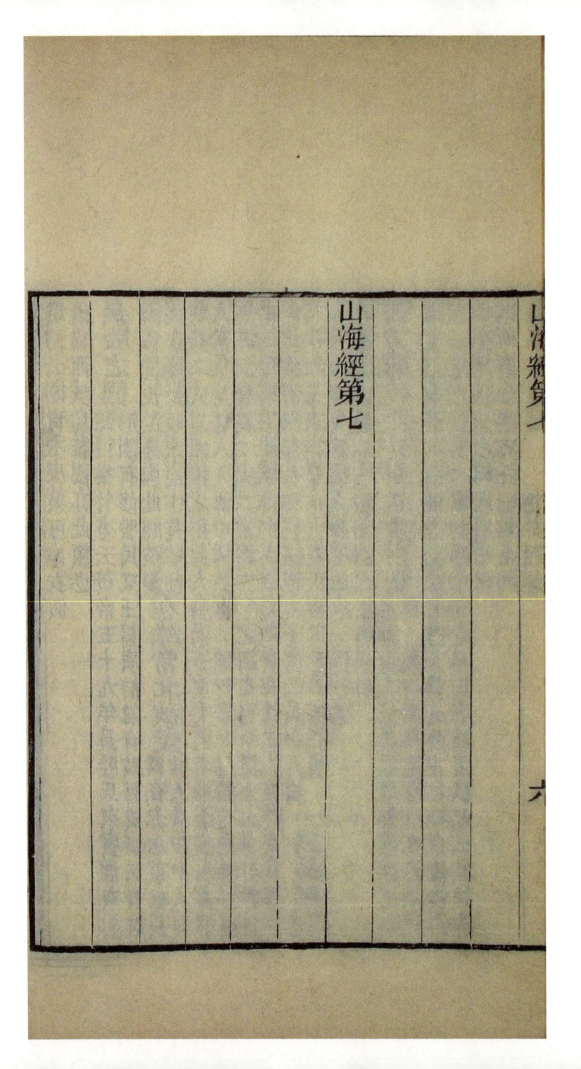

山海經第八　晉　郭璞傳　棲霞郝懿行箋疏

海外北經

海外自東北陬至西北陬者

無䏿之國音啟或作綮　懿行案淮南墬形訓作無繼高誘注云其人蓋無嗣也北方之國也與郭義異大荒北經作無繼郭云當作䏿在長股東為人無䏿䏿肥腸也其人穴居食土無男女死即薶之其心不朽死百廿歲乃復更生　懿行案廣雅云腓䏿腨也說文云腨腓腸也廣韵引字林云䏿腨腸是郭注肥腸當為腓腸因聲同而譌也玉篇亦作肥腸又承郭注而譌博物志說無䏿民與郭同唯百廿歲作百年又云細民其肝不朽百年而化為人皆穴居處二國同類也

鍾山之神名曰燭陰燭龍也是燭九陰因名云　懿行案鍾山大荒北經作章尾山章鍾聲轉也燭陰作燭龍視為晝瞑為夜吹為冬呼為夏不飲不食不息息為風息氣息也

身長千里在無膂之東其爲物人面蛇身赤色居鍾山下淮南子曰龍身一足　懿行案淮南墬形訓云燭龍在雁門北其神人面龍身而無足是郭所引也一字譌李善注思玄賦引此經作人首蛇身藝文類聚九十六卷引郭氏讚云天鈌西北龍銜火精氣爲寒暑眼作昬明身長千里可謂至靈

一目國懿行案一目國其人威姓見大荒北經淮南墬形訓有一目民在柔利民之次在其東一目中其面而居一曰有手足懿行案有手足三字疑有譌

柔利國懿行案大荒北經有牛黎之國蓋此是也牛黎柔利聲相近其人無骨故稱柔利與在一目東爲人一手一足反厀曲足居上一腳一手反卷曲也　懿行案博物志作子利國人一手二足拳反曲疑二當爲一子當爲柔竝字形之譌也一云留利之國懿行案留柔之聲亦相近人足反折懿行案足反卷曲有似折也

其工之臣曰相柳氏其工霸九州者　懿行案相柳大荒北經作相繇廣雅釋地同九首以食

于九山頭各自食一山之物言貪暴難饜　懿行案九山大荒北經作九土楚詞天問云雄虺九首儵忽焉在王逸注云虺蛇別名也言有雄虺一身九頭今案雄虺疑卽此也經言此物九首蛇身相柳之所抵厥爲澤谿抵觸厥掘也音撅　懿行案說文云厥發石也此厥義卽同撅周書周祝篇云貘有爪而不敢以撅禹殺相柳其血腥不可以樹五穀種禹厥之三仞三沮掘塞之而土三沮滔言其血膏浸潤壞也　懿行案注滔蓋陷字之譌乃以爲眾帝之臺言地潤溼唯可積土以爲臺觀　懿行案海內北經云帝堯臺帝嚳臺帝丹朱臺帝舜臺在崑崙東北郭注亦引此經爲說在崑崙之北此崑崙山在海外者　懿行案海內北經云臺四方在崑崙東北是此崑崙亦在海內者郭注恐非柔利之東相柳者九首人面蛇身而青不敢北射畏共工之臺懿行案臣避君也臺在其東臺四方隅有一蛇虎色懿行案虎文也首衝南方衝猶向也

深目國懿行案深目國盼姓食魚見大荒北經淮南墬形訓有深目民在其東爲人舉一手一

目一作曰　懿行案一目作一曰連下讀是也在其工臺東

無腸之國懿行案無腸國任姓見大荒北經淮南墬形訓有無腸民在深目東一作南其爲人長而無腸爲人長大腹內無腸所食之物直通過　懿行案神異經云有人知往有腹無五藏直而不旋食物徑過疑即斯人也

聶耳之國懿行案淮南墬形訓無聶耳國而云夸父耽耳在其北方是耽耳即此經聶耳夸父在下文說文云耽耳大垂也又云耴耳垂也在無腸國東使兩文虎懿行案文虎雕虎也已見海外南經注爲人兩手聶其耳言耳長行則以手攝持之也音諾頰反縣居海水中縣猶邑也　懿行案初學記引此經作縣居赤水中及水所出入奇物言盡規有之兩虎在其東

夸父懿行案大荒北經云后土生信信生夸父或說夸父善走爲丹朱臣呂氏春秋云禹北至夸父之野疑地因人爲名也夸父追日景列子湯問篇夏革說本此經與日逐走入日言及日於將入也逐音冑　懿行案北堂書鈔

一百三十三卷李善注西京賦鸚鵡賦及張協七命引此經竝作與日競走初學記一卷引此經作逐日史記禮書裴駰集解引此經作與日逐走日入竝與今本異**渴欲得飲飲于河渭河渭不足北飲大澤未至道渴而死弃其杖**懿行案列子湯問篇棄其杖下有尸膏肉所浸五字**化爲鄧林**夸父者蓋神人之名也其能及日景而傾河渭豈以走飲哉寄用於走飲耳幾乎不疾而速不行而至者矣此以一體爲萬殊存亡代謝寄鄧林而遯形惡得尋其靈化哉懿行案大荒北經云應龍殺夸父蓋以道渴而死形蛻神游或言應龍殺之耳列子湯問篇云鄧林彌廣數千里今案其地蓋在北海外史記禮書云楚阻之以鄧林裴駰集解引此經云云非也畢氏云即中山經所云夸父之山北有桃林其地則楚之北境恐未然下云鄧林積石山在其東非近在楚地明矣初學記十九卷引郭氏讚云神哉夸父難以理尋傾河及日遁形鄧林觸類而化應無常心

博父國懿行案博父大人也大人即豐人方言云趙魏之郊燕之北鄙凡大人謂之豐人燕記曰豐人杼首疑此是也或云即夸父也淮南墬形訓云夸父在其北此經又云鄧林在其東則博父當即夸父蓋其苗裔所居成國也**在聶耳**

東其爲人大懿行案爾雅釋詁云甫大也甫亦博也右手操青蛇左手操黃蛇鄧林在其東二樹木懿行案二樹木蓋謂鄧林二樹而成林言其大也一曰博父

禹所積石之山在其東河水所入河出昆侖而潛行地下至蔥嶺復出注鹽澤從鹽澤復行南出於此山而爲中國河遂注海也書曰導河積石言時有壅塞故導利以通之懿行案西次三經云積石之山其下有石門河水冒以西流非此也郭據水經引此經云積石山在鄧林山東河所入非矣經蓋有兩積石山史記正義引括地志云黃河源從西南下出大昆侖東北隅東北流逕于闐入鹽澤即東南潛行吐谷渾界大積石山又東北流至小積石山山在河州枹罕縣西七里然則此經所言蓋小積石也大荒北經云大荒之中有山名曰先檻大逢之山其西有山名曰禹所積石即此又海內西經云河水出昆侖入渤海又出海外入禹所導積石山亦此也故經爲此二文特於積石加禹以別之

拘纓之國懿行案淮南墬形訓有句嬰民高誘注云句嬰讀爲九嬰北方之國即此也句嬰疑即拘纓古字通用郭義恐非高氏讀爲九嬰未詳也郭云纓宜作癭是國蓋以一手把癭得名也在其東一手把纓言其人常

以一手持冠纓也或曰纓宜作瘿一曰利纓之國

尋木長千里懿行案穆天子傳云天子乃釣于河以觀姑繇之木郭注云姑繇大木也引此經云尋木長千里生海邊謂此木類吳都賦又作橁木劉逵注引此經亦作橁木非也李善注東京賦引此經仍作尋木郭氏游仙詩亦作尋木也廣韻云橁木名似槐尋長也引此經在拘纓南生河上西北懿行案此木生河上與穆天子傳合郭注謂生海邊疑字之譌也

跂踵國跂音企在拘纓東其爲人大兩足亦大其人行腳跟不著地也孝經鉤命訣曰焦僥跂踵重譯款塞也懿行案竹書云夏帝癸六年岐踵戎來賓呂氏春秋當染篇云夏桀染於岐踵戎卽此也高誘注淮南墬形訓云跂踵民踵不至地以五指行也又文選曲水詩序注引高誘注作反踵云反踵國名其人南行跡北向也案跂踵之爲反踵亦猶岐舌之爲反舌矣已見海外南經玉篇說跂踵國與郭注同一曰大踵懿行案大踵疑當爲支踵或反踵竝字形之譌

歐絲之野懿行案博物志作嘔絲嘔俗字也在大踵東一女子跪據樹歐絲言噉桑而吐絲盖蠶類也

三桑無枝在歐絲東其木長百仞無枝言皆長百仞也懿行案北次二經云洹山三桑生之其樹皆無枝其高百仞即此

范林方三百里懿行案范汎通太平御覽五十七卷引顧愷之啟蒙記曰汎林鼓于浪嶺注云西北海有汎林或方三百里或百里皆生海中浮土上樹根隨浪鼓動即此也昆侖虛南范林非此見海內北經在三桑東洲環其下洲水中可居者環繞也

務隅之山懿行案務隅大荒北經作附禺海內東經作鮒魚史記五帝紀索隱引此經亦作鮒魚北堂書鈔九十二卷又引作附隅皆聲相近字之通也帝顓頊葬于陽顓頊號爲高陽冢今在濮陽故帝丘也一曰頓丘縣城門外廣陽里中懿行案大戴禮帝繫篇云黃帝產昌意昌意產高陽是爲帝顓頊杜預春秋釋例云古帝顓頊之墟故曰帝丘

東郡濮陽縣是也頓丘縣屬頓丘郡見晉書地理志史記集解引皇覽云顓頊冢在東郡濮陽頓丘城門外廣陽里中九嬪葬于陰嬪婦懿行案廣韵引埤蒼云嬪顓頊妻名餘未聞一曰爰有熊羆文虎離朱鴟久視肉

平丘懿行案淮南墬形訓作華丘在三桑東爰有遺玉遺玉玉石懿行案吳氏云遺玉即瑿玉琥珀千年爲瑿字書云瑿遺玉也吳氏之說據本草舊注未審是否瑿黑玉也說文無此字而有瑿云遺玉也从玉歔聲是遺玉名瑿與瑿形聲皆近當從說文也青鳥懿行案淮南墬形訓作青馬海外東經䗫丘同視肉楊柳甘柤其樹枝榦皆赤黃華白葉黑實呂氏春秋曰其山之東有甘柤焉音如柤棃之柤懿行案甘柤形狀見大荒南經郭云黃華白葉當爲黃葉白華字之譌也其山即箕山籀文箕作其也又案呂氏春秋本味篇云箕山之東青鳥之所有甘櫨焉郭引作甘柤柤依本字當爲櫨淮南墬形訓正作櫨然樝即樝棃之樝柤訓木閑假借爲樝即如此郭以柤棃音甘柤不幾於文爲贅乎推尋文義樝與櫨字形相近疑此經甘柤當爲甘櫨字之譌也又說文及史記司馬相如傳索隱載應劭引呂氏春秋竝作

櫨橘夏孰文選上林賦注又據應劭作盧橘夏熟其青鳥之所句說文引作青鳧玉篇同說文應劭引作青馬顏師古注漢書亦引作青馬今校此經平丘則作青鳥蹉丘又作青馬南荒經作青馬北荒經復作青鳥其文踳錯難可得詳甘華亦赤枝榦黃華　懿行案黃華亦當為黃葉見大荒南經百果所生有懿行案有明藏本作在兩山夾上谷二大丘居中名曰平丘

北海內有獸其狀如馬名曰騊駼陶塗兩音見爾雅　懿行案爾雅注引此經騊駼下有色青二字史記匈奴傳徐廣注亦云似馬而青疑此經今本有脫文矣有獸焉其名曰駮狀如白馬鋸牙懿行案爾雅注引此經作倨牙食虎豹周書曰義渠茲白茲白若白馬鋸牙食虎豹按此二說與爾雅同　懿行案爾雅注引此經有黑尾音如鼓五字蓋兼中曲山之駮而為說也已見西次四經有素獸焉狀如馬懿行案張揖注子虛賦云蛩蛩青獸狀如馬此作素獸蓋所見本異名曰蛩蛩即蛩蛩鉅虛也一走百里見穆天子傳音邛　懿行案郭注穆天子傳引尸子曰距虛不擇地而走蛩蛩距虛亦見爾雅有青獸焉狀如虎名

曰羅羅懿行案吴氏引天中記云今雲南蠻人呼虎亦爲羅羅

北方禺彊人面鳥身珥兩青蛇踐兩青蛇字玄冥水神也莊周曰禺彊立於北極一曰禺京一本云北方禺彊黑身手足乘兩龍懿行案禺京玄冥聲相近越絶書云玄冥治北方白辯佐之使主水尚書大傳云北方之極自丁令北至積雪之野帝顓頊神玄冥司之呂氏春秋孟冬紀云其神玄冥高誘注云少皞氏之子曰循爲玄冥師死祀爲水神是玄冥卽禺京禺京卽禺彊京彊亦聲相近也莊子大宗師篇云禺彊得之立於北極釋文引此經云北方禺彊黑身手足乘兩龍郭氏此注一本云云也釋文又引歸藏曰昔穆王子筮卦於禺彊又引簡文云北海神名也一名禺京是黃帝之孫也案列子湯問篇云命禺彊使巨鼇十五卽斯人也禺京處北海爲海神見大荒東經禺彊踐兩赤蛇見大荒北經此經云青蛇又異

山海經第八

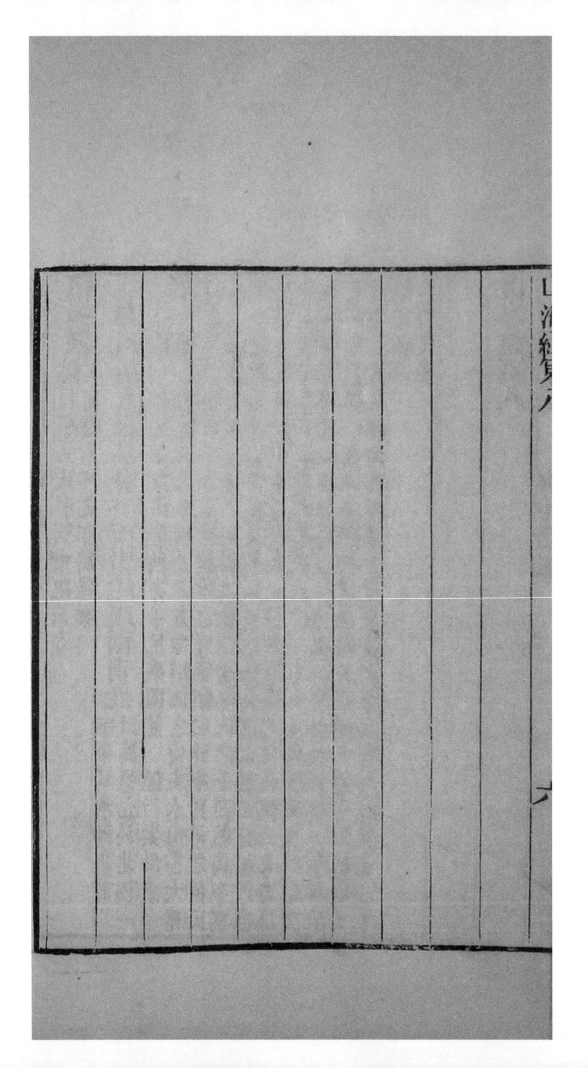

山海經第九　　晉　郭璞傳　　棲霞郝懿行箋疏

海外東經

海外自東南陬至東北陬者

䰈丘音嗟或作髮　懿行案北堂書鈔九十二卷引𨂂正作髮卽郭所見本也嗟古或作䰈爾雅釋詁云䰈咨也廣韻作䰈丘玉篇云䰈好也義與此異淮南墬形訓作華丘爰有遺玉青馬視肉楊柳懿行案淮南墬形訓作楊桃甘柤懿行案柤疑當爲櫨下同甘華甘果所生在東海兩山夾丘上有樹木一曰嗟丘一曰百果所在在堯葬東懿行案堯葬狄山已見海外南經

大人國懿行案高誘注淮南墬形訓大人國云東南堬土故人大也案大戴禮易本命篇云虛土之人大是高注所本大荒東經云有波谷者有大人之國卽此又淮南時則訓云東方之極自碣石山過朝鮮貫大人之國是也在其北爲人大懿行案博物志云大人國其人孕三十六年生白頭其兒則長大能乘雲而不能走蓋龍類去會稽四萬六千

里坐而削船懿行案削當讀若稍削船謂操舟也一曰在𧿹丘北

奢比之尸在其北亦神名也懿行案管子五行篇云黃帝得奢龍而辯於東方又云奢龍辯乎東方故使爲土師此經奢比在東海外疑即是也羅泌路史亦以奢龍即奢比三才圖會作奢北又淮南墬形訓云諸比涼風之所生諸比神名或即奢比之異文也獸身人面大耳懿行案大荒東經說奢比尸與此同唯大耳作犬耳爲異珥兩青蛇珥以蛇貫耳也音鉤餌之餌懿行案說文云珥瑱也繫傳云瑱之狀首直而末鋭以塞耳一曰肝榆之尸在大人北

君子國在其北懿行案淮南墬形訓有此國國在東口之山見大荒東經後漢書東夷傳注引外國圖曰去琅邪三萬里說文云東夷从大大人也夷俗仁仁者壽有君子不死之國孔子曰道不行欲之九夷乘桴浮于海有以也又云鳳出於東方君子之國衣冠帶劍食獸使二大虎在旁懿行案後漢書東夷傳注引此經大虎作文虎高誘注淮南墬形訓亦作文虎今此本作大字形之譌也其人好讓不爭懿行案博物志云君子國好禮

讓不爭土千里民多疾風氣故人不蕃息好讓故爲君子國也藝文類聚二十一卷引此經衣冠帶劒下有土方千里四字其人好讓下有故爲君子國五字爲今本所無

有薰薰或作堇華草朝生夕死懿行案木堇見爾雅堇一名蕣與薰聲相近呂氏春秋仲夏紀云木堇榮高誘注云木堇朝榮莫落是月榮華可用作蒸雜家謂之朝生一名蕣詩云顏如蕣華是也藝文類聚八十九卷引外國圖云君子之國多木槿之華人民食之去琅邪三萬里

一曰在肝榆之尸北

𧈢𧈢在其北音虹 懿行案虹漢書作𧈢各有兩首虹螮蝀也 懿行案螮蝀虹見爾雅虹有兩首能飲澗水山行者或見之亦能降人家庭院蔡邕災異對所謂天投虹者也云不見尾足明其有兩首

一曰在君子國北

朝陽之谷懿行案爾雅云山東曰朝陽水注谿曰谷神曰天吳是爲水伯懿行案李善注海賦及遊赤石進帆海詩引此經竝與今本同

在𧈢𧈢北兩水間其爲獸也八首人面八

足八尾皆青黃大荒東經云十尾　懿行案天吳虎身十尾見大荒東經初學記六卷引此經作十八尾誤也

青丘國懿行案淮南墬形訓無之大荒東經青丘之國卽此也孔晁注王會篇云青丘海東地名子虛賦云秋田乎青丘徬徨乎海外服虔注云青丘國在海東三百里

在其北其人食五穀衣絲帛

其狐四足九尾汲郡竹書曰柏杼子征于東海及王壽得一狐九尾卽此類也　懿行案李善注子虛賦引此經周書王會篇云青丘狐九尾竹書云夏帝杼八年征于東海及三壽得一狐九尾郭引作柏杼子柏與伯通王壽卽三壽字之譌也呂氏春秋云禹行塗山乃有白狐九尾造於禹塗山人歌曰綏綏白狐九尾龐龐然則九尾狐其色白也

一曰在朝陽北

帝命豎亥豎亥健行人　懿行案廣韻作堅亥神人疑字形之異

步自東極至于西極五

億十選選萬也　懿行案選音同算算數也數終於萬故以選爲萬也

九千八百步懿行案劉昭注郡國志云山海經稱禹使大章步自東極至于西垂二億三萬三千三百里七于一步又使豎亥步南極北盡于北垂二億三萬三千五百里七十五步今案淮南墬形訓所說大旨相同以校此經無禹使大章云云又其數與劉昭所引不合未知其審又中

山經云天地東西二萬八千里南北二萬六千里與此復不同者此通海外而計彼據中國穀土而言耳竪亥右手把算左手指青丘北懿行案亦言圖畫如此也算當爲筭說文云筭長六寸計歷數者一曰禹令竪亥一曰五億十萬九千八百步詩含神霧曰天地東西二億三萬三千里南北二億一千五百里天地相去一億五萬里懿行案含神霧所說里數與淮南子及劉昭注又異蓺文類聚初學記引此經竝云帝命竪亥步自東極至西極五億十萬九千八百八步與今本復不同吳越春秋云禹行使大章步東西竪亥度南北此經雖不及大章其地數則合東西南北而計也

黑齒國在其北東夷傳曰倭國東四十餘里有裸國裸國東南有黑齒國船行一年可至也異物志云西屠染齒亦以放此人懿行案黑齒國姜姓帝俊之裔見大荒東經淮南墬形訓有黑齒民周書王會篇云黑齒白鹿白馬又伊尹四方令云正西漆齒非此也魏志東夷傳云女王國東渡海千餘里復有國皆倭種又有侏儒國在其南人長三四尺去女王四千餘里又有裸國黑齒國復在其東南船行一年可至此即郭所引也四千餘里郭引作四十餘里字形之譌也又引西屠

染齒者劉逵注吳都賦引異物志云西屠以草染齒染白作黑即與郭所引同也**爲人黑**懿行案黑下當脫齒字王逸注楚詞招魂云黑齒齒牙盡黑高誘注淮南墬形訓云其人黑齒食稻啖蛇在湯谷上是古本有齒字之證太平御覽三百六十八卷引此經黑下亦有齒字**食稻啖蛇一赤一青**一作青蛇**在其旁一曰在豎亥北爲人黑首**懿行案首蓋齒字之譌也古文首作𦣻齒作𠚕形近相亂所以致譌**食稻使蛇其一蛇赤**

下有湯谷谷中水熱也　懿行案說文作暘谷虞書及史記五帝紀作暘谷文選思玄賦及海賦月賦注引此經亦竝作暘谷索隱云史記舊本作湯谷淮南子曰日出湯谷浴於咸池今案楚詞天問亦云出自湯谷也**湯谷上有扶桑**扶桑木也　懿行案扶當爲榑東次三經云無皋之山東望榑本謂此說文云榑桑神木日所出也又云日初出東方湯谷所登榑桑叒木也李善注思玄賦引十洲記云扶桑葉似桑樹長數千丈大二十圍兩兩同根生更相依倚是以名之扶桑初學記一卷引此經扶桑下有木字蓋并引郭注也**十日所浴**懿行案楚詞招魂云十日代出流金鑠石王逸

注云鑠銷也言東方有扶桑之木十日竝在其上以次更行其勢酷烈金石堅剛皆爲銷釋也淮南墜形訓云若木在建木西末有十日其華照下地高誘注云若木端有十日狀如連華光照其下也**在黑齒北居水中有大木九日居下枝**懿行案楚詞遠遊云朝濯髮於湯谷兮夕晞余身兮九陽九陽即此云九日也**一日居上枝**莊周云昔者十日竝出草木焦枯淮南子亦云堯乃令羿射十日中其九日日中烏盡死離騷所謂羿焉畢日烏焉落羽者也歸藏鄭母經云昔者羿善射畢十日果畢之汲郡竹書曰肙甲即位居西河有妖孽十日竝出明此自然之異有自來矣傳曰天有十日日之數十此云九日居下枝一日居上枝大荒經又云一日方至一日方出明天地雖有十日自使以次第迭出運照而今俱見爲天下妖災故羿稟堯之命洞其靈誠仰天控弦而九日潛退也假令器用可以激水烈火精感可以降霜回景然則羿之鑠明離而斃陽烏未足爲難也若搜之常情則無理矣然推之以數則無往不通達觀之客宜領其玄致歸之冥會則逸義無滯言奇不廢矣 懿行案郭注搜疑當爲揆字之譌也十日之說儒者多疑鮮信故郭氏推廣證明之至於怪奇之迹理所不無如呂氏春秋求人篇云堯朝許由於沛澤之中曰十日出而焦火不息淮南兵畧訓云武王伐紂當戰之時

十日亂於上竹書云帝廑八年天有祅孽十日竝出又云桀時三日竝出紂時二日竝出是皆變怪之徵非常所有卽與此經殊旨旣不足取證當歸之刪除矣

雨師妾在其北雨師謂屛翳也　懿行案楚詞天問云蓱號起雨王逸注云蓱蓱翳雨師名也號呼也初學記云雨師曰屛翳亦曰屛號列仙傳云赤松子神農時雨師風俗通云𤣥冥爲雨師今案雨師妾蓋亦國名卽如王會篇有姑妹國矣焦氏易林乃云雨師娶婦蓋假託爲詞耳其爲人黑兩手各操一蛇左耳有青蛇右耳有赤蛇一曰在十日北爲人黑身人面各操一龜

𤣥股之國在其北髀以下盡黑故云　懿行案𤣥股國在招搖山見大荒東經淮南墬形訓有𤣥股民其爲人衣魚以魚皮爲衣也　懿行案今東北邊有魚皮島夷正以魚皮爲衣也其冠以羊鹿皮戴其角如羊鹿然食鷗鷗水鳥也音憂　懿行案說文云鷗水鴞也文選吳都賦注引蒼頡篇云鷗大如鳩使兩鳥夾之懿行案高誘注淮南墬形訓引此經無使字兩鳥夾之上有其股黑三字一曰在雨師妾北

毛民之國在其北懿行案毛民國依姓禹之裔也見大荒北經淮南墬形訓云東北方有毛民高誘注云其人體半生毛爲人身生毛今去臨海郡東南二千里有毛人在大海洲島上爲人短小而體盡有毛若矢鏃也如豬能穴居無衣服晉永嘉四年吳郡司鹽都尉戴逢在海邊得一船上有男女四人狀皆如此言語不通送詣丞相府未至道死唯有一人在上賜之婦生子出入市井漸曉人語自說其所在是毛民也大荒經云毛民食黍者是矣懿行案太平御覽三百七十三卷引臨海異物志曰毛人洲王張魚毛長短如熊周緈得毛人送詣秣陵卽此國人也郭注而體明藏本作面體大荒北經注亦同此葢字譌一曰在玄股北

勞民國在其北懿行案淮南墬形訓有勞民高誘注云正理躁擾不定也其爲人黑食果草實也有一鳥兩頭懿行案郭注此語疑本在經內今亡又奇肱國有鳥兩頭見海外西經非此或曰敎民懿行案敎勞聲相近一曰在毛民北爲人面目手足盡黑懿行案今魚皮島夷之東北有勞國疑卽此其人與魚皮夷面目手足皆黑色也

東方句芒鳥身人面乘兩龍木神也方面素服墨子曰昔秦穆公有明德上帝使句芒賜之壽十九年　懿行案注秦穆公今墨子明鬼下篇作鄭穆公論衡無形篇正與此注同也越絕書云太皞治東方袁何佐之使主木疑袁何即句芒之異名也尚書大傳云東方之極自碣石東至日出榑木之野帝太皞神句芒司之呂氏春秋孟春紀云其神句芒高誘注云句芒少皞氏之裔子曰重佐木德之帝死爲木官之神漢書張揖注司馬相如大人賦云句芒東方青帝之佐也鳥身人面乘兩龍本此經爲說也白虎通云句芒者芒之爲言萌也

建平元年四月丙戌待詔太常屬臣望校治侍中光祿勳

臣龔侍中奉車都尉光祿大夫臣秀領主省　懿行案建平元年漢哀帝乙卯年也望蓋丁望龔王龔秀劉歆也

山海經第九

山海經第十　晉　郭璞傳　棲霞郝懿行箋疏

海內南經

海內東南陬以西者從南頭起之也懿行案周書王會篇云歐人蟬蛇孔晁注云東越歐人也又甌云且甌文蜃注云且甌在越伊尹四方令云正東越漚正南甌鄧疑甌與漚歐竝古字通也史記索隱引劉氏云今珠厓儋耳謂之甌人正義曰輿地志云交阯周時為駱越秦時曰西歐

居海中今臨海永寧縣即東甌在岐海中也音嘔懿行案臨海郡永寧縣見晉書地理志初學記六卷引此經云甌閩皆在岐海中蓋并引郭注之文也岐海謂海之槎枝東次三經云無皋之山南望幼海即此閩懿行案說文云閩東南越蛇種从虫夏官職方氏掌七閩是閩非一種舉其大名耳劉逵注左思賦云閩越名也秦并天下以其地為閩中郡在海中閩越即西甌今建安郡是也亦在岐海中音旻懿行案建安郡故秦閩中郡見晉書地理志漢書惠帝紀二年立閩越君搖為東海王顏師古注云即今泉州是其地其西北有山一曰閩中山在海中

三天子鄣山音章　懿行案海內東經云浙江出三天子都廬江出三天子都一曰天子鄣即此在閩西海北今在新安歙縣東今謂之三王山浙江出其邊也張氏土地記曰東陽永康縣南四里有石城山上有小石城云黃帝會遊此即三天子都也　懿行案海內東經云三天子都在閩西北無海字此經海字疑衍劉昭注郡國志丹陽郡歙引此經郭注云在縣東今謂之玉山又注會稽郡浙江引郭注云江出歙縣玉山初學記八卷亦引郭注云玉山浙江出其邊疑二書玉山即三王山之脫誤古玉字作王也山在今安徽歙縣西北顧野王云今永康晉雲山是三天子都今在績谿縣東九十里吳於此山分界見太平寰宇記一曰在海中

桂林八樹懿行案伊尹四方令云桂正南甌鄧桂國疑即此在番隅東八樹而成林信其大也番隅今番隅縣　懿行案劉昭注郡國志南海郡番禺引此經云桂林八樹在賁禺東水經浪水注及文選遊天台山賦注引此經竝作賁禺又引郭注云八樹成林言其大也賁禺音番隅今本脫郭音五字又言譌為信也然上林賦注及張衡四愁詩注及初學記八卷引此經仍作番禺蓋古有二本也初學記引南越志云番禺縣有番禺二山因以為名水經浪水注又云縣有番山名番

禺謂番山之禺也

伯慮國未詳懿行案伊尹四方令云正東伊慮疑即此

離耳國鏤離其耳分令下垂以爲飾即儋耳也在朱崖海渚中不食五穀但噉蚌及藷薁也懿行案伊尹四方令云正西離耳郭云即儋耳者此南儋耳也又有北儋耳見大荒北經儋當爲瞻說文云瞻垂耳也从耳詹聲南方瞻耳之國劉逵注吳都賦引異物志云儋耳人鏤其耳匡漢書張晏注云儋耳鏤其頰皮上連耳分爲數支狀似雞腸累耳下垂水經注引林邑記曰漢置九郡儋耳與焉民好徒跣耳廣垂以爲飾又云儋耳即離耳也後漢書西南夷傳云哀牢人皆穿鼻儋耳其渠帥自謂王者耳皆下肩三寸庶人則至肩而已

雕題國點涅其面畫體爲鱗采即鮫人也懿行案伊尹四方令云正西雕題楚詞招魂王逸注云雕畫題額言南極之人雕畫其額常食蠃蟒也桂海虞衡志云黎人女及笄即黥頰爲細花紋謂之繡面女亦其類也郭云即鮫人恐非或有譌字鮫人見劉逵注吳都賦注

北朐國音劬未詳懿行案疑即北戶也爾雅疏引此經作北煦戶煦聲之轉爾雅釋地四荒有北戶郭注云北戶在南

皆在鬱水南鬱水出湘陵南海懿行案鬱水見海內東經此云出湘陵南

海疑有脫誤又水經溫水注引此經云離耳國雕題國皆在鬱水南無伯慮北朐二國李善注王褒四子講德論引此經作雕題國在鬱林南亦與今本異明藏本南海作南山也一曰相慮懿行案相慮葢伯慮之異文或柏慮之譌文柏伯古字通也若以海內東經鬱水入須陵之文校之又疑相慮即須陵之聲轉此經出湘陵當爲入湘陵矣

梟陽國懿行案揚雄羽獵賦淮南氾論訓竝作梟陽左思吳都賦作梟羊說文作梟陽在北朐之西懿行案爾雅疏引此經作北煦之西其爲人懿行案郭注爾雅狒狒引此經作其狀如人人面長脣黑身有毛反踵見人笑亦笑懿行案郭注爾雅狒狒引此經云見人則笑劉逵注吳都賦引此經與爾雅注同高誘注淮南氾論訓亦云嘄陽山精見人而笑是古本竝如此且此物唯喜自笑非見人笑方亦笑也故吳都賦云嶌嶌笑而被格劉逵注引異物志云梟羊善食人大口其初得人喜笑則脣上覆額移時而後食之人因爲筒貫於臂上待執人人即抽手從筒中出鑿其脣於額而得擒之是其笑惟自笑不因人笑之證以此參校可知今本爲非矣其云爲筒貫臂正與此經左手操管合左手操管周書曰州靡髴髴者人身反踵自笑笑則上脣掩其面爾雅云髴髴大傳曰周書成王時

州靡國獻之海內經謂之贛巨人今交州南康郡深山中皆有此物也長丈許脚跟反向健走被髮好笑雌者能作汁灑中人即病土俗呼爲山都南康今有贛水以有此人因以名水猶大荒說地有蜮人人因號其山爲蜮山亦此類也 懿行案今周書王會篇作州靡費費郭引作髴髴說文引作𩳁𩳁蓋所見本異也又所引爾雅當爲狒狒太平御覽九百八卷引此經圖讚云髴髴怪獸被髮操竹獲人則笑脣蓋其目終亦號咷反爲我戮廣韻亦引此讚字小異

兕在舜葬東湘水南 懿行案皆說圖畫如此 其狀如牛蒼黑一角 懿行案兕形狀已見南次三經禱過之山注竹書云周昭王十六年伐楚涉漢遇大兕

蒼梧之山 懿行案高誘注淮南子云蒼梧之山在蒼梧馮乘縣東北零陵之南 帝舜葬于陽 即九疑山也禮記亦曰舜葬蒼梧之野 懿行案史記五帝紀注引皇覽云舜冢在零陵營浦縣其山九谿皆相似故曰九疑呂氏春秋安死篇云舜葬於紀市高誘注云傳曰舜葬蒼梧九疑之山此云於紀市九疑山下亦有紀邑太平御覽五百五十五卷引尸子曰舜西教乎七戎道死葬於南己之中已即紀矣 帝丹朱葬于陰 今丹陽復有丹朱冢也竹書亦曰后稷放

帝朱干丹水與此義符丹朱稱帝者猶漢山陽公死加獻帝之
謚也　懿行案竹書云帝堯五十八年使后稷放帝子朱于丹
水今本朱上有子字與郭所引異又史記五帝紀注引此經云
丹朱葬于陰亦無帝字推尋經文所以稱帝之義或上古朴畧
不以爲嫌水經溱水注云有鼻天子城鼻天子
所未聞亦斯之類郭以漢山陽公事例之非矣
氾林方三百里在狌狌東或作猩猩字同耳
案海內經云猩猩青獸懿行**狌狌知人**
名懿行案淮南氾論訓云猩猩知往而不知來高誘注云見人
往走則知人姓氏後漢書西南夷傳云哀牢出猩猩李賢注
引南中志云猩猩在山谷見酒及屩知其設張者卽
知張者先祖名字乃呼其名而罵云奴欲張我云云**其爲獸如**
豕而人面周書曰鄭郭狌狌者狀如黃狗而人面頭如雄雞食
之不眯今交州封谿出狌狌上俗人說云狀如豚而
腹似狗聲如小兒嗁也　懿行案劉逵注吳都賦引此經云猩
猩豕身人面郭注爾雅引此經亦同葢所見本異也周書王會
篇云都郭生生此注引作鄭郭狌狌亦所見本異也其頭如雄
雞二句彼文所說奇榦善芳自別一物此注不加劖削妄行牽
引似非郭氏原文或後人寫書者羼入之耳郡國志云交阯郡
封谿郭注爾雅亦云交阯封谿縣出猩猩晉書地理志亦作交

阯郡此注作交州州字譌也又腹似狗一本作後似狗云聲如小兒嗁者爾雅云猩猩小而好嗁郭注亦與此注同也水經葉榆河注云封谿縣有猩猩獸形若黃狗又狀貆豘人面頭顏端正善與人言音聲麗妙如婦人好女對語交言聞之無不酸楚其肉甘美可以斷穀窮年不厭

在舜葬西

狌狌西北有犀牛其狀如牛而黑犀牛似水牛豬頭在狌狌知人名之西北庳腳三角懿行案犀牛形狀已見南次三經禱過之山注此注庳腳三角四字當與豬頭句相屬疑寫書者誤分之

夏后啓之臣曰孟涂懿行案竹書云帝啟八年帝使孟涂如巴涖訟水經江水注引此經作血涂太平御覽六百三十九卷引作孟余或孟徐**是司神于巴人**聽其獄訟爲之神主**請訟于孟涂之所**令斷之也懿行案水經注引此經云是司神于巴巴人訟于血涂之所疑今本脫一巴字**其衣有血者乃執之**不直者則血見於衣**是請生**言好生也**居山上在丹山西**懿行案水經注引經止此酈氏又釋之云丹山西即巫山者也**丹山在丹陽南丹陽居屬也**今建平郡丹陽城秭歸縣東七里即

孟涂所居也　懿行案晉書地理志建平郡有秭歸無丹陽其丹陽屬丹陽郡也水經注引郭景純云丹山在丹陽屬巴是此經十一字乃郭注之文酈氏節引之寫書者誤作經文耳居屬又巴屬字之譌

窫窳龍首居弱水中在狌狌知人名之西其狀如龍首食人窫窳本蛇身人面爲貳負臣所殺復化而成此物也　懿行案劉逵注吳都賦引此經云南海之外有猰貐狀如貙龍首食人蓋參引爾雅之文爾雅云猰貐類貙以引此經則誤矣窫窳形狀又見海內西經又北山經少咸之山說窫窳形狀復與此異

有木其狀如牛河圖玉版說芝草樹生或如車馬或如龍蛇之狀亦此類也　懿行案博物志云名山生神芝不死之草上芝爲車馬中芝爲人形下芝爲六畜引之有皮若纓黃蛇言牽之皮剝如人冠纓及黃蛇狀也　懿行案纓謂纓帶也引其皮纓帶若黃蛇之狀也其葉如羅如綾羅也　懿行案郭說非也上世淳朴無綾羅之名疑當爲網羅也淮南氾論訓云伯余之初作衣也緂麻索縷手經指挂其成猶網羅是綾羅之名非上古所有審矣又楊檖一名羅見爾雅吳氏云其實如欒欒木名黃本赤枝青葉生雲雨山或作卵或作麻音鑾　懿行案玉篇云

欒木似欄郭說欒生雲雨山者見大荒南經 其木若蘆 蘆亦木名未詳 懿行案蘆刺榆也爾雅云蘆荎郭注引詩云山有蘆今之刺榆 其名曰建木 建木青葉紫莖黑華黃實其下聲無響立無影也 懿行案郭說建木本海內經及淮南子淮南墬形訓云建木在都廣衆帝所自上下日中無景呼而無響蓋天帝之中也呂氏春秋有始覽亦同茲說 扗窫窳西弱水上

氐人國 音觸抵之抵 懿行案氐人大荒西經作互人 扗建木西其爲人人面而魚身無足 盡胷以上人胷以下魚也 懿行案竹書云禹觀於河有長人白面魚身出曰吾河精也吴氏引徐鉉稽神錄云謝仲玉者見婦人出沒水中腰以下皆魚又引徂異記曰査道奉使高麗見海沙中一婦人肘後有紅鬣問之曰人魚也形狀俱與此同

巴蛇食象三歲而出其骨 懿行案劉逵注吴都賦引此經 君子服之無心腹之疾 今南方蚒蛇呑鹿鹿巳爛自絞於樹腹中骨皆穿鱗甲間出此其類也楚詞曰有蛇呑象厥大何如說者云長千尋 懿

行案今楚詞天問作一蛇吞象與郭所引異王逸注引此經作靈蛇吞象竝與今本異也蚺蛇見本草淮南精神訓云越人得髯蛇以爲上肴中國得而棄之無用又水經葉榆河過交趾麊泠縣北注云山多大蛇名曰髯蛇長十丈圍七八尺常在樹上伺鹿獸鹿獸過便低頭繞之有頃鹿死先濡令溼訖便吞頭角骨皆鑽皮出山夷始見蛇不動時便以大竹籤籤蛇頭至尾殺而食之以爲珍異云云又云養創之時肪腴甚肥搏之以婦人衣投之則蟠而不起走便可得也桂海虞衡志云蚺蛇膽入藥南人腊其皮刮去鱗以鞔鼓蓺文類聚九十六卷引郭氏讚云象實巨獸有蛇吞之越出其骨三年爲期厥大何如屈生是疑

其爲蛇青黃赤黑懿行案劉逵注吳都賦引此經一曰黑蛇青首懿行案黑蛇青首食象出朱卷之國見海內經在犀牛西

旄馬其狀如馬四節有毛穆天子傳所謂豪馬者亦有旄牛懿行案今穆天子傳作豪馬豪牛郭氏注云毫猶髦也引此經云髦馬如馬足四節皆有毛疑髦當爲髦引經髦馬亦當爲髦馬竝字形之譌也郭又注豪羊云似髦牛可知旄牛皆當爲髦牛矣又旄牛已見北山經首潘侯之山在巴蛇西北高山南

匈奴一曰獫狁懿行案伊尹四方令云正北匈奴史記匈奴傳索隱引應劭風俗通云殷時曰獯粥改曰匈奴又晉灼云堯時曰葷粥周曰獫狁秦曰匈奴案已上三名竝一聲之轉開題之國音提列人之國竝在西北三國竝在旄馬西北

山海經第十

山海經第十一　晉　郭璞傳　棲霞郝懿行箋疏

海內西經

海內西南陬以北者

貳負之臣曰危危與貳負殺窫窳 懿行案劉逵注吳都賦引此經作猰貐李善注張協七命引此經又作猰貐 帝 懿行案李善注張協七命引此經作黃帝黃字衍 乃梏之疏屬之山 梏猶繫縛也古沃切 懿行案地理志上郡雕陰應劭注云雕山在西南卽斯山也山在今陝西綏德州城內元和郡縣志云龍泉縣疏屬山亦名彫陰山 桎其右足 桎械也 懿行案說文云桎足械也梏手械也 反縛兩手與髮 并髮合縛之也 懿行案劉逵注吳都賦及李善注張協七命引此經竝無與髮二字北堂書鈔四十五卷引則有之又上句作梏其右足大道下句作繫之山木之上與今本異此據影鈔宋本雖多誤字極是善本其大道二字疑及首之譌也 繫之山上木 漢宣帝使人上郡發盤石石室中得一人跣裸被髮反縛械一足以問羣臣莫能知劉子政按此言對之宣帝

大驚於是時人爭學山海經矣論者多以爲是其尸象非眞體也意者以靈怪變化論難以理測物稟異氣出於不然不可以常運推不可以近數揆矣魏時有人發故周王冢者得殉女子不死不生數日時有氣數月而能語狀如廿許人送詣京師郭太后愛養之恒在左右十餘年太后崩此女哀思哭泣一年餘而死卽此類也　懿行案經云繫之山上木注言得之石室中所未詳也劉逵注吳都賦引此注盤石作磻石又云陷得石室其中有反縛械人云云與今本異海內經云北海之內有反縛盜械名曰相顧之尸亦此之類又水經洛水注云溫泉水側有僵人穴穴中有僵尸戴延之從劉武王西征記曰有此尸尸今猶在夫物無不化之理魂無不遷之道而此尸無神識事同木偶之狀喻其推移未若正形之速遷矣亦斯類也郭云魏時發故周王冢得殉女子與顧凱之啓蒙注同見魏志明帝紀注其博物志所載與此則異又郭云出於不然不當爲自字之譌見太平御覽五十卷所引

在開題西北　懿行案畢氏云開題疑卽笄頭山也音皆相近

大澤方百里　懿行案大荒北經作大澤方千里郭注穆天子傳引此經亦云大澤方千里羣鳥之所生及所解是百當爲千矣然郭注又引此經云羣鳥所集澤有兩處一方百里一方千里是又以爲非一地所未詳也李善注別賦引此經

亦云大澤方百里可證今本不誤羣鳥所生及所解百鳥於此生乳解之毛羽懿行案此地即翰海也說見大荒北經在鴈門北鴈門山懿行案淮南墬形訓云燭龍在鴈門北蔽於委羽之山疑委羽山即鴈門山之連麓委羽亦即解羽之義江淹別賦所謂鴈山參雲也鴈出其閒懿行案水經注及初學記三十卷引此經竝作鴈出其門在高柳北懿行案高柳山在今山西代州北三十五里

高柳在代北懿行案水經灅水注引此經北作中云其山重巒疊巘霞舉雲高連山隱隱東出遼塞

后稷之葬山水環之在廣都之野懿行案廣都海內經作都廣是在氐國西

流黃酆氏之國懿行案海內經作流黃辛氏淮南墬形訓云流黃沃氏在其北方三百里即此也中方三百里言國城內有塗四方途道中有山懿行案海內經說流黃辛氏有巴遂山甞即此在后稷葬西

流沙出鍾山懿行案楚詞招魂云西方之害流沙千里王逸注云流沙沙流而行也高誘注呂氏春秋本味篇云

流沙在敦煌郡西八百里水經云流沙地在張掖居延縣東北
注云流沙沙與水流行也亦言出鍾山西行極崦嵫之山在西
海郡北西行又南行昆侖之虛西南入海黑水之山今西海居延澤尚書所謂
流沙者形如月生五日也　懿行案地理志云張掖郡居延居
延澤在東北古文以爲流沙是郭所本也水經注云流沙西歷
昆山西南出於過瀛之山又歷
員丘不死山之西入於南海

東胡懿行案國名也伊尹四方令云正北東胡詳後漢書烏桓
鮮卑傳廣韵引前燕錄云昔高辛氏游於海濱留少子厭
越以居北夷邑于紫蒙之野號
曰東胡云云其後爲慕容氏　在大澤東

夷人在東胡東

貊國在漢水東北今扶餘國卽濊貊故地在長城北去玄菟千
里出名馬赤玉貂皮大珠如酸棗也　懿行
案魏志東夷傳說夫餘與此注同卽郭所本也唯貂皮作貂狖
後漢書東夷傳又作貂豽藝文類聚八十三卷引廣志曰赤玉
出夫餘　懿行案大雅韓奕篇
地近于燕滅之
云其追其貊謂此

孟鳥亦鳥名也　懿行案博物志云孟舒國民人首鳥身其先主為霅氏訓百禽夏后之世始食卵孟舒去之鳳皇隨焉太平御覽九百十五卷引括地圖曰孟虧人首鳥身其先為虞氏馴百獸夏后之末世民始食卵孟虧去之鳳凰隨與止於此山多竹長千仞鳳凰食竹實孟虧食木實去九疑萬八千里据括地圖及博物志所說葢卽孟鳥也又海外西經有滅蒙鳥在結匈國北疑亦此鳥也滅蒙之聲近孟　在貊國東北其鳥文赤黃青東鄉　懿行案明藏本黃上無赤字

海內昆侖之虛　言海內者明海外復有昆侖山　懿行案海內昆侖卽西次三經昆侖之丘也禹貢昆侖亦當指此海內東經云昆侖山在西胡西葢別一昆侖也又水經河水注引此經郭注云此自別有小昆侖也疑今本脫此句又荒外之山以昆侖名者葢多焉故水經禹本紀並言昆侖去嵩高五萬里水經注又言晉去昆侖七萬里又引十洲記昆侖山在西海之戌地北海之亥地去岸十三萬里似皆別指一山然則郭云海外復有昆侖豈不信哉說文云虛大丘也昆侖丘謂之昆侖虛　在西北帝之下都　懿行案史記司馬相如傳正義引此經云昆侖去中國五萬里天帝之下都葢

幷引郭注也天字疑衍**昆侖之虛方八百里高萬仞**皆謂其虛基廣輪之高庳耳自此以上二千五百餘里上有醴泉華池去嵩高五萬里蓋天地之中也見禹本紀　懿行案王逸注離騷引河圖括地象言昆侖在西北其高一萬一千里初學記引此經云昆侖山縱廣萬里高萬一千里去嵩山五萬里云云所引蓋禹本紀文卽郭所引者水經注亦引此經及郭注幷稱禹本紀初學記引作此經誤也**上有木禾長五尋大五圍**木禾穀類也生黑水之阿可食見穆天子傳　懿行案穆天子傳云黑水之阿爰有野麥爰有荅堇醎[illegible]西膜之所謂木禾郭注引此經李善注思玄賦亦引此經及郭注**面**懿行案初學記七卷引此經作上**有九井**懿行案呂氏春秋本味篇云水之美者昆侖之井**以玉爲檻**檻欄　懿行案淮南墬形訓云昆侖旁有九井玉橫維其西北隅**面有九門**懿行案史記司馬相如傳正義引此經作旁有五門**門有開明**懿行案淮南墬形訓云東方曰東極之山曰開明之門是開明乃門名也此經自是獸名非門名形狀見下**獸守之百神之所在**懿行案水經注引遁甲開山圖注云天下仙聖治在柱州昆侖山上**在八隅之巖**在巖閒也**赤水之際非仁羿莫能**

上岡之巖言非仁人及有才藝如羿者不能得登此山之岡嶺巉巖也羿嘗請藥西王母亦言其得道也羿一或作聖　懿行案論語釋文云魯讀仍爲仁是仁仍古字通說文云羿羽之羿風則羿羽義近楚詞遠遊篇云仍羽人於丹丘王逸注云人得道身生羽毛也是此經仁羿即楚詞仍羽人言羽化登仙也郭云羿嘗請藥西王母事見歸藏及淮南覽冥訓李淳風乙巳占引連山易云有馮羿者得不死之藥於西王母恒娥竊之以奔月將往枚筮於有黃有黃占之曰吉翩翩歸妹獨將西行逢天晦芒无恐无驚後且大昌恒娥遂託身於月即斯事也

赤水出東南隅以行其東北懿行案穆天子傳云宿于昆侖之阿赤水之陽郭注云昆侖山有五色水赤水出東南隅而東北流皆見山海經又案經文東北下明藏本有西南流注南海厭火東九字爲今本所無

河水出東北隅懿行案郭注爾雅釋水及李賢注後漢書張衡傳及廣韵引此經竝作河出昆侖西北隅淮南墬形訓廣雅及水經注竝從此經作東北隅疑傳寫之譌說見爾雅畧以行其北西南又入渤海

又出海外懿行案渤海蓋即翰海或云蒲昌海非也水經云昆侖河水出其東北陬屈從其東南流入於渤海又出

海外南至積石山下又南入蔥嶺出于闐又東注蒲昌海然則水經之意蓋不以渤海即蒲昌海也大荒北經云大荒之中有山名曰先檻大逢之山河濟所入海北注焉其西有山名曰禹所積石與此經合則其海即渤海明矣**即西而北入禹所導積石山**禹治水復決疏出之故云導河積石懿行案括地志所謂小積石也說已見海外北經水經注引此經云云山在隴西郡河關縣西南羌中然据水經說積石山在蒲昌海之上蓋大積石也此及海外北經所說皆小積石也酈氏不知誤以大積石為即小積石故濫引此經之文又議水經為非其謬甚矣

洋音翔**水**懿行案高誘注淮南墬形訓云洋水經隴西氐道東至武都為漢陽或作養也水經注引闞駰云漢或為漾漾水出昆侖西北隅至氐道重源顯發而為漾水是洋水即漾水字之異也**黑水出西北隅**懿行案史記夏本紀正義引括地志云黑水源出伊吾縣北百二十里又南流二十里而絕三危山在河州敦煌縣東南四十里**以東東行又東北南入海**懿行案禹貢云導黑水至于三危入于南海或云南海即揚州東大海非也海在羽民南非中國近地**羽民南**懿行案羽民已見海外南經

弱水青水出西南隅西域傳烏弋國去長安萬五千餘里西行可百餘日至條枝國臨西海長老傳聞有弱水西王母云東夷傳亦曰長城外數千里亦有弱水皆所未見也淮南子云弱水出窮石窮石今之西郡删冄益其派别之源耳　懿行案弱說文作溺云溺水自張掖删丹西至酒泉合黎餘波入於流沙从水弱聲桑欽所說地理志引桑欽與說文同離騷云夕歸次於窮石王逸注引淮南子言弱水出於窮石入於流沙也史記正義引括地志云蘭門山一名合黎一名窮石山在甘州删丹縣西南七里以東又北又西南過畢方鳥東懿行案海外南經云畢方鳥在青水西然青水竟無攷

崑侖南淵淺三百仞靈淵　懿行案即海內北經云從極之淵淺三百仞者也開明獸身大類虎懿行案明藏本有郭注身或作直四字而九首皆人面東嚮立崑侖上天獸也銘曰開明爲獸禀資乾精瞪視崑侖威振百靈　懿行案銘亦郭氏圖讚也

開明西有鳳皇鸞鳥皆戴蛇踐蛇膺有赤蛇

開明北有視肉珠樹懿行案海外南經云三珠樹生赤水上即此淮南墬形訓云昆侖之上有珠樹又云曾城九重珠樹在其西文玉樹五彩玉樹　懿行案淮南子云昆侖之上有玉樹王逸注離騷引括地象言昆侖有瓊玉之樹也玗琪樹玗琪赤玉屬也吳天璽元年臨海郡吏伍曜在海水際得石樹高二尺餘莖葉紫色詰曲傾靡有光彩即玉樹之類也于其兩音　懿行案郭注見宋書符瑞志唯二尺作三尺莖葉作枝莖詰曲作詰屈為異其餘則同但据郭所說則似珊瑚樹恐非玗琪樹也玗琪見爾雅釋地　又穆天子傳云重鼂氏之所守曰玗琪微尾不死樹言長生也　懿行案李善注思玄賦引此經云有不死樹食之長壽今本無此句又引古今通論云不死樹在層城西案呂氏春秋本味篇云菜之美者壽木之華高誘注云壽木昆侖山上木也華實也食其實者不死故曰壽木是壽木即不死樹也淮南子云昆侖之上有不死樹藝文類聚八十八卷引郭氏讚云萬物暫見人生如寄不死之樹壽蔽天地請藥西姥焉得如羿鳳皇鸞鳥皆戴瞂音伐盾也　懿行案太平御覽三百五十七卷引此經瞂作盾又有離朱木禾柏樹甘水即醴泉也　懿行案史記大宛傳云禹本紀言昆侖上有醴泉聖木食之令人智聖也　懿行案藝

文類聚八十八卷引郭氏圖讚云醴泉睿木養齡曼兌未詳一曰
盡性增氣之和去神之冥何必生知然後爲聖
挺木牙交淮南作璇樹璇玉類也　懿行案淮南子云崑崙之上有璇樹焉璇樹一名挺木牙交故郭氏引之疑經
文上下當有脫誤或挺木牙交四字即璇樹二字之形譌亦未
可知璇當爲琁高誘注淮南墬形訓云琁音窮是也明藏本牙
作互臧庸曰挺木牙交爲曼兌之異
文兌讀爲銳挺當爲梃字之譌也
開明東有巫彭巫抵巫陽巫履巫凡巫相皆神醫也世本曰巫彭作醫楚詞曰帝告
巫陽　懿行案說文云古者巫彭初作醫郭引楚詞者招魂篇文也餘詳大荒西經夾窫窳之尸皆操不
死之藥以距之爲距卻死氣求更生窫窳者蛇身人面貳負臣所殺也
服常樹服常木未詳　懿行案淮南子云崑崙之上沙棠琅玕扗其東疑服常即沙棠也服玉篇廣韵竝作㯽云木出
崑崙也其上有三頭人懿行案海外南經云三首國一身三首亦此類也伺琅玕樹琅玕子似
珠爾雅曰西北之美者有昆侖之琅玕焉莊周曰有人三頭遞
臥遞起以伺琅玕與玕琪子謂此人也　懿行案說文云琅玕

似珠者郭注爾雅釋地引此經云昆侖有琅玕樹也又玉篇引莊子云積石爲樹名曰瓊枝其高一百二十仞大三十圍以琅玕爲之實是琅玕即瓊枝之子似珠者也瓊枝亦見離騷又王逸注九歌云瓊芳瓊玉枝也騷客但標瓊枝之文玉篇空衍琅玕之實而莊子逸文缺然未覩厥略惟藝文類聚九十卷及太平御覽九百一十五卷引莊子曰老子見孔子從弟子五人問曰前爲誰對曰子路爲勇其次子貢爲智曾子爲孝顏回爲仁子張爲武老子歎曰吾聞南方有鳥其名爲鳳所居積石千里天爲生食其樹名瓊枝高百仞以璆琳琅玕爲實天又爲生離珠一人三頭遞臥遞起以伺琅玕鳳鳥之文戴聖嬰仁右智左賢以此參校郭注所引與玕琪子四字蓋誤衍也

開明南有樹懿行案樹蓋絳樹也淮南子云昆侖之上絳樹在其南**鳥六首**懿行案大荒西經互人國下云有青鳥身黃赤足六首名曰鸀鳥即此類**蛟**蛟似蛇四腳龍類也**蝮蛇蜼豹鳥秩樹**木名未詳**于表池樹木**言列樹以表池即華池也**誦鳥**鳥名形未詳**鶽**鵰也穆天子傳曰爰有白鶽青鵰音竹筍之筍懿行案今穆天子傳作白鳥青雕已見西次三經鍾山注**視肉**

山海經第十一

山海經第十二　晉　郭璞傳　棲霞郝懿行箋疏

海內北經

海內西北陬以東者

蛇巫之山上有人操柸（柸或作棓字同　懿行案柸即棓字之異文說文云棓梲也玉篇云棓與棒同步項切太平御覽三百五十七卷引服虔通俗文曰大杖曰棓）而東向立一曰龜山（懿行案越絶書云龜山一曰怪山怪山者往古一夜自來民怪之故謂怪山吳越春秋云怪山者瑯琊東武海中山也一夕自來故名怪山水經漸江水注云山形似龜故有龜山之稱疑此之類也）

西王母梯几而戴勝杖（梯謂馮也　懿行案如淳注漢書司馬相如大人賦引此經無杖字）其南有三青鳥爲西王母取食（又有三足鳥主給使　懿行案三青鳥居三危山見西次三經史記正義引輿地圖云有三足神鳥爲王母取食）在昆侖虛北

有人曰大行伯把戈其東有犬封國昔盤瓠殺戎王高辛以美女妻之不可以訓乃浮之會稽東海中得三百里地封之生男爲狗女爲美人是爲狗封之國也　懿行案郭說本風俗通後漢書南蠻傳有其文李賢注引魏畧云高辛氏有老婦居王室得耳疾挑之乃得物大如繭婦人盛瓠中覆之以槃俄頃化爲犬其文五色因名槃瓠案水經沅水注亦載其事

貳負之尸在大行伯東

犬封國曰犬戎國狀如犬黃帝之後卞明生白犬二頭自相牝牡遂爲此國言狗國也　懿行案犬封犬戎聲相近郭注本大荒北經有一女子方跪進柸食與酒食也　懿行案藝文聚七十三卷引此經柸上有玉字明藏本柸作杯注酒字作狗有文馬懿行案文說文作媽廣雅作駁縞身色白如縞朱鬣目若黃金名曰吉量一作良　懿行案李善注東京賦引此經正作吉良乘之壽千歲周書曰犬戎文馬赤鬣白身目若黃金名日吉黃之乘成王時獻之六韜曰文身朱鬣眼若黃金項若雞尾名曰雞斯之乘大傳曰駿身朱鬣雞目山海經亦有吉黃之乘壽千歲者惟名有不同說有小錯其實一物耳今博舉之以廣異聞也　懿行案

今周書王會篇作古黄之乘初學記二十九卷引亦同郭引作吉黄六韜云犬戎氏文馬豪毛朱鬣郭引無豪毛二字尚書大傳云散宜生遂之犬戎氏取美馬駮身朱鬣雞目者取九六焉郭又云山海經亦有吉黄之乘是此經吉量本或有作吉黄者又名吉光亦名騰黄李善注東京賦引瑞應圖云騰黄神馬一名吉光藝文類聚九十三卷引此經又作吉彊九十九卷引瑞應圖云騰黄者其色黄非也經云縞身朱鬣明非黄色

鬼國懿行案伊尹四方令云正西鬼親又魏志東夷傳云女王國北有鬼國論衡訂鬼篇引此經曰北方有鬼國在貳負之尸北為物人面而一目懿行案一目國已見海外北經一曰貳負神在其東為物人面蛇身懿行案與窫窳同狀

蜪犬音陶或作蚼音鉤懿行案說文作蚼云北方有蚼犬食人如犬青懿行案藝文類聚九十四卷引此經青下有色字食人從首始

窮奇狀如虎有翼毛如蝟懿行案窮奇蝟毛已見西次四經邽山史記正義引神異經云西北有獸其狀

似虎有翼能飛便勦食人知人言語聞人鬬輒食直者聞人忠信輒食其鼻聞人惡逆不善輒殺獸往饋之名曰窮奇食人從首始所食被髮在蜪犬北一曰從足懿行案郭注方言云虎食物值耳即止以觸其諱故是知虎食人從足始也

帝堯臺帝嚳臺懿行案初學記二十四卷引王韶之始興記云含涯縣有堯山堯巡狩至於此立行臺是帝堯有臺也楚詞天問云簡狄在臺嚳何宜離騷云望瑤臺之偃蹇見有娀之佚女是帝嚳有臺也帝丹朱臺帝舜臺懿行案大荒西經有軒轅臺北經有共工臺亦此之類各二臺臺四方在昆侖東北此蓋天子巡狩所經過夷狄慕聖人恩德輒共為築立臺觀以標顯其遺跡也一本云所殺相栖地腥臊不可種五穀以為衆帝之臺懿行案衆帝之臺巳見海外北經

大蠭其狀如螽懿行案蠭有極桀大者僅曰如螽似不足方之疑螽即蠭字之譌與下句詞義相比古文蠭作螽與螽字形近故譌耳朱蛾懿行案爾雅云蠪朾螘郭注云赤駮蚍蜉蓋此之類其狀如蛾蛾蚍蜉也楚詞

日予蜂如壺赤蛾如象謂此也懿行案郭引楚詞見招魂篇

蟜蟜音橋　懿行案說文云蟜蟲也非此廣韵蟜字注引此經云野人身有獸文與今本小異其爲人虎文

脛有䏿言腳有腨腸也　懿行案腨當爲腨說文云腨腓腸也腓脛腨也已見海外北經無䏿國在窮奇東

一曰狀如人昆侖虛北所有此同上物事也　懿行案郭意此已上物事皆昆侖虛北所有也明藏本同作目

闒非闒音榻　懿行案伊尹四方令云正西闒耳疑即此非耳形相近人面而獸身青色

據比一云掾比　懿行案掾比一本作掾北之尸其爲人折頸被髮無一手

環狗懿行案伊尹四方令云正西昆侖狗國易林云穿胸狗邦即此也淮南墬形訓有狗國其爲人獸首人身一曰蝟狀如狗黃色

袜袜即魅也　懿行案魑魅漢碑作禠袜禮儀志云雄伯食魅玉篇云袜即鬼魅也本此其爲物人身黑

……海內北經

首從目懿行案楚詞大招云豕首從目被髮鬤只疑卽此

戎懿行案周書史記篇云昔有林氏召離戎之君而朝之或單呼爲戎又與林氏國相比疑是也其爲人人首三角懿行案戎廣韵作俄云俄人身有三角也首作身與今本異

林氏國懿行案周書史記篇云昔有林氏召離戎之君而朝之又云林氏與上衡氏爭權俱身死國亾卽此國也有珍獸大若虎五采畢具懿行案毛詩傳云騶虞白虎黑文不食生物與此異尾長于身名曰騶吾乘之日行千里六韜云紂囚文王閎夭之徒詣林氏國求得此獸獻之紂大悅乃釋之周書曰夾林酋耳酋耳若虎尾參於身食虎豹大傳謂之侄獸吾宜作虞也懿行案尚書大傳云散宜生之於陵氏取怪獸大不辟虎狠閒尾倍其身名曰虞鄭康成注云虞騶虞也是鄭以虞卽此經之騶吾則於陵氏卽林氏國也於爲發聲陵林聲近騶虞亦卽騶吾也虞吾之聲又相近周禮賈疏引經作鄒吾古字假借也周書王會篇云央林酋耳央一作英郭引作夾字形之譌也郭又引大傳謂之侄獸侄音質今大傳作怪獸也蓺文類聚九十九卷引郭氏讚云怪獸五采尾參於身矯足千里儵忽若

神是謂騶虞詩歎其仁

昆侖虛南所有懿行案此目下物事也郭無注蓋失檢氾林方三百里懿行案淮南墬形訓云樊桐在昆侖閶闔之中廣雅云昆侖虛有板桐水經注云昆侖之山下曰樊桐一名板桐氾樊板聲相近林桐字相似當即一也畢氏云

從極之淵懿行案李善注江賦引此經淵作川深三百仞維冰夷恒都焉冰夷馮夷也淮南云馮夷得道以潛大川即河伯也穆天子傳所謂河伯無夷者竹書作馮夷字或作冰也懿行案水經注引此經作馮夷穆天子傳云河伯無夷之所都居郭注云無夷馮夷也引此經云冰夷冰馮聲相近也史記索隱又引太公金匱云馮修也修夷亦聲相近也竹書云夏帝芬十六年洛伯用與河伯馮夷鬬郭引淮南云者齊俗訓文也莊子大宗師篇云馮夷得之以游大川釋文引司馬彪云清泠傳曰馮夷華陰潼鄉隄首人也服八石得水仙是爲河伯一云以八月庚子浴於河而溺死今案古書馮夷姓名多有異說茲不備述云

冰夷人面乘兩龍畫四面各乘靈車駕二龍懿行案郭注靈蓋

雲字之譌也水經注引括地圖云馮夷恆乘雲車駕二龍是靈
當爲雲太平御覽六十一卷引此注正作雲車可證李善注江
賦引此經作冰夷人面而乘龍無兩字疑兩譌爲而乘字又一
誤置而字下也史記封禪書正義引此經與今本同可證
曰忠極之淵懿行案水經注引此經作中極中忠古字通
陽汙之山河出其中凌門之山河出其中皆河之枝源所出之處也懿行案陽汙
即陽紆聲相近穆天子傳云至于陽紆之山河伯無夷之所都
居水經注云河水又出于陽紆陵門之山而注于馮逸之山蓋
即引此經之文陵門即凌門也或云即龍門凌龍亦聲相轉也
藝文類聚八卷引此經正作陽紆陵門與水經注合陽紆陵門
其地皆當在秦故淮南子云昔禹治洪水具禱陽紆高
誘注云陽紆秦藪是也水經注反以高誘爲非謬矣
王子夜之尸兩手兩股胷懿行案胷當爲匈首齒皆斷異處此蓋形解而神連貌
乖而氣合合不爲密離不爲疏懿行案楚詞天問注有王子
僑之尸未審與此經所說即一人不或說王子夜之尸即尸虞
愁非也尸虞即天虞見大荒西經所未能詳漢書郊祀志云形
解銷化服虔注云尸解也蓋此類與郭氏圖讚云子夜之尸體

分成七離不爲疏合不爲密茍以神御形歸於一

舜妻登比氏懿行案大荒南經云帝俊妻娥皇郎竹書云后育是也大戴禮帝繫篇云帝舜娶於帝堯之子謂之女匽氏尸子云妻之以媓媵之以娥此二妃皆堯女鄭注禮記云舜有三妃蓋其一郎登比矣生宵明燭光郎二女字也以能光照因名云懿行案初學記十卷云舜女有宵明燭光本此處河大澤澤河邊溢漫處二女之靈能照此所方百里言二女神光所燭及者方百里懿行案淮南墬形訓云宵明燭光在河洲所照方千里疑千當爲百或所見本異一曰登北氏

蓋國懿行案魏志東夷傳云東沃沮在高句麗蓋馬大山之東後漢書東夷傳同李賢注云蓋馬縣名屬玄菟郡今案蓋馬疑本蓋國地在鉅燕南倭北倭屬燕倭國在帶方東大海內以女爲主其俗露紒衣服無針功以丹朱塗身不妒忌一男子數十婦也懿行案魏志東夷傳云倭人在帶方東南大海之中依山島爲國邑舊百餘國其國本亦以男子爲王國亂相攻伐歷年乃共立一女子爲王名曰卑彌呼其俗男子皆露紒以木棉招頭其衣橫幅但結束相連略無

縫婦人被髮屈紒作衣如單被穿其中央貫頭衣之皆徒跣以朱丹塗其身體如中國用粉也其俗國大人皆四五婦下戶或二三婦婦人不淫不妒忌是皆郭注所本也地理志云樂浪海中有倭人分為百餘國魏志亦云女王國東渡海千餘里復有國皆倭種是也其國有青玉蓺文類聚八十三卷引廣志曰青玉出倭國史記正義云武后改倭國為日本國經云倭屬燕者蓋周初事與

朝鮮懿行案尚書大傳云武王勝殷釋箕子之囚箕子不忍為周之釋走之朝鮮武王聞之因以朝鮮封之魏志東夷傳云濊南與辰韓北與高句麗沃沮接東窮大海今朝鮮之東皆其地也昔箕子既適朝鮮作八條之教以教之無門戶之閉而民不為盜云云史記正義云朝音潮鮮音仙在列陽東海北山南列陽屬燕朝鮮今樂浪縣箕子所封也列亦水名也今在帶方帶方有列口縣懿行案地理志云樂浪郡朝鮮又吞列分黎山列水所出西至黏蟬入海又云含資帶水西至帶方入海又帶方列口並屬樂浪郡晉書地理志列口屬帶方郡

列姑射在海河州中山名也山有神人河州在海中河水所經者莊子所謂藐姑射之山也懿行案列

子黃帝篇云列姑射山在海河洲中山上有神人焉吸風飲露不食五穀心如淵泉形如處女云云與莊子逍遥游篇所云藐射姑之山汾水之陽者非一地也說巳見東次二經姑射之山郭引莊子說此經蓋非

射姑國在海中屬列姑射西南山環之懿行案山環西南海据東北也

大蟹在海中蓋千里之蟹也懿行案周書王會篇云海陽大蟹孔晁注云海水之陽一蟹盈車此云千里疑字之譌也然大荒北經注亦同又似不譌呂氏春秋恃君覽云東穢之鄉大解陵魚大解卽大蟹也古字通用陵魚在下

陵魚人面手足魚身在海中懿行案楚詞天問云鯪魚何所王逸注云鯪魚鯉也一云鯪魚鯪鯉也有四足出南方吳都賦云陵鯉若獸劉逵注云陵鯉有四足狀如獺鱗甲似鯉居土穴中性好食蟻引楚詞云陵魚曷止王逸曰陵魚陵鯉也所引楚詞與今本異其說陵鯉卽今穿山甲也云性好食蟻陶注本草說之極詳然非此經之陵魚也穿山甲又不在海中此皆非矣査通奉使高麗見海沙中一婦人肘後有紅鬣號曰人魚蓋卽陵魚也陵人聲相轉形狀又符是此魚審矣又初學記三十卷引此經云鯪魚背腹皆有刺如三角菱北堂書鈔一百三十七卷亦引此經而云鯪鯉吞舟太平御

覽九百三十八卷引作鯪魚吞舟疑此皆郭注誤引作經文今本竝脫去之也

大鯾居海中鯾卽魴也音鞭懿行案爾雅云魴魾郭注云江東呼魴魚爲鯿案鯿同鯾見說文

明組音祖邑居海中懿行案明組邑蓋海中聚落之名今未詳或說以爾雅云組似組東海有之恐非

蓬萊山在海中上有仙人宮室皆以金玉爲之鳥獸盡白望之如雲在渤海中也懿行案史記封禪書云蓬萊方丈瀛洲此三神山者其傳在渤海中諸仙人及不死之藥皆在焉其物禽獸盡白而黃金銀爲宮闕未至望之如雲云云是郭所本也列子夏革說勃海之東有五山中有蓬萊云

大人之市在海中懿行案今登州海中州島上春夏之交恒見城郭市廛人物往來有飛仙遨游俄頃變幻土人謂之海市疑卽此秦漢之君所以甘心方士所以誑惑其君豈不以此邪

山海經第十二

山海經第十三　晉　郭璞傳　棲霞郝懿行箋疏

海內東經

海內東北陬以南者

鉅燕在東北陬

國在流沙中者埻端埻音敦　懿行案玉篇作壿端國名璽㬇㬇音喚或作繭㬇　懿行案㬇卽暖字也玉篇作璽㬇國在昆侖虛東南一曰海內之郡不為郡縣在流沙中懿行案海內東經之篇而說流沙內外之國下又雜廁東南諸州及諸水疑皆古經之錯簡

國在流沙外者大夏大夏國城方二三百里分為數十國地和溫宜五穀　懿行案周書王會篇云大夏茲白牛孔晁注云大夏西北戎伊尹四方令云正北大夏史記大宛傳云大夏在大宛西南二千餘里嬀水南其俗土著有城屋與大宛同俗無大王長往往城邑置小長裴松之注三國志引魏略云西王母西有脩流沙脩流沙西有大夏國豎沙

懿行案說文云古者宿沙初作煮海鹽宿沙蓋國名宿豎聲相近疑卽豎沙也三國志注引魏略作豎沙國居繇繇音遙懿行案三國志注引魏略作屬繇國月支之國月支國多好馬美果有大尾羊如驢尾卽羬羊也小月支天竺國皆附庸云懿行案伊尹四方令云正北月氏氏支同三國志注引魏略作月氏國漢書西域傳云大月氏國治監氏城

西胡白玉山懿行案三國志注引魏略云大秦西有海水海水西有河水河水西南北行有大山西有赤水赤水西有白玉山白玉山西有西王母今案大山蓋卽昆侖也白玉山西王母皆國名藝文類聚八十三卷引十洲記曰周穆王時西胡獻玉杯是百玉之精明夜照夕云云然則白玉山蓋以出美玉得名也扗大夏東蒼梧懿行案此別一蒼梧非南海蒼梧也扗白玉山西南皆扗流沙西昆侖虛東南昆侖山扗西胡西皆扗西北地理志昆侖山扗臨羌西又有西王母祠也懿行案地理志云金城郡臨羌西北至塞外有西王母石室又云有弱水昆侖山祠是郭所本也然詳此經所說蓋海內西經注所云海外復有昆侖者也郭引地理志復以海內昆侖說之似非

雷澤中有雷神龍身而人頭鼓其腹在吳西今城陽有堯家靈臺雷澤在北也河

圖曰大迹在雷澤華胥履之而生伏羲懿行案淮南墬形訓
云雷澤有神龍身人頭鼓其腹而熙高誘注云雷澤大澤也地
理志云濟陰郡成陽有堯家靈臺禹貢雷澤在西北史記五帝
紀正義引括地志云雷夏澤在濮州雷澤縣郭外西北又引此
經云雷澤有雷神龍首人頰
鼓其腹則雷與今本異也

都州在海中懿行案水經淮水注引此經作郁山劉昭注郡國志引此經與今本同一曰郁州今在
東海朐縣界世傳此山自蒼梧從南徙來上皆有南方物也郁
音鬱　懿行案劉昭注郡國志引此注云在蒼梧徙來上皆有
南方樹木與今本異疑今本從南二字衍也水經注
亦云言是山自蒼梧徙此云山上猶有南方草木

琅邪臺在渤海閒琅邪之東今琅邪在海邊有山嶕嶢特起狀如高臺此郎琅邪臺也琅邪者越
王句踐入霸中國之所都懿行案史記封禪書索隱及文選
注謝朓和王著作八公山詩引此經竝與今本同越絕書云句
踐徙琅邪起觀臺臺周七里以望東海今詳此經是地本有臺
句踐特更增築之耳故史記索隱云是山形如臺也斯言得之

其北有山一曰在海閒懿行案瑯邪臺在今沂州府其東北有山蓋勞山也勞山在海閒一曰牢山

韓鴈懿行案韓鴈蓋三韓古國名韓有三種見魏志東夷傳在海中都州南

始鳩國名或曰鳥名也在海中轅厲南懿行案轅厲疑即韓鴈之譌也韓轅鴈厲竝字形相近

會稽山在大楚南

岷三江首大江出汶山今江出汶山郡升遷縣岷山東南經蜀郡犍爲至江陽東北經巴東建平宜都南郡江夏弋陽安豐至廬江南界東北經淮南下邳至廣陵郡入海　懿行案汶即岷也巳見中次九經岷山郭云岷山大江所出岷字一作嶓廣雅云蜀山謂之嶓山蜀讀爲獨字或作濆史記封禪書云瀆山蜀之汶山也水經注又謂之汶阜山又郭注自蜀郡已下凡有十四名竝見晉書地理志北江出曼山懿行案曼山即崏山郭云北江所出南江出高山懿行案高山即崍山郭云南江所出高山在城都西懿行案城當爲成入海在長州南懿行案郡國志云東陽故屬臨淮有長洲澤洲當爲州也又案成都長州亦皆周以後地名蓋校書者記注之

浙江出三天子都按地理志浙江出新安黟縣南蠻中東入海今錢塘浙江是也黟即歙也浙音折 懿行案說文云漸水出丹陽黟南蠻中東入海又云浙江水東至會稽山陰爲浙江地理志云丹陽郡黝漸江水出南蠻夷中東入海顏師古注云黝音伊字本作黟是也晉書地理志亦作黝屬新安郡新安即丹陽晉改漢制郭引地理志据所改爲名故不稱丹陽也水經云漸江水出三天子都注云山海經謂之浙江也案初出名漸江其流曲折至會稽名浙江說文之旨與水經正合莊子謂之制河制浙漸三字聲轉其實一也水出今安徽歙縣西北黃山三天子都在績谿縣即三天子鄣已見海內南經文選注謝惠連西陵遇風獻康樂詩引此注云今錢塘有浙江疑今本脫有字也在其東懿行案其字疑譌太平御覽六十五卷引作率亦非也据太平寰宇記引作蠻郭注黟即歙也黟亦引作蠻今以地理志說文證之當是也在閩西北懿行案海內南經云三天子鄣山在閩西海北入海餘暨南餘暨縣屬會稽今爲永興縣 懿行案餘暨今蕭山也地理志云會稽郡餘暨晉書地理志云會稽郡永興

廬江出三天子都懿行案地理志云廬江郡廬江出陵陽東南北入江水經云廬江水出三天子都北過彭

澤縣西北入於江注引此經**入江彭澤西**彭澤今彭蠡也在尋陽彭澤縣懿行案地理志云廬江郡尋陽豫章郡彭澤郡國志云彭澤彭蠡澤在西**一曰天子鄣**懿行案三天子鄣已見海內南經

淮水出餘山餘山在朝陽東朝陽縣今屬新野懿行案地理志云南陽郡朝陽應劭注云在朝水之陽藝文類聚八卷引此經無東字晉書地理志朝陽新野並屬義陽郡郭注新野疑當爲字之譌也**義鄉西**懿行案義鄉今無攷郭云義陽者水經注云闞駰言晉太始中割南陽東鄙之安昌平林平氏義陽四縣置義陽郡於安昌城義陽或即此經之義鄉**入海淮浦北**今淮水出義陽平氏縣桐柏山山東北經汝南汝陰淮南譙國下邳至廣陵縣入海懿行案說文云淮水出南陽平氏桐柏大復山東南入海地理志云南陽郡平氏禹貢桐柏大復山在東南淮水所出東南至淮陵入海水經云出胎簪山東北過桐柏山然則此經云餘山者或桐柏之異名也初學記六卷引此經云淮水出南陽平氏縣桐柏山蓋引郭注誤作經文耳南陽當作義陽字之譌初學記又引郭注作義陽與今本同又陶宏景注本草丹蔘云此桐柏山是淮水原所出之山在義陽亦與郭注同也義陽平氏見晉書地理志淮浦者地理志云臨淮郡淮浦游水

北入海應劭注云淮涯也水經云淮水至廣陵淮浦縣入於海注云淮水於縣枝分北為游水又東北逕紀鄣故城南東北入海今案水經云廣陵淮浦縣此注作廣陵縣疑脫淮浦二字初學記引郭注作淮陰縣又淮浦縣之譌也

湘水出舜葬東南陬西環之環繞也今湘水出零陵營道縣陽湖山入江　懿行案說文云湘水出零陵陽海山地理志云零陵郡零陵陽海山湘水所出北至酃入江水經云湘水出零陵始安縣陽海山注云即陽朔山也李善注江賦引此注亦作陽朔山今本作陽湖山譌**入洞庭下**洞庭地穴也在長沙巴陵今吳縣南太湖中有包山下有洞庭穴道潛行水底云無所不通號為地脈　懿行案郭氏江賦云爰有包山洞庭巴陵地道潛逵傍通幽岫窈窕李善注引此注與今本同其注羽獵賦引此注亦同今湘水至湖南長沙縣入洞庭湖**一曰東南西澤**懿行案蓋言一本作東南入西澤也經文疑有脫誤

漢水出鮒魚之山書曰嶓冢導漾東流為漢按水經漢水出武都沮縣東狼谷經漢中魏興至南鄉東經襄陽至江夏安陸縣入江別為沔水又為滄浪之水　懿行案漢水所出已見西山經嶓冢之山此經云出鮒魚之山鮒魚或作

鮒隅一作鮒鰅即海外北經務隅之山大荒北經又作附魚之山皆即廣陽山之異名也與漢水源流絕不相蒙疑經有譌文北堂書鈔九十二卷引漢水作濮水水在東郡濮陽正顓頊所葬似作濮者得之矣宜據以訂正帝顓頊葬于陽九嬪葬于陰懿行案二句已見海外北經但此經方釋諸水而又述此疑後人見鮒魚與務隅山名相涉因取彼文羼入之耳又此經漢水但言所出不言歸入蓋有脫文矣四蛇衛之言有四蛇衛守山下

潒水懿行案地理志云蜀郡青衣禹貢蒙山谿大渡水東南至南安入渽渽東入江大渡水即潒水蓋因山爲名也水經江水注云潒水即大渡水也水發蒙谿東南流與渽水合又東入江引此經文也渽說文作涐出漢陽西漢陽縣屬朱提　懿行案朱提漢陽竝漢縣屬犍爲郡晉因蜀置漢陽屬朱提郡也地理志云漢陽山闟谷漢水所出東至鄨入延入江聶陽西懿行案水經注引此經作灄陽

溫水出崆峒山在臨汾南今溫水在京兆陰盤縣水常溫也臨汾縣屬平陽　懿行案史記五帝紀云西至於空桐正義引括地志云空桐山在肅州福祿縣東南又云笄頭山一名崆峒山在原州平陽縣西百里禹貢涇水所

出案地理志云安定郡涇陽开頭山在西禹貢涇水所出又臨涇亦屬安定據此則經文臨汾疑當爲臨涇字之譌矣又地理志云安定郡陰槃郭云京兆陰槃亦譌也劉昭注郡國志陰盤引此經及郭注**入河華陽北**懿行案此華陽未詳其地

潁水出少室少室山拄雍氏南懿行案史記周本紀云禹圍雍氏徐廣注云雍氏城也即此**入淮西鄢北**今潁水出河南陽城縣乾山東南經潁川汝陰至淮南下蔡入淮鄢今鄢陵縣屬潁川 懿行案說文云潁水出潁川陽城乾山東入淮地理志云潁川郡陽城陽乾山潁水所出東至下蔡入淮水經云潁水出潁川陽城縣西北少室山注引此經云云今潁水有三源奇發故作者互舉二山也案二山謂少室及陽乾山也云入淮西鄢北者地理志云潁川郡傿陵晉書地理志同傿作陽水經云潁水東南至慎縣東南入於淮**一曰緱氏**縣屬河南音鉤 懿行案一言少室山在緱氏南也緱氏今偃師縣地東南與少室接漢晉地理志竝云河南郡緱氏

汝水出天息山懿行案玉篇引此經作天恩山蓋譌**拄梁勉鄉西南入淮極西北**

今汝水出南陽魯陽縣大盂山東北至河南梁縣東南經襄城潁川汝南至汝陰褒信縣入淮淮極地名懿行案說文云汝水出宏農盧氏還歸山東入淮地理志云汝南郡定陵高陵山汝水出東南至新蔡入淮水經云汝水出河南梁縣勉鄉西天息山注云地理志曰出高陵山即猛山也亦言出南陽魯陽縣之大盂山又言出宏農盧氏縣還歸山博物志曰汝出燕泉山竝異名也史記正義引括地志云源出汝州魯山縣西伏牛山亦名猛山至豫州郾城縣名濆案經云在梁勉鄉西南者梁縣名也漢晉地理志竝云梁屬河南郡今汝州也西南與魯山接經云入淮極西北者水經云汝水東至原鹿縣南入於淮注云所謂汝口側水有汝口戍淮汝之交會也文選枚乘七發云北望汝海李善注引此郭注云汝水出魯陽山東北入淮海與今本異今本無海字李善又云汝稱海大言之也汝陰郡褒信見晉書地理志一曰淮在期思北期思縣屬弋陽懿行案一云入淮在期思北也地理志期思弋陽竝屬汝南郡晉書地理志期思屬弋陽郡

涇水出長城北山懿行案長城即秦所築長城也北山即笄頭山山在郁郅長垣北皆縣名也郅音桎懿行案地理志云北地郡郁郅即今甘肅慶陽府治也西南與平涼接長垣即長城也北入渭今涇

水出安定朝那縣西笄頭山東南經新平扶風至京兆高陵縣入渭　懿行案說文云涇水出安定涇陽幵頭山東南入渭地理志云安定郡涇陽幵頭山在西禹貢涇水所出東南至陽陵入渭案幵頭山土俗譌爲汧屯山見顏師古注一名薄落山見高誘淮南墬形訓注涇水入渭之地在今陝西高陵縣也又案西次二經云涇水出高山高山當即幵頭山郭注與此注同初學記六卷引此注亦同晉書地理志云京兆郡高陸陸蓋陵字之譌**戲北**戲地名今新豐縣也　懿行案漢書高帝紀云周章西入關至戲顏師古注云戲在新豐東今有戲水驛其水本出藍田北界橫嶺至此而北流入渭然則戲亦水名也

渭水出鳥鼠同穴山東注河入華陰北鳥鼠同穴山今在隴西首陽縣渭水出其東經南安天水略陽扶風始平京兆宏農華陰縣入河　懿行案渭水已見西次四經鳥鼠同穴之山水經云渭水出隴西首陽縣渭谷亭南鳥鼠山注云縣有高城嶺嶺上有城號渭源城渭水出焉三源合注東北流逕首陽縣西云云史記正義引括地志云渭有三源竝出鳥鼠山東流入河案地理志云東至船司空入河船司空縣名與華陰竝屬京兆尹晉書地理志華陰屬宏農郡

白水出蜀而東南注江色微白濁今在梓潼白水縣源從臨洮之西西傾山來經沓中東流通陰平至漢壽縣入潛　懿行案地理志云廣漢郡甸氏道白水出徼外東至葭萌入漢水經河水注云洮水與墊江水俱出嶺臺山山南即墊江源山東則洮水源引此經云白水出蜀又引郭注云從臨洮之西傾山東南流入漢而至墊江故段國以爲墊江水也強臺西傾之異名也今案酈氏說墊江即白水所引郭注與今本異未知其審又水經漾水注云白水出於臨洮縣西南西傾山水色白濁東南流與黑水合云云又東南於吐費城南即西晉壽之東北也東南流注西漢水西晉壽即蜀王弟葭萌所封劉備改曰漢壽太康中又曰晉壽云云與郭注及地理志俱合是白水流入西漢水郭云入潛潛即漢也爾雅云水自漢出爲潛是矣此經云白水注江所未詳或江即墊江也白水在今四川昭化縣界入於漢昭化即葭萌地也

入江州城下江州縣屬巴郡　懿行案此言白水入江之地也經文城下二字葢誤衍今四川巴州即古江州西北與昭化接境地理志云巴郡江州墊江二縣葢白水入漢而至江州又爲墊江水正與水經注引郭注至墊江之文合

沅水山懿行案山字衍文選注江賦引此經無山字

出象郡鐔城西象郡今日南也鐔城縣今屬武

陵音尋懿行案地理志云日南郡故秦象郡又云武陵郡鐔
城晉書地理志同此經言象郡鐔城則知秦時鐔城屬象郡矣
入東注江懿行案入字疑衍或又字之譌說文云沅水出牂牁故且蘭東北入江地理志云沅水東至益陽入江水
經注云沅水下注洞庭湖方會於江入下雋西下雋縣今屬長沙音昨兗反懿行案地理志云長沙國下雋合
洞庭中水經曰沅水出牂牁且蘭縣又東北至鐔城縣為沅水又東過臨沅縣南又東至長沙下雋縣懿行案今本
水經云沅水出牂牁故且蘭縣為旁溝水又東至鐔成縣為沅水東過無陽縣又東北過臨沅縣南又東至長沙下雋縣西北
入於江與郭所引微異郭注水經今亡酈注水經郭亦未見也
贛水懿行案地理志云豫章郡贛豫章水出西南北入江郡國志亦云贛有豫章水是贛水一名豫章水郡縣俱因水得
名矣出聶都東山今贛水出南康南野縣西北音感懿行案水經云贛水出豫章南野縣西北過贛縣東注引
此經云贛水出聶都山無東字又案晉書地理志南野屬廬陵郡不屬南康晉地記云太康中以贛南野等縣割為南康郡也
東北注江懿行案水經云北過彭澤縣西北入於江注引此經與今本同今水入鄱陽湖出湖口縣入大江俗云章

江也

入彭澤西懿行案地理志云豫章郡彭澤禹貢彭蠡澤在西案今江西新建縣東鄱陽湖卽彭蠡澤也

泗水出魯東北懿行案地理志云濟陰郡乘氏泗水東南至睢陵入淮是蓋別一泗水非此經所說也地理志又云魯國卞泗水西南至方與入沛水經云泗水出魯卞縣北山注引此經又云余尋其源流水出卞縣故城東南桃墟西北博物志曰泗出陪尾蓋斯阜者矣是酈氏以水出卞縣東南不從此經及水經竝地志之又也史記正義引括地志云泗水源在兖州泗水縣東陪尾山其源有四道因以爲名

而南西南過湖陵西懿行案地理志云山陽郡湖陵禹貢浮于泗淮通于菏水在南莽曰湖陸水經云泗水南過方與縣東菏水從西來注之又屈東南過湖陸縣南注云菏水卽沛水之所苞注以成湖澤也而東與泗水合於湖陵縣西六十里穀庭城下俗謂之黃水口

而東南注東海懿行案說文云泗受沛水東入淮水經云泗水東南過下邳縣西又東南入於淮是水經說文竝云入淮此經則云注海者言泗合淮而入於海也

入淮陰北今泗水出魯國卞縣西南至高平湖陸縣東南經沛國彭城下邳至臨淮下相縣入淮懿行案晉書地理志云臨淮郡下相

鬱水出象郡懿行案即豚水也地理志云牂牁郡夜郎豚水東至廣鬱又云鐔封溫水東至廣鬱入鬱又云鬱林郡廣鬱鬱水首受夜郎豚水東至四會入海水經云溫水出牂牁夜郎縣又東至鬱林廣鬱縣爲鬱水又東至領方縣東與斤員水合東北入於鬱注云鬱水即夜郎豚水也**而西南注南海**懿行案即地理志云至四會入海也水經注云鬱水又南自壽泠縣注於海引此經云云**入須陵東南**懿行案海內南經云鬱水出湘陵南海一曰相慮此經又云須陵疑須陵即湘陵聲轉爲相慮水經注又云壽泠疑亦聲轉也

肄音如肄習之肄懿行案今經文正作肄習之肄如此便不須用音知郭本不作肄也水經注引作肆當是**水出臨晉**懿行案晉當爲武字之譌見水經注所引**西南**懿行案即溱水也說文云溱水出桂陽臨武入匯地理志云桂陽郡臨武秦水東南至楨楊入匯水經云溱水出桂陽臨武縣南繞城西北屈東流注引此經云云肄水蓋溱水之別名也案水經注肄本作肆肆肄字形相亂故郭音肄習以別之耳**而東南注海**懿行案水經云溱水過湞陽縣出洭浦關與桂水合南入於海注云西南逕中宿縣南又南注於鬱而入於海**入番禺西**番禺縣屬南海越之城下也懿行

案地理志云南海郡番禺今南海番禺並爲縣屬廣州府也

潢懿行案水經注引此經作湟疑湟潢古字通**水出桂陽西北山**懿行案卽洭水也亦曰桂水方言云南楚瀑洭之間郭注云洭水在桂陽卽此也說文云洭水出桂陽縣盧聚山洭浦關爲桂水與水經合水經云洭水出桂陽縣盧聚東南過含洭縣南出洭浦關爲桂水注云洭水出關右合溱水謂之洭口山海經謂之湟水徐廣曰湟水一名洭水出桂陽通四會亦曰灌水也桂水其別名也地理志曰洭水出桂陽南至四會是也案今地理志洭作匯云桂陽匯水南至四會入鬱林應劭以爲桂水所出又含洭應劭以爲洭水所出似分爲二水非也匯當從水經注作洭**東南注肄水**懿行案水經云溱水過楨陽縣出洭浦關與桂水合**入敦浦西**懿行案敦浦未詳水經溱水注引此經作郭浦

洛水出洛西山懿行案洛水所出中次四經謂之讙舉山地理志謂之冢領山此經又謂之洛西山水經注引此經云出上洛西山疑今本脫上字**東北注河**懿行案地理志云宏農郡上雒禹貢雒水出冢領山東北至鞏入河水經云洛水東北過鞏縣東又北入於河注云謂之洛汭卽什谷也劉昭注郡國志京兆尹上雒冢領山雒水出引此經云雒

出王城南至相谷西東北流案劉昭所引**入成臯之西**書云道洛自熊耳按水經洛水今出上洛冢嶺山東北經宏農至河南鞏縣入河成臯縣亦屬河南也　懿行案水經注引此經云洛水成臯西入河蓋以意引經也郭引水經亦與今水經異地理志云河南郡成臯也

汾水出上窳北音愈　懿行案上窳無攷汾水已見北次二經管涔之山**而西南注河**今汾水出太原晉陽故汾陽縣東南經晉陽西南經河西平陽至河東汾陰入河　懿行案水經云汾水出太原汾陽縣北管涔山說文云汾水出太原晉陽山西南入海或曰出汾陽北山地理志云太原郡汾陽北山汾水所出西南至汾陰入河案水經亦云至汾陰入河說文作入海蓋字形之譌**入皮氏南**皮氏縣屬平陽　懿行案水經云汾水西過皮氏縣南又西至汾陰縣北西注於河皮氏漢志屬河東郡晉志屬平陽郡

沁水出井陘山東懿行案沁水已見北次三經謁戾之山說文云沁水出上黨羊頭山地理志云穀遠羊頭山世靡谷沁水所出水經云出上黨涅縣謁戾山注云三源奇注逕瀉一壑然則水經說文地理志各據所見爲說也此經又

云出井陘山東地理志云常山郡井陘應劭云井陘山在南東南注河懿行案說文云東南入河地理志云東南至滎陽入河水經云東南至滎陽縣北東入於河入懷東南懷縣屬河內河內北有井陘山　懿行案懷屬河內郡見地理志水經云沁水東過懷縣之北又東過武德縣南又東南至滎陽入河與此經合

濟水出共山南東丘共與恭同　懿行案濟當爲沸古字通用說文云沸沇也東入于海水經云濟水出河東垣縣東王屋山爲沇水又東至溫縣西北爲濟水注云潛行地下至共山南復出於東丘今原城東北有東丘城孔安國日泉源爲流流去爲濟案濟水已見北次二經王屋之山絕鉅鹿澤絕猶截度也鉅鹿今在高平　懿行案水經注及初學記六卷竝引此經云絕鉅野今本作鹿字之譌也地理志云山陽郡鉅壄大壄澤在北爾雅十藪云魯有大野郭注云今高平鉅野縣東北大澤是也水經云濟水東至乘氏縣西分爲二其一水東南流其一水從縣東北流入鉅野澤注渤海懿行案初學記引此經作注入于海水經注引此經與今本同惟渤作勃字耳水經云東北過甲下邑入於河注云濟水東北至甲下邑南東歷琅槐縣故城北又東北河水枝津注之水經以爲八河非也斯乃河水注濟非濟入河又東北入海

入齊琅槐東北今濟水自滎陽卷縣東經陳留至潛陰北東北至高平東北經濟南至樂安博昌縣入海今碣石也諸水所出又與水經違錯以爲凡山川或有同名而異實或同實而異名或一實而數名似是而非似非而是且歷代久遠古今變易語有楚夏名號不同未得詳也　懿行案地理志云千乘郡琅槐水經注引地理風俗記曰博昌東北八十里有琅槐鄉故縣也引此經云云又引郭注云濟自滎陽至樂安博昌入海今河竭案酈氏以濟水仍流不絕故議郭說爲非然則此注今碣石也當從水經注作今河竭也蓋傳寫之譌耳水經注又云濟水當王莽之世川瀆枯竭其後水流逕通津渠勢改尋梁脈水不與昔同是則濟水枯竭後仍流不絕之證也又案郭云諸水所出又與水經違錯郭氏注水經二卷今不存見隋書經籍志

潦水懿行案水經地理志竝作遼水出衛皋懿行案皋水經作白平二字劉昭注郡國志引此經亦云遼水出白平東竝譌東出塞外衛皋山玄菟高句驪縣有潦山小潦水所出西河注大潦音遼　懿行案地理志云玄菟郡高句驪遼山遼水所出西南至遼隊入大遼水案郭注本此其西河當爲西南字之譌也地理志又云遼東郡望平大遼水出塞外南至

安市入海水經云大遼水出塞外衞皋山東南入塞過遼東襄平縣西注云遼水亦言出砥石山案淮南墬形訓云遼出砥石是也

東南注渤海懿行案水經云遼水又東南過房縣西又東過安市縣西南入於海案大遼水注海其小遼水但注大遼水

入潦陽潦陽縣屬潦東懿行案地理志云遼東郡遼陽

虖沱水出晉陽城南而西懿行案虖沱所出已見北次三經泰戲之山地理志云太原郡晉陽至陽曲北懿行案地理志云太原郡陽曲而東注渤海經河間樂城東北注渤海也晉陽陽曲縣皆屬太原懿行案地理志云河間國樂成虖池別水首受虖池河東至東光入虖池河又云弓高虖池別河首受虖池河至東平舒入海又云勃海郡成平虖池河民曰徒駭案此更虖池入勃海之證

入越章武北章武郡名懿行案地理志云章武勃海縣也晉書地理志云章武國章武縣今詳此注當謂漢縣郭云章武郡疑郡當爲縣字之譌也經文越字疑衍下文漳水亦有此句經無越字可證

漳水出山陽東懿行案濁漳水出發鳩山清漳水出少山已見北次三經是二漳竝出今山西樂平長子兩縣

地此經又云出山陽東者地理志有山陽郡非此也晉書地理志云河內郡山陽史記秦本紀正義引括地志云山陽故城在懷州修武縣西北太行山南案修武今河南修武縣與山西澤州接界漳水在其東北也東注渤海懿行案地理志云信都國信都故章河故虖池皆在北東入海又云清漳水東北至阜城入大河又云魏郡鄴故大河在東北入海水經云濁漳東北過阜城縣北又東北至易亭與虖沱河會又東北過成平縣南又東北過章武縣西又東北過平舒縣南東入海入章武南新城汴陰縣亦有漳水懿行案汴陰當爲沶鄉字之譌也新城郡沶鄉見晉書地理志南方別有漳水入沮見中次八經荊山也

建平元年四月丙戌待詔太常屬臣望校治侍中光祿勳

臣龔侍中奉車都尉光祿大夫臣秀領主省

懿行案右海外海內經八篇大凡四千二百二十八字

山海經第十三

山海經第十四　晉　郭璞傳　棲霞郝懿行箋疏

大荒東經

郭注本目錄云此海內經及大荒經本皆進在外　懿行案据郭此言是自此已下五篇皆後人所述也但不知所自始郭氏作注亦不言及蓋在晉以前郭氏已不能詳矣今攷本經篇第皆以南西北東爲敘茲篇已後則以東南西北爲次蓋作者分別部居令不雜廁所以自別於古經也又海外海內經篇末皆有建平元年四月丙戌已下三十九字爲校書款識此下亦竝無之又此下諸篇大抵本之海外內諸經而加以詮釋文多淩雜漫無統紀蓋本諸家記錄非一手所成故也

東海之外大壑詩含神霧曰東注無底之谷謂此壑也離騷曰降望大壑　懿行案列子湯問篇云夏革曰勃海之東不知幾億萬里有大壑焉實惟無底之谷其下無底名曰歸虛莊子天地篇云諄芒將東之大壑適遇苑風於東海之濱釋文云李云大壑東海也案經文大壑上當脫有字蓺文類聚九卷引此經有有字可證郭引離騷見遠遊篇少昊之國少昊金天氏帝摯之號也　懿行案白帝少皞其神居長留山已見西次三經少昊孺帝顓頊于

此　孺義未詳　懿行案說文云孺乳子也莊子天運篇云烏鵲孺蓋育養之義也

棄其琴瑟　言其壑中有琴瑟也　懿行案此言少皞孺養帝顓頊於此以琴瑟為戲弄之具而畱遺於此也初學記九卷引帝王世紀云顓頊生十年而佐少皞鬻子書云顓頊生十五而佐少皞義皆與此合路史諸書或以孺帝為顓頊長子之名斯不然矣郭注以少皞為金天氏帝摯之號徵之往籍亦多齟齬大戴禮帝繫篇云黃帝產青陽及昌意皆不立而昌意產高陽是為帝顓頊史記五帝紀同竹書載昌意降居若水產帝乾荒乾荒即高陽聲相近與帝繫合周書嘗麥篇云乃命少皞清司馬鳥師以正五帝之官故名曰質質摯亦聲相近張衡集引此書以為清即青陽也案青陽即乎鄒乎鄒不得在帝位見史記是其不立之證高誘注淮南子及史記索隱引宋衷皇甫謐並以青陽即少皞與周書合然則少皞蓋以帝子而為諸侯封於下國即此經云少皞之國也由斯以談少皞即顓頊之世父顓頊是其猶子世父就國猶子隨侍眷彼童幼娛以琴瑟蒙養攸基此事理之平無足異者諸家之說多有歧出故詳述於篇以俟攷焉

有甘山者甘水出焉　懿行案甘水窮于成山見大荒南經

生甘淵　水積則成淵也　懿行案即羲和浴日之處見大荒南經

大荒東南隅有山名皮母地丘懿行案淮南墬形訓云東南方曰波母之山蓋波母之波字脫水旁因爲皮爾臧庸曰波母即皮母同聲字也

東海之外大荒之中有山名曰大言懿行案初學記五卷引此經作大谷日月所出有波谷山者有大人之國晉永嘉二年有鶖鳥集於始安縣南廿里之鶖陂中民周虎張得之木矢貫之鐵鏃其長六尺有半以箭計之其射者人身應長一丈五六尺也又平州別駕高會語云倭國人嘗行遭風吹度大海外見一國人皆長丈餘形狀似胡蓋是長翟別種箭殆將從此國來也外傳曰焦僥人長三尺短之至也長者不過十丈數之極也按河圖玉版曰從昆侖以北九萬里得龍伯國人長三十丈生萬八千歲而死從昆侖以東得大秦人長十丈皆衣帛從此以東十萬里得佻人國長三十丈五尺從此以東十萬里得中秦國人長一丈穀梁傳曰長翟身橫九畝載其頭眉見於軾即長數丈人也秦時大人見臨洮身長五丈腳跡六尺準斯以言則此大人之長短未可得限度也懿行案海外東經大人國謂此也楚詞招魂云長人千仞王逸注云東方有長人之國其高千仞蓋本此經爲說郭引外傳者魯語文十丈當爲十

之之譌史記孔子世家集解引王肅曰十之謂三丈也數極於此也列子夏革云龍伯之國有大人舉足不盈數步而暨五山之所一釣而連六鼇卽郭引河圖玉版之說也博物志引河圖玉版與郭同唯佻人國作臨洮人長三十丈作長三丈疑此注佻字譌十字衍也初學記十九卷引河圖龍魚亦作長三丈無十字其佻人國作佻國人也又漢書王莽傳云夙夜連率韓博上言有奇士長丈大十圍自謂巨毋霸出於蓬萊東南五城西北昭如海瀕軺車不能載三馬不能勝臥則枕鼓呂鐵箸食然則此人將從人之國來邪

有大人之市名曰大人之堂亦山名形狀如堂室耳大人時集會其上作市肆也　懿行案海內北經云大人之市在海中今登州海市常有狀如堂隍者望之郤在雲霧中卽此也葢去岸極遠故不見其大耳郭云亦山名形狀如堂室者爾雅云山如堂者密郭注云形如堂室者有一大人踆其上張其兩耳踆或作俊皆古蹲字莊子曰踆於會稽也　懿行案郭云踆或作俊皆古蹲字疑俊當爲夋字之譌也說文云夋倨也蹲踞其義同故曰皆古蹲字也太平御覽三百七十七卷及三百九十四卷竝引此經耳作臂

有小人國懿行案海外南經周饒國非此**名靖人**詩含神霧曰東北極有人長九寸殆謂此小人也或作竫音同　懿行案說文云靖細皃蓋細小之義故小人名靖人也淮南子作竫人列子作諍人竝古字通用列子湯問篇云東北極有人名曰諍人長九寸與郭引詩含神霧同初學記十九卷引郭氏讚云僬僥極麽竫人又小四體取足眉目纔了

有神人面獸身名曰犂䰢之尸音靈　懿行案玉篇云靇同靈又作靈神也或作䰢廣韵引此經作䰢云或作靇與玉篇同靇見說文

有潏山楊水出焉音如譎詐之譎

有蔿國黍食言此國中惟有黍穀也蔿音口偽反　懿行案蔿國蓋即濊貊也後漢書烏桓傳云其土地宜穄及東牆今穄似黍而大即黍之別種也衆經音義引倉頡篇云穄大黍也東方地宜穄黍故茲篇所記竝云黍食矣**使四鳥虎豹熊羆**懿行案經言皆獸而云使四鳥者鳥獸通名耳使者謂能馴擾役使之也秋官司寇職云閩隸掌役畜養鳥而阜蕃教擾之夷隸掌役牧人養牛馬與鳥言貉隸掌役服不氏養獸而教擾之掌與獸言此三隸者皆當在東荒界

內秋官記其養鳥獸荒經書其使四鳥厥義彰矣春秋傳稱介葛盧聞牛鳴而知生三犧亦是東夷能通鳥獸之音者也

大荒之中有山名曰合虛懿行案北堂書鈔一百四十九卷引此經合作含**日月所出**

有中容之國帝俊生中容俊亦舜字假借音也　懿行案初學記九卷引帝王世紀云帝嚳生而神異自言其名曰夋疑夋即俊也古字通用郭云俊亦舜字未審何据南荒經云帝俊妻娥皇郭葢本此為說然西荒經又云帝俊生后稷大戴禮帝繫篇以后稷為帝嚳所產是帝俊即帝嚳矣但經內帝俊疊見似非專指一人此云帝俊生中容据左傳文十八年云高陽氏才子八人內有中容然則此經帝俊又當為顓頊矣經文踳駮當在闕疑**中容人食獸木實**此國中有赤木玄木其華實美見呂氏春秋　懿行案呂氏春秋本味篇云指姑之東中容之國有赤木玄木之葉焉高誘注云赤木玄木其葉皆可食食之而仙即郭注所引也其華當為其葉字之譌**使四鳥豹虎熊羆**

有東口之山有君子之國其人衣冠帶劒亦使虎豹好謙讓也　懿行案其人又食獸也見海外東經

有司幽懿行案司幽一作思幽之國帝俊生晏龍懿行案晏龍是爲琴瑟見海內經晏龍生司幽司幽生思士不妻思女不夫言其人直思感而氣通無配合而生子此莊子所謂白鵠相視眸子不運而感風化之類也懿行案列子天瑞篇云思士不妻而感思女不夫而孕本此也又云河澤之鳥視而生曰鶂莊子天運篇云白鶂之相視眸子不運而風化釋文引三蒼云鶂鶬鶂也司馬彪云相待風氣而化生也又云相視而成陰陽此注鵠疑鶂字之譌感字衍也食黍食獸是使四鳥懿行案四鳥亦當爲虎豹熊羆此篇言使四鳥多矣其義竝同

有大阿之山者

大荒中有山名曰明星日月所出

有白民之國帝俊生帝鴻懿行案帝鴻黃帝也見賈逵左傳注然則此帝俊又爲少典矣見大戴禮帝繫篇路史後記引此經云帝律生帝鴻律黃帝之字也或羅氏所見本與今異帝鴻生白民白民銷

姓黍食使四鳥虎豹熊羆又有乘黃獸乘之以致壽考也　懿行案白民乘黃乘之壽二千歲已見海外西經

有青丘之國有狐九尾太平則出而為瑞也　懿行案青丘國九尾狐已見海外東經郭氏此注云太平則出為瑞者白虎通云德至鳥獸則九尾狐見王褒四子講德論云昔文王應九尾狐而東國歸周李善注引春秋元命苞曰天命文王以九尾狐初學記二十九卷引郭氏圖讚云青丘奇獸九尾之狐有道翔見出則銜書作瑞周文以標靈符藝文類聚九十五卷引翔作祥

有柔僕民是維嬴土之國嬴猶沃衍也音盈

有黑齒之國齒如漆也　懿行案黑齒國已見海外東經　帝俊生黑齒聖人神化無方故其後世所降育多有殊類異狀之人諸言生者多謂其苗裔未必是親所產　姜姓黍食使四鳥

有夏州之國有蓋余之國

有神人八首人面虎身十尾名曰天吳水伯　懿行案天吳已見海外東經

大荒之中有山名曰鞠陵于天音菊東極懿行案淮南墬形訓云東方曰東極之山謂此離瞀三山名也音穀瞀　懿行案初學記一卷引此經與今本同注穀瞀二字當有譌文日月所出名曰折丹神人　懿行案名曰折丹上疑脫有神二字大荒南經有神名曰因因乎可證北堂書鈔一百五十一卷引此經作有人曰折丹太平御覽九卷引亦同東方曰折單吁之　懿行案吁當爲呼字之譌來風曰俊未詳來風所在也　懿行案吳氏引夏小正云正月時有俊風爲說恐非也處東極以出入風言此人能節宜風氣時其出入　懿行案大荒南經亦有神處南極以出入風也蓋巽位東南主風故二神司之時其節宜爲東次三經云無皋之山多風初學記引荊州記云風井夏則風出冬則風入亦其義也

東海之渚中渚島有神人面鳥身珥兩黃蛇以蛇貫耳踐兩黃蛇名曰禺虢黃帝生禺虢禺虢生禺京即禺彊也　懿行案禺彊北方神已見海外北經莊子釋文引

此經云北海之神名曰禺彊靈龜爲之使今經無此語其云靈龜爲之使者蓋据列子云夏革曰五山之根無所連著常隨潮波上下往還帝命禺彊使巨鼇十五舉首而戴之五山始峙云云所謂靈龜豈是與禺京處北海禺䝞處東海是惟海神言分治一海而爲神也䝞一本作號 懿行案䝞疑卽號字異文海內經云帝俊生禺號是也然則此帝俊又爲黃帝矣

有招搖山融水出焉有國曰玄股自髀以下如漆 懿行案玄股國已見海外東經黍食使四鳥懿行案高誘注淮南墬形訓引此經作兩鳥夾之與今本異

有困民國勾姓而食懿行案勾姓下而食上當有闕脫有人曰王亥兩手操鳥方食其頭王亥託于有易河伯僕牛河伯僕牛皆人姓名託寄也見汲郡竹書有易殺王亥取僕牛竹書曰殷王子亥賓于有易而淫焉有易之君緜臣殺而放之是故殷主甲微假師于河伯以伐有易滅之遂殺其君緜臣也 懿行案竹書作殷侯子亥郭引作殷王疑誤也事在夏帝泄十二年及十六年河念

有易有易潛出為國于獸方食之名曰搖民言有易本與河伯友善上甲微殷之賢王假師以義伐罪故河伯不得不助滅之既而哀念有易使得潛化而出化為搖民國　懿行案今廣西猺民疑其類見桂海虞衡志帝舜生戲戲生搖民

海內有兩人此乃有易所化者也　懿行案兩人蓋一為搖民一為女丑名曰女丑卽女丑之尸言其變化無常也然則一以涉化津而遯神域者亦無往而不之觸感而寄迹矣范蠡之倫亦聞其風者也　懿行案女丑之尸見海外西經女丑有大蟹廣千里也　懿行案海內北經云大蟹在海中注與此注同

大荒之中有山名曰孽搖頵羝懿行案呂氏春秋諭大篇云地大則有常祥不庭岐母羣抵天翟不周高誘注以不周為山名其餘皆獸名非也尋覽文義上蓋皆山名耳其羣抵當卽此經之頵羝形聲相近古字或通上有扶木懿行案扶木當為榑木柱三百里其葉如芥柱猶起高也葉似芥菜有谷曰溫源谷溫源卽湯谷也　懿行案湯谷已見海外東經湯谷上有扶木扶桑在上　懿行案說文云日

初出東方湯谷所登榑桑叒木也即此叒通作若李善注海賦及注孫楚爲石仲容與孫晧書引此經竝作暘谷上有扶木其注歎逝賦引此經又作湯谷上於扶桑郭注云上於扶桑在上也又注枚乘七發引此經云湯谷上有扶木扶木者扶桑也蓋亦并引郭注之文

一日方至一日方出言交會相代也皆載于烏中有三足烏懿行案初學記一卷引此經云皆戴烏戴載古字通也三十卷引春秋元命包云日中有三足烏者陽精其僂呼也注云僂呼溫潤生長之言楚詞天問云羿焉彃日烏焉解羽淮南精神訓云日中有踆烏高誘注云踆猶蹲也謂三足烏踆音逡

有神人面犬耳獸身珥兩青蛇名曰奢比尸懿行案奢比之尸見海外東經

有五采之鳥相鄉棄沙未聞沙義懿行案沙疑與娑同鳥羽娑娑然也惟帝俊下友亦未聞也帝下兩壇采鳥是司言山下有舜二壇五采鳥主之

大荒之中有山名曰猗天蘇門日月所生有壎民之國音如諠譁之諠

有綦山音忌又有搖山有䰝山音如釜甑之甑又有門戶山又有盛山又

有待山有五采之鳥

東荒之中有山名曰壑明俊疾日月所出有中容之國懿行案中容之國已見上文諸文重複雜沓踳駁不倫蓋作者非一人書成非一家故也

東北海外又有三青馬三騅馬蒼白雜毛爲騅懿行案蒼白雜毛騅見爾雅三騅詳大荒南經甘華爰有遺玉三青鳥懿行案三青鳥詳大荒西經三騅視肉聚肉有眼甘華甘柤百穀所在言自生也懿行案海外北經云平丘甘柤甘華百果所在海外東經云䟕丘甘柤甘華甘果所生皆有遺玉青馬視肉之類此經似釋彼文也

有女和月母之國懿行案女和月母卽羲和常儀之屬也謂之女與母者史記趙世家索隱引譙周云余嘗聞之代俗以東西陰陽所出入宗其神謂之王父母據譙周斯語此經女和月母之名蓋以此也有人名曰鳧音婉北方曰鳧來之風曰狻言亦有兩名也音剡是處東極隅以止日月懿行

案此人處東極以止日月者日月皆出東方故也史記封禪書
云八神六曰月主祠之萊山七曰日主祠成山亦皆在東極隅
也使無相閒出沒司其短長言鳧主察日月出入不令
得相閒錯知景之短長
大荒東北隅中有山名曰凶犂土丘懿行案史記五帝紀索隱
引皇甫謐云黃帝使應龍
殺蚩尤於凶黎之谷
卽此黎犂古字通應龍處南極應龍龍有翼者也懿行
案有翼曰應龍見廣雅殺
蚩尤與夸父蚩尤作兵者懿行案
蚩尤作兵見大荒北經不得復上應龍遂住地下
懿行案初學
記三十卷引此經云應龍遂在地蓋引郭
注之文也今文住字當作在下字蓋衍故下數旱上無復作
雨者故也
旱而為應龍之狀乃得大雨今之土龍本此氣應自然冥感非
人所能為也懿行案劉昭注禮
儀志引此經及郭注竝與今本同土龍致雨見淮南說山訓及
墜形訓又楚詞天問云應龍何畫河海何歷王逸注云或曰禹
治洪水時有神龍以尾畫導水徑所當決者
因而治之案後世以應龍致雨義蓋本此也
東海中有流波山入海七千里其上有獸狀如牛蒼身而無角

一足出入水則必風雨其光如日月其聲如雷其名曰夔黃帝得之以其皮爲鼓懿行案說文云夔神魖也如龍一足从夊象有角手人面之形薛綜注東京賦云夔木石之怪如龍有角鱗甲光如日月見則其邑大旱韋昭注國語云夔一足越人謂之山繅案此三說夔形狀俱與此經異也莊子秋水篇釋文引李云黃帝在位諸侯於東海流山得奇獸其狀如牛蒼色無角一足能走出入水卽風雨目光如日月其音如雷名曰夔黃帝殺之取皮以冒鼓聲聞五百里蓋本此經爲說也其文與今本小有異同流波山作流山其光如日月作目光如日月似較今本爲長也又以其皮爲鼓作以其皮冒鼓劉逵注吳都賦引此經亦作冒字是也初學記九卷引帝王世紀作流波山與今本同而下文小異橛以雷獸之骨雷獸卽雷神也人面龍身鼓其腹者橛猶擊也懿行案雷神已見海內東經聲聞五百里以威天下懿行案莊子釋文本此經及劉逵注吳都賦引此經竝無橛以雷獸之骨及以威天下四字北堂書鈔一百八卷引有四字

山海經第十四

山海經第十五　晉　郭璞傳　棲霞郝懿行箋疏

大荒南經

南海之外赤水之西流沙之東赤水出昆侖山流沙出鍾山也有獸左右有首懿行案并封前後有首此左右有首所以不同并封見海外西經然大荒西經之屏蓬郎并逢也亦云左右有首名曰跊踢出狻名國黜惕兩音　懿行案狻名國未詳所在疑本在經內今逸也畢氏云跊踢當為述蕩之譌篆文辵足相似故亂之引呂氏春秋本味篇云肉之美者述蕩之掔高誘注云獸名形則未聞郎是此也懿行案玉篇無踢字有踼而於跊字下引此經仍作跊踢廣韵引經與玉篇同但跊一別作狱云獸名唯此為異有三青獸相并名曰雙雙言體合為一也公羊傳所云雙雙而俱至者蓋謂此也　懿行案郭引宣五年傳文也楊士勛疏引舊說云雙雙之鳥一身二首尾有雌雄隨便而偶常不離散故以喻焉是以雙雙為鳥名與郭異也

有阿山者南海之中有氾天之山赤水窮焉流極於此山也懿行案西次三經

云昆侖之丘赤水出焉而東南流注于汜天之水**赤水之東有**懿行案藝文類聚八十四卷及太平御覽五百五十五卷竝引此經無有字**蒼梧之野舜與叔均之所葬也**叔均商均也舜巡狩死於蒼梧而舜之商均因留死亦葬焉基今在九疑之中懿行案海內南經既云蒼梧之山帝舜葬于陽帝丹朱葬于陰此又云舜與叔均之所葬將朱均二人皆於此焉堋郊又郭云叔均商均葢以爲舜之子也然舜子名義鈞封于商見竹書紀年不名叔均而大荒西經有叔均爲稷弟台璽之子海內經又有叔均爲稷之孫準斯以言此經叔均葢未審爲何人也郭云基今在九疑之中基當爲墓字之譌御覽五百五十五卷引此注作墓今在九疑山中也**爰有文貝**即紫貝也懿行案紫貝見郭氏爾雅注**離俞**即離朱**鴟久**即鵂鶹也**鷹賈**賈亦鷹屬懿行案水經濼水注引莊子曰雅賈馬融亦曰賈烏皆烏類非郭義也**委維**即委蛇也懿行案委蛇即延維也見海內經**熊羆象虎豹狼視肉**

有榮山榮水出焉黑水之南有玄蛇食麈今南山蚦蛇吞鹿亦此類懿行案南山當爲南方字之譌也南方蚦蛇吞鹿已見海內南經注

有巫山者西有黃鳥帝藥八齋天帝神仙藥在此也懿行案後世謂精舍爲齋葢本於此黃鳥于巫山司此玄蛇言主之也大荒之中有不庭之山懿行案呂氏春秋諭大篇云地大則有常祥不庭不周高誘注以不周爲山則不庭亦山名矣即此榮水窮焉懿行案榮水出榮山流極於此也有人三身帝俊妻娥皇生此三身之國葢後裔所出也懿行案竹書云帝舜三十年葬后育于渭地理志云右扶風陳倉有舜帝祠葢舜妻即后育后育即娥皇與海外西經有三身國而不言所生此經及海內經始言帝俊生三身也三身國姚姓故知此帝俊是舜矣姚姓黍食使四鳥姚舜姓也懿行案說文云虞舜居姚虛因以爲姓有淵四懿行案太平御覽三百九十五卷引此經四作正方四隅皆達言淵四角皆旁通也北屬黑水南屬大荒屬猶連也北旁名曰少和之淵南旁名曰從淵音騶馬之騶舜之所浴也言舜嘗在此中澡浴也

又有成山甘水窮焉甘水出甘山極此中也懿行案甘水已見大荒東經有季禺之國顓頊之子食黍言此國人顓頊之裔子也有羽民之國其民皆生毛羽懿行案羽民國見海外南經有卵民之國其民皆生卵卽卵生也懿行案郭注羽民國云卵生是羽民卽卵生也此又有卵民國民皆卵生蓋別一國郭云卽卵生也似有成文疑此國本在經中今逸

大荒之中有不姜之山黑水窮焉黑水出昆侖山懿行案黑水出昆侖西北隅已見海內西經又有賈山汔水出焉又有言山又有登備之山卽登葆山羣巫所從上下者也懿行案登葆山見海外西經巫咸國有恝恝之山音如券契之契又有蒲山澧音禮水出焉又有隗山音如隗嚻之隗其西有丹懿行案經內丹類非一此但名之曰丹疑卽丹雘之省文也其東有玉又南有山漂水出焉音票有尾山有翠山言此山有翠鳥也懿行案翠亦尾也內則云舒鴈翠舒鳧翠

有盈民之國於姓黍食又有人方食木葉懿行案呂氏春秋本味篇高誘注云赤木玄木其葉皆可食食之而仙也又穆天子傳云有模堇其葉是食明后亦此類

有不死之國阿姓甘木是食甘木卽不死樹食之不老懿行案不死樹在昆侖山上見海內西經不死民見海外南經

大荒之中有山名曰去痓南極果北不成去痓果音如風痓之痓未詳懿行案集韵云痓充至切音廁風病也是痓卽風痓之痓郭氏又音如之疑有譌字

南海渚中有神人面珥兩青蛇踐兩赤蛇曰不廷胡余神名耳

有神名曰因因乎南方曰因乎夸風曰乎民亦有二名處南極以出入風懿行案大荒東經有神名曰折丹處東極以出入風此神處南極以出入風二神處異位以調八風之氣也

有襄山又有重陰之山有人食獸曰季釐帝俊生季釐懿行案文十八

年左傳云高辛氏才子八人有季貍貍鼇聲同疑是也是此帝俊又爲帝嚳矣故曰季釐之國有緡淵音昬　懿行案竹書云夏帝癸十一年滅有緡疑卽此少昊生倍伐倍伐降處緡淵有水四方名曰俊壇水狀似土壇因名舜壇也　懿行案尸子云水方折者有玉此經有水四方疑其類

有臷民之國爲人黃色　懿行案臷國已見海外南經帝舜生無淫降臷處是謂巫臷民巫臷民朌姓食穀不績不經服也言自然有布帛也不稼不穡食也言五穀自生也種之爲稼收之爲穡爰有歌舞之鳥鸞鳥自歌鳳鳥自舞爰有百獸相羣爰處百穀所聚

大荒之中有山名曰融天海水南入焉懿行案大荒北經云不句之山海水入焉蓋海所瀉處必有歸虛尾閭爲之孔穴地脈潛通故曰入也下又有天臺高山爲海水所入大荒北經亦有北極天櫃海水北注焉皆海之所瀉也

有人曰鑿齒羿殺之（射殺之也　懿行案羿殺鑿齒已見海外南經）

有蜮山者有蜮民之國（音惑）桑姓食黍射蜮是食（蜮短狐也似鼈含沙射人中之則病死此山出之亦以名云　懿行案說文云蜮短狐也似鼈三足以气射害人楚詞大招云鯛鱅短狐王逸注云鯛鱅短狐類也短狐鬼蜮也大招又云魂乎無南蜮傷躬只王逸注云蜮短狐也引詩云爲鬼爲蜮短狐漢書作短弧五行志云蜮在水旁能射人射人有處甚者至死南方謂之短弧顏師古注云卽射工也亦呼水弩廣韵引玄中記云長三四寸蟾蜍鸑鷟鴛鴦悉食之）有人方扜弓射黃蛇（扜挽也音紆　懿行案扜亦音烏扜訓挽者呂氏春秋壅塞篇云扜弓而射之高誘注云扜引也義同郭玉篇云扜持也）名曰蜮人

有宋山者有赤蛇名曰育蛇有木生山上名曰楓木楓木蚩尤所棄其桎梏（蚩尤爲黃帝所得械而殺之已摘棄其械化而爲樹也　懿行案爾雅云楓欇欇郭注云楓樹似白楊葉圓而岐有脂而香今之楓香是廣韻引此經云變爲楓木脂入地千年化爲虎魄此說恐非也虎魄松脂所化非楓也又

引孫炎云欇欇生江上有寄生枝高三四尺生毛一名楓子天旱以泥泥之卽雨南方草木狀云五嶺之間多楓木歲久則生瘤癭一夕遇纍雷驟雨其樹贅暗長三五尺謂之楓人述異記云南中有楓子鬼木之老者爲人形然則楓亦靈怪之物豈以其蚩尤械所化故與郭注摘棄之摘當爲擿字之譌也是爲楓木卽今楓香樹

有人方齒虎尾名曰祖狀之尸音如柤黎之柤

有小人名曰焦僥之國皆長三尺懿行案焦僥國已見海外南經幾姓嘉穀是食

大荒之中有山名㱙塗之山音朽懿行案玉篇云死或作朽是㱙朽古字同㱙醜聲相近㱙塗卽醜塗也已見西次三經昆侖之丘青水窮焉青水出昆侖懿行案青清聲同西次三經云昆侖洋水出焉郭云洋或作清卽此也

有雲雨之山有木名曰欒懿行案說文云欒木似欄繫傳云欄木蘭也今案木蘭見離騷廣雅云木欄桂欄也禹攻雲雨攻謂槎伐其林木有赤石焉生欒言山有精靈復變生此木於赤石之上懿行案初學記三十卷引拾遺記云黑鯉魚千尺如鯨常飛往南海或死肉骨皆消唯膽如石上仙欒也

義正與此合黃本赤枝青葉羣帝焉取藥言樹花實皆爲神藥　懿行案欒實如建木實也見海內南經郭注本此經爲說

有國曰顓頊生伯服懿行案吳氏引世本云顓頊生偁偁字伯服食黍有鼬姓之國音如橘柚之柚有苕山又有宗山又有姓山又有壑山又有陳州山又有東州山又有白水山白水出焉而生白淵昆吾之師所浴也昆吾古王者號音義曰昆吾山名谿水內出善金二文有異莫知所辨測　懿行案昆吾古諸侯名見竹書又大戴禮帝繫篇云陸終氏產六子其一曰樊是爲昆吾也郭又引音義以爲山名者中次二經昆吾之山是也所引音義未審何人書名蓋此經家舊說也

有人名曰張弘在海上捕魚海中有張弘之國或曰即奇肱人疑非　懿行案海外西經奇肱之國郭注云肱或作宏是張宏即奇肱矣肱宏聲同古字通用此注又疑其非何也又案張宏或即長肱見穆

天子傳郭注云卽長臂人見海外南經食魚使四鳥

有人焉鳥喙有翼方捕魚于海懿行案此似說驩頭國人舊本屬上文非是

大荒之中有人名曰驩頭鯀妻士敬士敬子曰炎融生驩頭驩頭人面鳥喙有翼食海中魚杖翼而行翅不可以飛倚杖之用行而已　懿行案驩頭國已見海外南經維宐芑苣穋楊是食管子說地所宐云其種穋杞黑黍皆禾類也苣黑黍今字作禾旁起秬蚍三音　懿行案經蓋言驩頭食海中魚又食芑苣穋楊之類也穋亦禾名今未詳說文云稑疾孰也或作穋音義與此同又案郭引管子地員篇文其穋杞之字今誤作穋杞也有驩頭之國

帝堯帝嚳帝舜葬于岳山卽狄山也爰有文貝離俞鴟久鷹延維視肉熊羆虎豹朱木赤枝青華玄實懿行案朱木形狀又見大荒西經有申山者

大荒之中有山名曰天臺高山海水入焉

東南海之外懿行案北堂書鈔一百四十九卷引此經無南字甘水之閒懿行案初學記一卷及太平御覽三卷竝引此經作甘泉之閒後漢書王符傳注引此經仍作甘水之閒有義和之國有女子名曰義和懿行案史記正義引帝王世紀云帝嚳次妃娵訾氏女曰常儀大荒西經又有帝俊妻常義疑與常儀及此經義和通爲方日浴于甘淵義和蓋天地始生主日月者也故啓筮曰空桑之蒼蒼八極之既張乃有夫義和是主日月職出入以爲晦明又曰瞻彼上天一明一晦有夫義和之子出于暘谷故堯因此而立義和之官以主四時其後世遂爲此國作日月之象而掌之沐浴運轉之於甘水中以效其出入暘谷虞淵也所謂世不失職耳懿行案藝文類聚初學記及李賢注後漢書王符傳引此經竝作浴日于甘泉疑避唐諱改淵爲泉耳初學記及御覽引經浴日于甘泉在是生十日句之下與今本異又引郭注云義和能生日也故曰爲義和之子云云亦與今本異義和者帝俊之妻生十日言生十子各以日名名之故言生十日數十也懿行案郭注生十日下疑脫日字義和十子它書未見藝文類聚五卷引尸子曰造歷數者義和子也然其名竟無攷

有蓋猶之山者其上有甘柤 懿行案柤亦當爲樝字之譌已見海外北經 枝榦皆赤黃葉白華黑實東又有甘華枝榦皆赤黃葉有青馬 懿行案青馬已見海外東經 有赤馬名曰三騅 懿行案三騅已見大荒東經 有視肉

有小人名曰菌人 音如朝菌之菌 懿行案此卽朝菌之菌又音如之疑有譌文或經當爲菌狗之菌菌人蓋靖人類也已見大荒東經吳氏引抱朴子云山中見小人肉芝類也又引南越志云銀山有女樹天明時皆生嬰兒日出能行日沒死日出復然又引事物紺珠云孩見樹出大食國赤葉枝生小兒長六七寸見人則笑菌人疑卽此又嶺海異聞注云香山有物如嬰孩而躶魚貫同行見人輒笑至地而滅亦斯類也

有南類之山爰有遺玉青馬三騅視肉甘華百穀所在

山海經第十五

山海經第十六　晉　郭璞傳　棲霞郝懿行箋疏

大荒西經

西北海之外大荒之隅有山而不合名曰不周負子淮南子曰昔者共工與顓頊爭帝怒而觸不周之山天維絕地柱折故今此山缺壞不周帀也　懿行案列子湯問篇說共工顓頊與淮南天文訓同唯折天柱絕地維二語爲異楚詞天問云康回馮怒地何故以東南傾王逸注云康回共工名也又引淮南子與此注同文選注甘泉賦及思玄賦及太平御覽五十九卷引此經竝無負子二字有兩黃獸守之有水曰寒暑之水水西有濕山水東有幕山音莫有禹攻共工國山言攻其國殺其臣相柳於此山啓筮曰共工人面蛇身朱髮也　懿行案周書史記篇云昔有共工自賢自以無臣久空大官下官交亂民無所附唐氏伐之共工以亡案唐氏卽帝堯也堯舜命禹攻其國而亡之遂流其君於幽州也郭引啓筮者太平御覽三百七十三卷引歸藏啓筮文與此同

有國名曰淑士顓頊之子言亦出自高陽氏也

有神十人名曰女媧之腸或作女媧之腹化爲神處栗廣之野女媧古神女而帝者人面蛇身一日中七十變其腹化爲此神栗廣野名媧音瓜　懿行案說文云媧古之神聖女化萬物者也列子黃帝篇云女媧氏蛇身人面而有大聖之德初學記九卷引帝王世紀云女媧氏亦風姓也承庖犧制度號女希是爲女皇史記索隱引世本云塗山氏女名女媧也淮南說林訓云女媧七十化高誘注云女媧王天下者也七十變造化楚詞天問云女媧有體孰制匠之王逸注云傳言女媧人頭蛇身一日七十化其體如此誰所制匠而圖之乎今案王逸注非也天問之意卽謂女媧一體化爲十神果誰裁制而匠作之言其甚巧也郭注腸字太平御覽七十八卷引作腸又引曹植女媧讚曰人首蛇形神化七十何德之靈橫道而處言斷道也

有人名曰石夷來風曰韋來或作本也處西北隅以司日月之長短言察日月晷度之節　懿行案大荒東經既有鳧處東極以止日月司其短長此又云司日月之長短者西北隅爲日月所不

到然其流光餘景亦有晷度短長故應有主司之者也有五采之鳥有冠名曰狂鳥爾雅云狂夢鳥卽此也　懿行案郭注爾雅亦引此經文狂玉篇作鵟有大澤之長山有白氏之國懿行案氏疑民字之譌明藏本正作民白民國已見海外西經西北海之外赤水之東有長脛之國腳長三丈　懿行案長脛卽長股也見海外西經郭云腳長三丈正與彼注同一本作三尺誤也藏經本作腳步五尺亦與前注不合有西周之國姬姓懿行案說文云姬黃帝居姬水以為姓史記周本紀云封弃於邰號曰后稷別姓姬氏地理志云右扶風斄后稷所封然則經言西周之國蓋謂此食穀有人方耕名曰叔均帝俊生后稷俊宜為嚳嚳第二妃生后稷也　懿行案帝嚳名夋夋俊疑古今字不須依郭改俊為嚳也　然經中帝俊屢見似非一人未聞其審大戴禮帝繫篇云帝嚳上妃有邰氏之女也曰姜原氏產后稷史記周本紀同郭云嚳第二妃誤也稷降以百穀稷之弟曰台璽音胎生叔均懿行案史記周本紀云后稷卒子不窋立譙周議其世次

誤是也史記又不載稷之弟所未詳叔均是代其父及稷播百穀始作耕有赤國妻氏有雙山

西海之外大荒之中有方山者上有青樹懿行案初學記一卷引此經作青松名曰柜格之松木名音矩日月所出入也

西北海之外懿行案初學記十卷引此經無北字明藏本亦同赤水之西有先民之國懿行案先當爲天字之譌也淮南墬形訓海外三十六國中有天民天古作兲或作兲字形相近以此致譌食穀使四鳥有北狄之國黃帝之孫曰始均懿行案地理志云右扶風陳倉有黃帝孫祠始均生北狄有芒山有桂山有榣山此山多桂及榣木因名云耳懿行案初學記引此經作榣山餘同其上有人號曰太子長琴顓頊生老童世本云顓頊娶于滕墳氏謂之女祿產老童也懿行案大戴禮帝繫篇滕墳作滕奔云顓頊娶于滕氏奔之子謂之女祿氏產老童也又老童亦為神居騩山已

見西次三經老童生祝融卽重黎也高辛氏火正號曰祝融也懿行案大戴禮帝繫篇云老童娶于竭水氏之子謂之高緺氏產重黎及吳回史記楚世家云重黎爲帝嚳高辛居火正甚有功能光融天下帝嚳命曰祝融祝融生太子長琴是處榣山始作樂風創制樂風曲也懿行案太平御覽五百六十五卷引此經無風字西次三經騩山云老童發音常如鐘磬故知長琴解作樂風其道亦有所受也有五采鳥三名一曰皇鳥一曰鸞鳥一曰鳳鳥有蟲狀如菟懿行案菟兔通此獸也謂之蟲者自人及鳥獸之屬通謂之蟲見大戴禮易本命篇胷以後者裸不見言皮色青故不見其裸露處青如猨狀狀又似猨懿行案此獸卽㲋也說文云㲋獸也似兔青色而大此經云狀如菟是也又云如猨者言其色非謂狀似兔又似猨也猨明藏本作蝯是

大荒之中有山名曰豐沮玉門日月所入有靈山巫咸巫卽巫肦巫彭巫姑巫眞巫禮巫抵巫謝巫羅十巫從此升降百藥爰

在羣巫上下此山采之也懿行案說文云古者巫咸初作巫越絕書云虞山者巫咸所出也虞故神出奇怪離騷云巫咸將夕降兮王逸注云巫咸古神巫也當殷中宗之時王逸此說恐非也殷中宗之臣雖有巫咸非必即是巫也海外西經巫咸國一蓋特取其同名耳肦讀如班海內西經六巫有巫凡肦凡或即一人水經涑水注引此經作巫盼盼肦形聲又相近也巫眞水經注引作巫貞巫禮作巫孔今案禮古文作礼礼與孔疑形近而譌也海內西經有巫履蓋履即禮也是爲一人無疑其巫相疑即巫謝謝與相聲轉當即一人也郭注云采之也水經注引作采藥往來也案此是海外西經巫咸國注酈氏誤記故引在此耳

西有王母之山懿行案西有當爲有西太平御覽九百二十八卷引此經作西王母山可證壑山海山皆羣大靈之山有沃之國言其土饒沃也懿行案李善注洛神賦引此經作沃人之國藝文類聚八十九卷引作沃民之國疑沃人當爲沃民避唐諱改耳御覽九百二十八卷正引作沃民可證沃民是處沃之野鳳鳥之卵是食懿行案呂氏春秋本味篇云流沙之西丹山之南有鳳之丸沃民所食高誘注云丸古卵字也

甘露是飲凡其所欲其味盡存言其所願滋味此無所不備懿行案海外西經諸夭之野與此同爰有甘華甘柤白柳懿行案初學記二十八卷引此經作決民之國有白柳決卽沃字之譌也視肉三騅璇瑰瑤碧璇瑰亦玉名穆天子傳曰枝斯璿瑰枝回二音懿行案璇當爲璿本或作琁誤也琁與瓊同見說文郭音此爲枚則當爲玫字亦誤也晉灼注漢書云玫瑰火齊珠也若經文爲玫瑰郭又不得云亦玉名矣李善注江賦及洛神賦引此經竝作璿瑰又引郭注云璿瑰亦玉名也旋回兩音是知經文璇瑰注文枚回竝今本之譌矣大荒北經正作璿瑰瑤碧可證又玉篇廣韻引此經竝作璿瑰瑙碧瑤作瑙字形雖異音義當同白木樹色正白今南方有文木亦黑木也懿行案文木卽今烏木也劉逵注吳都賦云文木材密緻無理色黑如水牛角日南有之琅玕白丹青丹又有黑丹也孝經援神契曰王者德至山陵而黑丹出然則丹者別是彩名亦猶黑白黃皆云丹也懿行案黑丹卽下文糸丹是也白丹者鶡冠子度萬篇云膏露降白丹發是其事也多銀鐵鸞鳳自歌鳳鳥自舞爰有百獸相羣是處是謂沃之野懿行案海外西經同有三青鳥赤首

黑目一名曰大鵹音黎一名少鵹一名曰青鳥皆西王母所使也懿行案三青鳥爲西王母取食見海內北經有軒轅之臺射者懿行案初學記二十四卷引此經作射罘誤也大荒北經云其工之臺射者不敢北嚮亦作者字可證不敢西嚮射懿行案藝文類聚六十二卷引此經無射字藏經本亦無射字嚮作鄉是也畏軒轅之臺敬難黃帝之神懿行案臺亦丠也海外西經云不敢西射畏軒轅之丠

大荒之中有龍山日月所入有三澤水名曰三淖懿行案郭注穆天子傳引此經作有川名曰三淖昆吾之所食也穆天子傳曰滔水濁繇氏之所食亦此類也懿行案食謂食其國邑鄭語云主芣騩而食溱洧是也有人衣青以袂蔽面袂袖懿行案海外西經云以右手鄣其面也名曰女丑之尸懿行案女丑之尸見海外西經

有女子之國王頎至沃沮國盡東界問其耆老云國人嘗乘船捕魚遭風見吹數十日東一國在大海中純女無男卽此國也懿行案女子國見海外西經此注本魏志東夷傳也

有桃山有蚩山有桂山懿行案上文已有芒山桂山芒蚩聲同也有于土山

有丈夫之國其國無婦人也懿行案丈夫國已見海外西經

有弇州之山五采之鳥仰天張口噓天名曰鳴鳥懿行案鳴鳥蓋鳳屬也周書君奭云我則鳴鳥不聞國語云周之興也鸑鷟鳴於岐山爰有百樂歌儛之風爰有百種伎樂歌儛風曲懿行案文選注王融曲水詩序引此經儛作舞餘同注爰字明藏本作言是也

有軒轅之國其人人面蛇身懿行案人面蛇身尾交首上見海外西經又此注中六字明藏本作經文江山之南棲爲吉卽窮山之際也山居爲棲吉者言無凶天懿行案軒轅國在窮山之際已見海外西經不壽者乃八百歲壽者數于歲懿行案亦見海外西經

西海陼懿行案爾雅云小洲曰陼陼與渚同中有神人面鳥身珥兩青蛇踐兩赤蛇懿行案此神形狀全似北方神禺彊唯彼作踐兩青蛇爲異見海外北經名曰弇兹

大荒之中有山名曰日月山天樞也吳姖懿行案姖字說文玉篇所無藏經本作姬天門日月所入有神人面無臂懿行案說文云了尦也从子無臂象形兩足反屬于頭山懿行案山當爲上字之譌藏經本作上名曰噓言噓啼也顓頊生老童懿行案史記楚世家云高陽生稱稱生卷章譙周云老童卽卷章老童生重及黎世本云老童娶于根水氏謂之驕福產重及黎懿行案大戴禮帝繫篇云老童娶于竭水氏之子謂之高緺氏產重黎及吳回史記楚世家云卷章生重黎徐廣注引世本云老童生重黎及吳回與帝繫同是皆以重黎爲一人也此經又以重黎爲二人郭引世本又與徐廣異竝所未詳帝令重獻上天令黎邛下地古者神人雜擾無別顓頊乃命南正重司天以屬神命火正黎司地以屬民重實上天黎實下地獻邛義未詳也懿行案郭注本楚語文其火正之火字唐固注云火當爲北是也重號祝融爲高辛氏火正竹書云帝嚳十六年帝使重帥師滅有鄶卽是人也高誘注淮南子云顓頊之孫老童之子吳回一名黎爲高辛氏火正號祝融高誘之說本鄭語及史記楚世家文竝與此經合左傳以爲少昊氏之子曰重爲勾芒木正顓頊氏之子曰黎爲祝

融火正以二人爲非同產與此經及國語異也下地是生噎懿行案此語難曉海內經云后土生噎鳴此經似與相涉而文有闕脫遂不復可讀處于西極以行日月星辰之行次主察日月星辰之度數次舍也懿行案楚語云至于夏商重黎氏世敘天地而別其分主卽此經云噎處西極以行日月星辰者也

有人反臂名曰天虞卽尸虞也懿行案尸虞未見所出据郭注當有成文疑挂經內今逸

有女子方浴月懿行案北堂書鈔一百五十卷引浴上有澄字帝俊妻常羲懿行案史記五帝紀云帝嚳娶娵訾氏女索隱引皇甫謐云女名常儀也今案常儀卽常羲羲儀聲近又與羲和當卽一人已見大荒南經生月十有二此始浴之義與羲和浴日同

有玄丹之山出黑丹也懿行案上文沃民國有青丹郭云又有黑丹也謂此有五色之鳥人面有髮爰有青鴍音文黃鷔音敖青鳥黃鳥其所集者其國亡懿行案海外西經云鴍鳥鶬鳥其色青黃所經國亡又云青鳥黃鳥所集卽此是也玉篇有鷔字云有此鳥集卽大荒國亡李善注江賦引此經及郭注與今本畧同

有池名孟翼之

攻顓頊之池孟翼人姓名大荒之中有山名曰鏖鏊鉅鏊音如敖日月所入者有獸左右有首名曰屏蓬即并封也語有輕重耳懿行案海外西經云并封前後有首此云左右有首又似非一物也說見大荒南經有巫山者懿行案大荒南經有巫山有壑山者懿行案上文有壑山海山有金門之山有人名曰黃姖懿行案姖藏經本作姬之尸有比翼之鳥有白鳥青翼黃尾玄喙奇鳥有赤犬名曰天犬其所下者有兵周書云天狗所止地盡傾餘光燭天為流星長數十丈其疾如風其聲如雷其光如電吳楚七國反時吠過梁國者是也懿行案赤犬名曰天犬此自獸名亦如西次三經陰山之獸名曰天狗耳郭注以天狗星當之似誤也其引周書逸周書無之漢書天文志云天狗狀如大流星有聲其下止地類狗所墜及望之如火光炎炎中天其下圜如數頃田處上銳見則有黃色千里破軍殺將又云狗守禦類也天狗所降以戒守禦吳楚攻梁梁堅城守遂伏尸流血其下

西海之南流沙之濱赤水之後黑水之前有大山名曰昆侖之丘有神人面虎身有文有尾皆白處之言其尾以白爲點駮懿行案神人卽陸吾也其狀虎身九尾人面虎爪司昆侖者已見西次三經其下有弱水之淵環之其水不勝鴻毛懿行案李賢注後漢書張衡傳及李善注思玄賦引此經淵並作川蓋避唐諱改也又引此經仍作淵字顏師古注漢書西域傳引玄中記云昆侖之弱水鴻毛不能起也史記大宛傳索隱引輿地圖云昆侖弱水非乘龍不至藝文類聚八卷引郭氏讚云弱出昆山鴻毛是沈北淪流沙南映火林惟水之奇莫測其深其外有炎火之山投物輒然今去扶南東萬里有耆薄國東復五千里許有火山國其山雖霖雨火常然火中有白鼠時出山邊求食人捕得之以毛作布今之火澣布是也卽此山之類懿行案水經瀵水注引神異經云南方有火山焉長四十里廣四五里其中皆生不燼之木晝夜火然得暴風猛雨不滅火中有鼠重百斤毛長二尺餘細如絲色白時時出外以水逐而沃之則死取其毛績以爲布謂之火浣布卽郭氏所說也火浣布又見列子湯問篇云周穆王時西戎獻之也魏志云齊王芳立西域重譯獻火浣布裴松之注引搜神

記大意與郭同又藝文類聚八十卷引幺中記云南方有炎火山四月生火其木皮爲火浣布搜神記亦同茲說將火𤑔布故有鼠毛及木皮二種邪類聚七卷引郭氏讚云木含陽氣精構則然焚之無盡是生火山理見乎微其傳在傳案末句誤疑當爲其妙不傳

有人戴勝虎齒有豹尾穴處名曰西王母

河圖玉版亦曰西王母居昆侖之山西山經曰西王母居玉山穆天子傳曰乃紀名迹于弇山之石曰西王母之山也然則西王母雖以昆侖之宮亦自有離宮別窟游息之處不專住一山也故記事者各舉所見而言之　懿行案今本穆天子傳作紀丌跡于弇山之石丌卽其之假借字也郭云西王母雖以昆侖之宮以當爲居以古字作𡰥居古文作尻皆形近而譌也藏經本作雖以昆侖爲宮其義亦通也經言西王母穴處者莊子大宗師篇云西王坐乎少廣釋文引司馬彪云少廣穴名是知此人在所乃以窟穴爲居故穆天子傳載爲天子吟曰虎豹爲羣鳥獸與處葢自道其實也它書或說西王母所居玉闕金堂徒爲虛語耳

此山萬物盡有

大荒之中有山名曰常陽之山

懿行案或說海外西經形天葬常羊之山卽此非也常羊之山

見下文日月所入

有寒荒之國有二人女祭女薎或持觶或持俎　懿行案薎當爲蔑字之譌海外西經云女祭女戚戚卽蔑也郭云持觶觶亦觶字之譌也戚操魚觛亦見海外西經

有壽麻之國呂氏春秋曰南服壽麻北懷闟耳　懿行案郭引呂氏春秋任數篇文也南當爲西字之譌壽麻彼作壽靡高誘注云西極之國靡亦作麻今案麻靡古字通地理志云益州郡收靡李奇云靡音麻卽升麻也南嶽娶州山女名曰女虔女虔生季格季格生壽麻壽麻正立無景疾呼無響言其稟形氣有異於人也列仙傳曰玄俗無景　懿行案淮南墬形訓言建木日中無景呼而無響也拾遺記云勃鞮之國人皆日中無景列仙傳云玄俗者自言河閒人也餌巴豆雲英賣藥於市七丸一錢治百病王病瘕服藥用下蛇十餘頭王家老舍人自言父世見俗俗形無景王呼俗著日中實無景案此據劉逵注魏都賦所引與今列仙傳本不同爰有大暑不可以往言熱炙殺人也　懿行案楚詞招魂云西方之害其土爛人求水無所得些王逸注云言

西方之土溫暑而熱燋爛人肉渴欲求水無有源泉不可得也亦此類

有人無首操戈盾立名曰夏耕之尸亦形天尸之類故成湯伐夏桀于章山克之于章山名　懿行案郭以于章爲山名未詳所在史記夏本紀正義引淮南子云湯敗桀於歷山與妹喜同舟浮江奔南巢之山而死今案淮南脩務訓云湯乃整兵鳴條困夏南巢譙以其過放之歷山此即史記正義所引也高誘注云南巢今廬江居巢是歷山蓋歷陽之山未審即此經章山以不斬耕厥前頭亦在前者耕既立無首走厥咎逃避罪也　懿行案藏經本立字在無首下乃降于巫山自竄於巫山巫山今在建平巫縣　懿行案地理志云南郡巫應劭注云巫山在西南郭云今在建平巫縣者見晉書地理志

有人名曰吳回奇左是無右臂即奇肱也吳回祝融弟亦爲火正也　懿行案此非奇肱國也說文云孑無右臂也即此之類吳回者大戴禮帝繫篇云老童產重黎及吳回史記楚世家云帝嚳誅重黎而以其弟吳回爲重黎後復居火正爲祝融是皆以重黎爲一人吳回爲一人世本亦同此經上文則以重黎爲二人似黎即吳回故潛夫論志

氏姓云黎顓頊氏裔子吳回也高誘注淮南亦云祝融顓頊之孫老童之子吳回也一名黎爲高辛氏火正號爲祝融其注呂氏春秋又云吳國回祿之神託於竈與注淮南異也王符高誘竝以黎卽吳回與此經義合重黎相繼爲火官故皆名祝融矣

有葢山之國有樹赤皮支榦青葉名曰朱木或作朱威木也　懿行案朱木巳見大荒南經青葉彼作青華是也此葢字形之譌

有一臂民北極下亦有一腳人見河圖玉版　懿行案一臂國巳見海外西經

大荒之中有山名曰大荒之山日月所入有人焉三面是顓頊之子三面一臂無左臂也　懿行案說文云了無左臂也卽此　**三面之人不死**言人頭三邊各有面也玄莵太守王頎至沃沮國問其耆老云復有一破船隨波出在海岸邊上有一人項中復有面與語不解了不食而死此是兩面人也呂氏春秋曰一臂三面之鄉也　懿行案呂氏春秋求人篇云禹西至一臂三面之鄉本此郭說兩面人本魏志東夷傳

是謂大荒之野懿行案上林賦云過乎泱漭之壄張揖注云山海經所謂大荒之野李善注曹植七

啓引此經野下有中字葢衍也其注張協七命仍引此經無中字可證

西南海之外赤水之南流沙之西有人珥兩青蛇乘兩龍名曰夏后開懿行案開即啓也漢人避諱所改開上三嬪于天嬪婦也言獻美女於天帝 懿行案離騷云啓九辯與九歌天問云啓棘賓商九辯九歌是賓嬪古字通棘與亟同葢謂啓三度賓于天帝而得九奏之樂也故歸藏鄭母經云夏后啓筮御飛龍登于天吉正謂此事周書王子晉篇云吾後三年上賓于帝所亦其證也郭注大誤得九辯與九歌以下皆天帝樂名也開登天而竊以下用之也開筮曰昔彼九冥是與帝辯同宮之序是謂九歌又曰不得竊辯與九歌以國于下義具見於歸藏此天穆之野高二千仞竹書曰顓頊產伯鯀是維若陽居天穆之陽也 懿行案竹書云帝顓頊三十年帝產伯鯀居天穆之野無是維若陽四字葢脫去之開焉得始歌九招竹書曰夏后開舞九招也 懿行案竹書云夏帝啓十年帝巡狩舞九韶于大穆之野海外西經云大樂之野夏后啓于此儛九代即此

有互人之國人面魚身懿行案互人卽海內南經氐人國也氐互二字葢以形近而譌以俗氐正作互字也羅泌云互人宜作氐人非也周官鼈人掌取互物是互物卽魚鼈之通名國名互人豈以其人面魚身故與郭注人面魚身四字本海內南經之文藏經本將此郭注列入經文炎帝之孫炎帝神農名曰靈恝音如券契之契靈恝生互人是能上下于天言能乘雲雨也有魚偏枯名曰魚婦顓頊死卽復蘇言其人能變化也風道北來天乃大水泉言泉水得風暴溢出道猶從也韓非曰糸鶴二八道南方而來懿行案郭引韓非者十過篇云師曠不得已援琴而鼓一奏之有糸鶴二八道南門來集於郞門之垝郭引南門作南方所見本異也蛇乃化爲魚是爲魚婦顓頊死卽復蘇淮南子曰后稷龍在建木西其人死復蘇其中爲魚葢謂此也懿行案郭注龍當爲隴中當爲半並字形之譌高誘注淮南墬形訓云人死復生或化爲魚卽指此事然則魚婦豈卽顓頊所化如女媧之腸化爲十神者邪又樂浪尉化魚事見陸機詩疏

有青鳥身黃赤足六首懿行案海內西經云開明南有鳥六首卽此也名曰鸀鳥音觸懿

行案爾雅云鶡山烏非此有大巫山有金之山西南大荒之中隅懿行案藏經本隅上無中字有偏句常羊之山懿行案海外西經云帝斷形天之首葬之常羊之山卽此淮南墬形訓云西南方曰編駒之山編駒疑卽偏句呂氏春秋諭大篇云地大則有常祥不庭疑常祥卽常羊也不庭已見大荒南經

按夏后開卽啓避漢景帝諱云

山海經第十六

山海經第十七　晉　郭璞傳　棲霞郝懿行箋疏

大荒北經

東北海之外大荒之中河水之閒附禺之山懿行案海外北經作務隅海內東經作鮒魚此經又作附禺皆一山也古字通用文選注謝朓哀策文引此經作鮒禺之山後漢書張衡傳注引此經與今本同帝顓頊與九嬪葬焉此皆殊俗義所作冢爰有鴟久文貝離俞鸞鳥皇鳥大物小物言備有也有青鳥琅鳥玄鳥黃鳥虎豹熊羆黃蛇視肉璿瑰瑤碧皆出衞于山扗其山邊也　懿行案蓺文類聚八十九卷初學記二十八卷引此經竝作衞丘山北堂書鈔一百三十七卷亦作衞丘是知古本衞丘連文丘方而以皆出于山四字相屬今本譌倒其句耳所宜訂正丘方員三百里丘南帝俊竹林扗焉懿行案此經帝俊葢顓頊也下云丘西有沈淵顓頊所浴以此知之大可爲舟言舜林中竹一節則可以爲船也　懿行案初學記引神異經云南方荒中有沛竹其長百丈圍二

丈五六尺厚八九寸可以為船廣韵引神異經云篩竹一名太極長百丈南方以為船玉篇云篛竹長千丈為大船也生海畔即此類竹南有赤澤水水色赤也名曰封淵封亦大也有三桑無枝皆高百仞懿行案三桑無枝已見海外北經注云皆高百仞四字藝文類聚八十八卷引作經文疑今本誤作注文耳丘西有沈淵顓頊所浴

有胡不與之國一國復名耳今胡夷語皆通然烈姓懿行案烈姓蓋炎帝神農之裔左傳稱烈山氏祭法作厲山氏鄭康成注云厲山神農所起一曰有烈山黍食

大荒之中有山名曰不咸有肅慎氏之國今肅慎國去遼東三千餘里穴居無衣衣豬皮冬以膏塗體厚數分用御風寒其人皆工射弓長四尺勁彊箭以楛為之長尺五寸青石為鏑此春秋時隼集陳侯之庭所得矢也晉太興三年平州刺史崔毖遣別駕高會使來獻肅慎氏之弓矢箭鏃有似銅骨作者問云轉與海內國通得用此今名之為挹婁國出好貂赤玉豈從海外轉而至此乎後漢書所謂挹婁者是也懿行案肅慎國見海外西經郭說肅慎本

魏志東夷傳但傳本作用楛長尺八寸與郭異餘則同也今之後漢書非郭所見而此注引後漢書者吳志妃嬪傳云謝承撰後漢書百餘卷其書說挹婁即古肅愼氏之國也隼集陳侯之庭魯語有其事竹書云帝舜二十五年息愼氏來朝貢弓矢即肅愼也左傳云肅愼燕亳吾北土也周書王會篇亦云正北方稷愼稷息肅竝聲轉字通也魏志東夷傳云挹婁在夫餘東北千餘里濱大海史記正義引括地志云靺鞨國古肅愼也在京東北萬里

有蜚蛭四翼翡窒兩音懿行案上林賦云蛭蜩蠼猱司馬彪注引此經蜚作飛

有蟲獸首蛇身名曰琴蟲亦蛇類也懿行案南山人以蟲爲蛇見海外南經

有人名曰大人有大人之國懿行案大荒東經云波谷山有大人之國即此史記孔子世家云防風在虞夏商爲汪罔於周爲長翟今謂之大人案此本魯語文其汪罔爲汪芒也

釐姓懿行案晉語司空季子說黃帝之子十二姓中有僖姓僖釐古字通用釐即僖也史記孔子世家云汪罔氏之君守封禺之山爲釐姓索隱云釐音僖是也又引家語云姓漆誤系本無漆字案魯語云汪芒氏之君爲漆姓非誤也疑漆與釐古亦通

黍食懿行案東北地皆宜黍孟

子云貉五穀不生唯黍生之說已見大荒東經有大青蛇黃頭懿行案黃頭蓺文類聚引作頭方食麈今南方蚺蛇食鹿鹿亦麈屬也懿行案榮山有糸蛇食麈巳見大荒南經又案此經及榮山之麈蓺文類聚竝引作麈字在地部六卷誤有榆山有鯀攻程州之山皆因其事而名物也懿行案程州蓋亦國名如禹攻共工國山之類

大荒之中有山名曰衡天有先民之山懿行案西北海之外有先民之國見大荒西經非此也有槃木千里音盤懿行案大戴禮五帝德篇云東至于蟠木史記五帝紀同疑即此也劉昭注禮儀志引此經云東海中有度朔山上有大桃樹蟠屈三千里其卑枝門曰東北鬼門萬鬼出入也上有二神人一曰神荼一曰鬱偏主閱領衆鬼之惡害人者執以葦索而用食虎於是黃帝法而象之毆除畢因立桃梗於門戶上畫鬱偏持葦索以御凶鬼畫虎於門當食鬼也論衡訂鬼篇引此經大意亦同案王充劉昭所引疑本經文今脫去之也太平御覽九百六十七卷載漢舊儀引此經亦與王劉同李善注陸機挽歌詩引此文作海水經曰東海中有山焉名度索上有大桃樹東北癭枝名曰鬼門

◎

萬鬼所聚史記五帝紀注亦引此文而作海外經云云蓋誤也海外北經雖有尋木長千里然尋木非槃木疑二書所引皆即此經之逸文矣藝文類聚八十六卷亦引此經云桃樹屈蟠三千里又張衡東京賦亦引用此事薛綜注雖述其文而不云出此經疑漏引書名也又諸書所說文字俱有異同姑存以俟攷

有叔歜國一音作感反一音觸顓頊之子黍食使四鳥虎豹熊羆有黑蟲如熊狀名曰猎猎或作猲音夕同　懿行案玉篇云猎秦亦切獸名廣韻亦云獸名引此經蓋蟲獸通名耳猲見說文

有北齊之國姜姓懿行案說文云姜神農居姜水以爲姓史記齊太公世家云姓姜氏案大荒西經有四周之國姬姓此有北齊之國姜姓皆周秦人語也使虎豹熊羆

大荒之中有山名曰先檻懿行案藏經本作光檻大逢之山河濟所入海北注焉河濟注海已復出海外入此山中也　懿行案滿洲人福星保言黃河入海復流出塞外注翰海翰海地皆沙

磧蓋伏流也案福君此說與經義合翰海卽羣鳥解羽之所見下文其西有山名曰禹所積石懿行案海內西經云河水入渤海又出海外入禹所導積石山正與此經合是此海卽渤海矣水經所謂渤海亦卽此有陽山者有順山者順水出焉

有始州之國有丹山此山純出丹朱也竹書曰和甲西征得一丹山今所在亦有丹山丹出土穴中懿行案竹書云陽甲三年西征丹山戎陽甲一名和甲也郭所引與今本小異

有大澤方千里羣鳥所解穆天子傳曰北至廣原之野飛鳥所解其羽乃于此獵鳥獸絕羣載羽百車竹書亦曰穆王北征行流沙千里積羽千里皆謂此澤也懿行案大澤已見海內西經穆天子傳云碩鳥解羽六師之人畢至于曠原是郭所引廣當爲曠或古字通也此謂之大澤穆天子傳謂之曠原史記漢書謂之翰海皆是史記索隱引崔浩云翰海北海名羣鳥之所解羽故云翰海

有毛民之國其人面體皆生毛懿行案毛民國已見海外東經今所見毛民面首猥毛盡如熊唯微露眉目處

所有似獼猴餘則是人耳然其體亦皆毛也不解言語但收養者以意指使之嘉慶十一年春正月余在京師親所診見是其毛人乎高誘注淮南而云毛如矢鏃卽實非矣依姓懿行案晉語云黃帝之子二十五宗其得姓者十四人爲十二姓中有依姓也食黍使四鳥禹生均國均國生役采采一作來懿行案藏經本正作來役采生修懿行案藏經本作循鞈音如單祫之祫修鞈殺綽人人名帝念之潛爲之國潛密用之爲國是此毛民

有儋耳之國其人耳大下儋垂在肩上朱崖儋耳鏤畫其耳亦以放之也懿行案淮南子作耽耳博物志作檐耳皆儋耳之異文也儋依字當爲瞻見說文此是北瞻耳也呂氏春秋任數篇曰北懷儋耳高誘注云北極之國正謂是也其南瞻耳經謂之離耳見海內南經又聶耳國見海外北經與此異任姓懿行案晉語說黃帝之子十二姓中有任姓也禺號子食穀北海之渚中言在海島中種粟給食謂禺彊也懿行案禺號卽禺虢大荒東經云黃帝生禺虢禺虢生禺京禺京卽禺彊也京彊聲相近有神人面鳥身珥兩青蛇踐兩赤蛇

名曰禺彊（懿行案大荒東經云禺猇珥兩黃蛇踐兩黃蛇與此異餘則同也又海外北經云禺彊踐兩青蛇亦與此異又帝命禺彊使巨鼇十五舉首而戴五山見列子湯問篇）

大荒之中有山名曰北極天櫃（音匱　懿行案櫃藏經本作樻）海水北注焉有神九首人面鳥身名曰九鳳（懿行案郭氏江賦云奇鶬九頭疑即此）又有神銜蛇操蛇（懿行案列子湯問篇說愚公事云操蛇之神聞之告之於帝操蛇之神當即此）其狀虎首人身四蹏長肘名曰彊良（亦在畏獸畫中　懿行案後漢禮儀志說十二神云強梁祖明共食磔死寄生疑強梁即彊良古字通也）

大荒之中有山名曰成都載天有人珥兩黃蛇把兩黃蛇名曰夸父后土生信（懿行案后土共工氏之子句龍也見昭十九年左傳又見海內經）信生夸父夸父不量力欲追日景逮之于禺谷（禺淵日所入也今作虞　懿行案列子湯問篇夏革說本

此禺谷作隅谷將飲河而不足也將走大澤未至死于此渴死懿行案夸父逐日已見海外北經應龍已殺蚩尤又殺夸父上云夸父不量力與日競而死今此復云爲應龍所殺死無定名觸事而寄明其變化無方不可揆測乃去南方處之故南方多雨言龍水物以類相感故也

又有懿行案藏經本無又字無腸之國爲人長也懿行案海外北經云無腸國其爲人長是此注所本是任姓

無繼子食魚繼亦當作脊謂膞腸也懿行案膞腸卽腨腸其聲同也見海外北經無脊國繼脊聲相近淮南墬形訓作無繼民

共工臣名曰相繇相柳也語聲轉耳懿行案相柳見海外北經九首蛇身自環言轉旋也食于九土言貪殘也懿行案海外北經作九山其所歍所尼歍嘔猶噴吒尼止也懿行案說文

云歍心有所惡若吐也又云歐吐也爾雅釋詁云尼止也卽爲源澤言多氣力不辛乃苦言氣酷烈百獸莫能處言畏之也禹堙洪水殺相繇禹塞洪水由以溺殺之也其血腥臭不可生穀其地多水不可居也言其膏血滂流成淵水也禹湮之三仞三沮言禹以土塞之地陷壞也乃以爲池羣帝是因以爲臺地下宜積土故衆帝因來在此共作臺　懿行案卽帝堯帝嚳等臺也見海內北經在昆侖之北懿行案海內北經云臺四方在昆侖東北有岳之山懿行案李善注張協七命引此經作岳山無之字尋竹生焉尋大竹名　懿行案玉篇作箏云竹長千丈然海外北經有尋木長千里尋竹猶尋木也玉篇作箏失之李善注張協七命引此經及郭注竝止作尋可證玉篇之非

大荒之中有山名曰不句海水入焉懿行案藏經本水下有北字

有係昆之山者有共工之臺射者不敢北鄉言畏之也　懿行案共工之臺已見

海外北經**有人衣青衣名曰黃帝女魃**音如旱妭之魃　懿行案玉篇引文字指歸曰女妭禿無髮所居之處天不雨也同魃李賢注後漢書引此經作妭云妭亦魃也據此則經文當爲妭注文當爲魃今本誤也太平御覽七十九卷引此經作妭可證

蚩尤作兵伐黃帝懿行案大戴禮用兵篇云問曰蚩尤作兵與曰蚩尤庶人之貪者也何器之能作是以蚩尤爲庶人然史記殷本紀云昔蚩尤與其大夫作亂百姓帝乃弗予有狀是知蚩尤非庶人也又五帝本紀云諸侯咸來賓從而蚩尤最爲暴莫能伐則蚩尤爲諸侯審矣管子地數篇云蚩尤受葛盧山之金而作劒鎧矛戟太平御覽二百七十卷引世本曰蚩尤作兵宋衷注曰蚩尤神農臣也又引春秋元命苞曰蚩尤虎捲威文立兵宋均注曰捲手也手文威字也又龍魚河圖說此極詳見史記正義

黃帝乃令應龍攻之冀州之野冀州中土也黃帝亦教虎豹熊羆以與炎帝戰於阪泉之野而滅之見史記　懿行案古以冀州爲中州之通名故郭云冀州中土也又引史記云黃帝與炎帝戰於阪泉之野此五帝本紀文然其下方云與蚩尤戰於涿鹿之野郭氏未引此文蓋漏脫也周書嘗麥篇云蚩尤乃逐帝爭于涿鹿之阿九隅無遺赤帝大懾乃說于黃帝執蚩尤殺之于中冀用名之曰絕轡之野周書所

說即此經云攻之冀州之野也焦氏易林云白龍赤虎戰鬬俱怒蚩尤敗走死于魚口即此經云令應龍攻之也**應龍畜水蚩尤請風伯雨師縱大風雨**懿行案縱當爲從史記正義引此經云以從大風雨蓺文類聚七十九卷及太平御覽七十九卷引此經亦作從**黃帝乃下天女曰魃**懿行案御覽引此經魃作妭藏經本此下亦俱作妭史記正義引龍魚河圖云黃帝以仁義不能禁止蚩尤乃仰天而歎天遣玄女下授黃帝兵符伏蚩尤**雨止**懿行案史記正義引此經有以止雨三字在雨止句之上**遂殺蚩尤**懿行案初學記九卷引歸藏啟筮云蚩尤出自羊水八肱八趾疏首登九淖以伐空桑黃帝殺之于青丘史記索隱引皇甫謐云黃帝使應龍殺蚩尤於凶黎之谷**魃不得復上所居不雨**旱氣在也**叔均言之帝後置之赤水之北**遠徙之也**叔均乃爲田祖**主田之官詩云田祖有神**魃時亡之**畏見逐也懿行案亡謂善逃逸也**所欲逐之者令曰神北行**向水位也懿行案北行者令歸赤水之北也**先除水道決通溝瀆**言逐之必得雨故見先除水道今之逐魃是也懿行案蓺文類聚一百卷引神異經云南方有人長二三尺

袒身而目在頂上走行如風名曰魃所見之國大旱赤地千里一名狢遇者得之投溷中乃死旱災消是古有逐魃之說也魏書載咸平五年晉陽得死魃長二尺面頂各二目通考言永隆元年長安獲女魃長尺有二寸然則神異經之說蓋不誣矣今山西人說旱魃神體有白毛飛行絶迹而東齊愚人有打旱魃之事其說恠誕不經故備書此正之

有人方食魚名曰深目民之國懿行案深目國已見海外北經昐姓食魚亦胡類但眼絶深黃帝時姓也　懿行案昐府文切見玉篇與滕荀二字形聲俱近晉語說黃帝之子十二姓中有滕荀疑郭本昐作滕或荀故注云黃帝荀姓也

有鍾山者有女子衣青衣名曰赤水女子獻神女也　懿行案穆天子傳云赤烏之人丌好獻女于天子曰赤烏氏美人之地也似與此經義合

大荒之中有山名曰融父山順水入焉懿行案上文云有順山者順水出焉卽此有人名曰犬戎黃帝生苗龍苗龍生融吾融吾生弄一作卞明弄明

生白犬懿行案漢書匈奴傳注引此經作弄明史記周本紀正義引此經作并明并與卞疑形聲之譌轉匈奴傳索隱引此經亦作并明又云黃帝生苗苗生龍龍生融融生吾吾生并明并明生白白生犬犬有二牡是爲犬戎所引一人俱爲兩人所未詳聞白犬有牝牡言自相配合也懿行案史記周本紀正義漢書匈奴傳注引此經竝作白犬有二牝牡蓋謂所生二人相爲牝牡也藏經本作白犬二犬有牝牡下犬字疑衍是爲犬戎肉食有赤獸馬狀無首名曰戎宣王尸犬戎之神名也懿行案說文云赤狄本犬種从犬亦省聲

有山名曰齊州之山君山鬵山音潛鮮野山魚山

有人一目當面中生懿行案此人卽一目國也見海外北經當面中生四字藏經本作郭注非一曰是威姓少昊之子懿行案晉語云青陽與夷鼓皆爲己姓說者云青陽卽少昊是少昊己姓此云威者己威聲相轉食黍

有繼無民懿行案繼無疑當爲無繼卽上文無繼子也繼無民任姓無骨子言有無骨人也

尸子曰徐偃王有筋無骨食氣魚懿行案食氣魚者此人食氣兼食魚也大戴禮易本命篇云食氣者神明而壽

西北海外流沙之東有國曰中輻懿行案輻玉篇云符善切集韵云婢善切音扁藏經本輻作輪顓頊之子食黍

有國名曰賴丘有犬戎國懿行案犬戎國已見海內北經有神懿行案犬戎黃帝之玄孫已見上文是犬戎亦人也神字疑譌史記周本紀集解引此經正作人字人面獸身名曰犬戎

西北海外黑水之北有人有翼名曰苗民三苗之民懿行案三苗國已見海外南經史記五帝紀正義引神異經云西荒中有人焉面目手足皆人形而胳下有翼不能飛為人饕餮淫逸無理名曰苗民引此經文顓頊生驩頭懿行案驩頭國亦見海外南經驩頭生苗民苗民釐姓懿行案釐與僖同說已見上食肉有山名曰章山

大荒之中有衡石山九陰山洞野之山懿行案水經若水注文選甘泉賦及月賦注蓺

文類聚八十九卷引此經苅作灰野之山上有赤樹青葉赤華名曰若木生昆侖西附西極其華光赤下照地懿行案若說文作叒云日初由東方湯谷所登榑桑叒木也象形今案說文所言是東極若木此經及海內經所說乃西極若木不得同也離騷云折若木以拂日王逸注云若木在昆侖西極其華照下地淮南墬形訓云若木在建木西末有十日其華照下地皆郭注所本也又文選月賦注引此經若木下有日之所八處五字水經若水注引此經若木下有生昆侖山西附西極八字證以王逸離騷注若木在昆侖西極則知水經注所引八字古本蓋在經文今誤入郭注爾又郭注其華光赤下照地王逸離騷注亦有其華照下地五字以此互證疑此句亦當在經中今本誤入注文也藝文類聚八十九卷引郭氏讚云若木之生昆山是濱朱華電照碧葉玉津食之靈智爲力爲仁

有牛黎之國懿行案牛黎蓋卽柔利也其人反厀曲足居上故此經云無骨矣柔利國見海外北經有人無骨儋耳之子儋耳人生無骨子也

西北海之外赤水之北有章尾山懿行案海外北經作鍾山此作章尾山章鍾聲近而轉也

文選注雪賦引此經文又注舞鶴賦引十洲記曰鍾山在北海之中地仙家數千萬耕田種芝草課計頃畝也卽此有神人面蛇身而赤身長千里　懿行案身長千里見海外北經蓺文類聚七十九卷引此四字作經文里字作尺今案四字作經文是也海外北經可證直目正乘直目目從也正乘未聞　懿行案畢氏云乘恐朕字假音俗作朕也其瞑懿行案李善注思玄賦引此經作眠俗字也乃晦其視乃明言視爲晝眠爲夜也不食不寑不息風雨是謁言能請致風雨是燭九陰照九陰之幽陰也是謂燭龍離騷曰日安不到燭龍何燿詩含神霧曰天不足西北無有陰陽消息故有龍銜精以往照天門中云淮南子曰蔽於委羽之山不見天日也　懿行案楚詞天問作燭龍何照郭引照作燿也李善注雪賦引詩含神霧云有龍銜火精以照天門中此注所引脫火字也又引淮南子者墬形訓云燭龍在鴈門北蔽於委羽之山不見日高誘注云委羽北方山名一曰龍銜燭以照太陰蓋長千里云云

山海經第十七

山海經第十八　晉　郭璞傳　棲霞郝懿行箋疏

海內經

東海之內北海之隅有國名曰朝鮮朝鮮今樂浪郡也懿行案朝鮮已見海內北經天毒其人水居天毒即天竺國貴道德有文書金銀錢貨浮屠出此國中也晉大興四年天竺胡王獻珍寶懿行案史記大宛傳云有身毒國索隱云身音乾毒音篤孟康云即天竺也所謂浮圖胡也案大宛傳說身毒云其人民乘象以戰其國臨大水焉後漢書西域傳云天竺國一名身毒其國臨大水修浮圖道不殺伐水經注引康泰扶南傳曰天竺土俗道法流通金寶委積山川饒沃恣所欲大意與郭注同也偎人愛之偎亦愛也音隱隈反懿行案愛之藏經本作愛人是也列子云列姑射山有神人不偎不愛仙聖爲之臣義正與此合袁宏漢紀云浮屠佛也天竺國有佛道其教以修善慈心爲主不殺生亦此義也玉篇云偎愛也本此又云北海之隈有國曰偎人以偎人爲國名義與此異

西海之內流沙之中有國名曰壑市音郝懿行案水經注禹貢山水澤地云流沙在西

海郡北又逕浮渚歷壑市之國

西海之內流沙之西有國名曰氾葉音如氾濫之氾懿行案水經注無此國疑脫

流沙之西有鳥山者懿行案水經注云流沙歷壑市之國又逕於鳥山之東三水出焉三水同出一山也爰有黃金璿瑰丹貨銀鐵皆流于此中言其中有雜珍奇貨也懿行案皆流于此中藏經本作皆出此水四字穆天子傳云天子之瑤玉果璿珠燭銀黃金之膏卽此類又有淮山好水出焉

流沙之東黑水之西有朝雲之國懿行案水經注云流沙又逕於鳥山之東朝雲之國司彘之國黃帝妻雷祖生昌意世本云黃帝娶于西陵氏之子謂之纍祖產青陽及昌意懿行案雷姓也祖名也西陵氏姓方雷故晉語云青陽方雷氏之甥也雷通作纍郭引世本作纍祖大戴禮帝繫篇作嫘祖史記五帝紀同漢書古今人表作絫祖竝通昌意降處若水懿行案大戴禮帝繫篇與此同史記索隱云降下也言帝

子爲諸侯若水在蜀卽所封國也

生韓流

竹書云昌意降居若水產帝乾荒乾荒卽韓流也生帝顓頊　懿行案竹書帝乾荒蓋卽帝顓頊也此經又有韓流生顓頊與竹書及大戴禮史記皆不合當在闕疑郭氏欲以此經附合竹書恐非也詳見大荒東經

韓流擢首謹耳

擢首長咽謹耳未聞　懿行案說文云顓頭顓顓謹皃項頭項項謹皃卽謹耳之義然則顓頊命名豈以頭似其父故與說文又云擢引也方言云擢拔也拔引之則長故郭訓擢爲長矣

人面豕喙

懿行案韓詩外傳姑布子卿說孔子云汙面葭喙葭蓋與豭通卽豕喙也

麟身渠股

渠車輞言跰脚也大傳曰跰大如車渠　懿行案跰當爲胼依字當爲骿見說文尚書大傳云取大貝大如大車之渠鄭康成注云渠車罔也是郭注所本

豚止

止足　懿行案止卽趾也士昏禮云皆有枕北止鄭注云止足也古文趾作止又漢書郊祀歌云獲白麟爰五止顏師古注亦訓止爲足也

取淖子曰阿女生帝顓頊

世本云顓頊母濁山氏之子名昌僕　懿行案大戴禮帝繫篇云昌意娶于蜀山氏之子謂之昌僕氏產顓頊郭引世本作濁山氏濁蜀古字通濁又通淖是淖子卽蜀山子也曰阿女者初學記九卷引帝王世紀云顓頊母曰景僕蜀山氏女謂之女樞是也

流沙之東黑水之閒有山名不死之山即員丘也懿行案水經注云流沙又歷員丘不死山之西郭知不死山即員丘者員丘山上有不死樹食之乃壽見海外南經注

華山青水之東有山名曰肇山有人名曰柏高柏子高仙者也懿行案據郭注經文當爲柏子高藏經本正如是今本脫子字也莊子天地篇云堯治天下伯成子高立爲諸侯禹時伯成子高辭爲諸侯而耕史記封禪書說神僊之屬有羨門子高未審即一人否又郭注穆天子傳云古伯字多从木然則柏高即伯高矣伯高者管子地數篇有黃帝問於伯高云云葢黃帝之臣也帝乘龍鼎湖而伯高從焉故高亦仙者也柏高上下于此至于天言翱翔雲天往來此山也

西南黑水之閒有都廣之野懿行案海內西經云后稷之葬山水環之在氐國西其地葢在今甘肅界也魯語云稷勤百穀而山死韋昭注云死於黑水之山淮南墬形訓云南方曰都廣曰反戶高誘注云都廣國名山在此國因復曰都廣山在日之南皆爲北鄉戶故反其戶也墬形訓又云后稷壠在建木西又云建木在都廣高誘注云都廣南方

山名史記周本紀注引此經作黑水青水之閒有廣都之野與今本異又作大荒經誤后稷葬焉其城方三百里

蓋天下之中素女所出也離騷曰絕都廣野而直指號懿行案楚詞九歎云絕都廣以直指兮郭引此句於都廣下衍野字又作直指號號卽兮字之譌也王逸注引此經有其城方三百里蓋天地之中十一字是知古本在經文今脫去之而誤入郭注也因知素女所出也五字王逸注雖未引亦必爲經文無疑矣素女者徐鍇說文繫傳云黃帝使素女鼓五十弦瑟黃帝悲乃分之爲二十五弦今案黃帝史記封禪書作太帝風俗通亦云黃帝書泰帝使素女鼓瑟而悲帝禁不止云云然則素女蓋古之神女出此野中也又郭注天下之中當爲天地之中爰有膏菽膏稻膏黍膏稷言味好皆滑如膏外傳曰膏粢之子菽豆粢粟也懿行案趙岐注孟子云膏粱細粟如膏者也郭注味好藏經本作好米又引外傳膏粢之子音語作膏粱之性與此異文所未詳百穀自生懿行案劉昭注郡國志引博物記云扶海洲上有草名蒒其實食之如大麥從七月稔熟民斂穫至冬乃訖名曰自然穀或曰禹餘糧卽此之類楊愼補注云齊民要術引此作百穀自生云穀卽馨字此言非也穀蓋穀字之譌古無此字論衡偶會篇云祿惡殖不滋之穀是也其字从殸从禾不从木冬夏播

琴播琴猶播殖方俗言耳 懿行案畢氏云播琴播種也水經注云楚人謂冢爲琴冢種聲相近也今案畢說是也又劉昭注郡國志鮦陽引皇覽曰縣有葛陂鄉城東北有楚武王冢民謂之楚武王岑然則楚人葢謂冢爲岑岑琴聲近疑初本謂之岑形聲譌轉爲琴耳鸞鳥自歌鳳鳥自儛靈壽實華靈壽木名也似竹有枝節 懿行案爾雅云椐樻即靈壽也詩釋文引毛詩草木疏云節中腫似扶老即今靈壽是也今人以爲馬鞭及杖宏農共北山皆有之漢書孔光傳云賜太師靈壽杖顏師古注云木似竹有枝節長不過八九尺圍三四寸自然有合杖制不須削治也草木所聚扗此叢殖也爰有百獸相羣爰處於此羣聚此草也懿行案此草猶言此地之草古文省耳冬夏不死

南海之外黑水青水之閒懿行案水經若水注引此經無青水二字有木名曰若木樹赤華青 懿行案大荒北經說若木云赤樹青葉赤華此注華葢葉字之譌若水出焉懿行案地理志云蜀郡旄牛鮮水出徼外南入若水若水亦出徼外南至大莋入繩水經云若水出蜀郡旄牛徼外東南至故關爲若水注云若水之生

非一所也黑水之間厥木所植水出其下故水受其稱焉有禺中之國有列襄之國有靈山有赤蛇在木上名曰蝡蛇木食言不食禽獸也音如耎弱之耎懿行案大荒南經云宋山有赤蛇名育蛇但此在木上爲異

有鹽長懿行案太平御覽七百九十七卷引作監長有上有西海中三字藏經本亦作監長北堂書鈔一百五十七卷引與今本同之國有人焉鳥首名曰鳥氏今佛書中有此人即鳥夷也懿行案鳥氏御覽引作鳥民今本氏字譌也鳥夷者史記夏本紀及地理志竝云鳥夷皮服大戴禮五帝德篇云東有鳥夷是也又秦本紀云大費生子二人一曰大廉實鳥俗氏索隱云以仲衍鳥身人言故爲鳥俗氏亦斯類也

有九丘懿行案北堂書鈔引有上有地繚二字與鳥民連文以水絡之絡猶繞也懿行案文選遊天台山賦及景福殿賦注引此注竝云絡繞也名曰陶唐之丘陶唐堯號有叔得之丘懿行案書鈔引叔上有升字孟盈之丘懿行案叔得孟盈蓋皆人名號也孟盈或作蓋盈古天子號昆吾之丘此山

出名金也尸子曰昆吾之金懿行案昆吾之山已見中次二經此經昆吾古諸侯號也大戴禮帝繫篇云陸終產六子其一曰樊是為昆吾淮南墜形訓云昆吾丘在南方黑白之丘赤望之丘參衛之丘武夫之丘此山出美石懿行案南次二經會稽之山其下多砆石郭注云砆武夫石似玉是也神民之丘言上有神人懿行案文選遊天台山賦注引此經作神人之丘書鈔仍引作神民以郭注推之似民當為人有木青葉紫莖玄華黃實名曰建木懿行案海內南經云建木在弱水上郭注本此經為說百仞無枝有九欘枝回曲也音如斤斸之斸懿行案玉篇云欘枝上曲本此藏本經文枝下有上字今本脫也下有九枸根盤錯也淮南子曰木大則根欋音劬懿行案見淮南說林訓篇欋枸音同其實如麻似麻子也其葉如芒芒木似棠棃也懿行案芒木如棠赤葉可毒魚出蔡山見中次二經大皞爰過言庖羲於此經過也懿行案庖羲生於成紀去此不遠容得經過之黃帝所為言治護之也有窫窳龍首是食人在弱水中懿行案窫窳居弱水中已見海內南經有青獸人面懿行案郭注海

內南經云狌狌狀如黃狗此經云青獸人面與郭異太平御覽九百八卷引此經無青獸二字蓋脫藝文類聚九十五卷引作有獸無青字當是今本青字衍也名曰猩猩能言懿行案呂氏春秋本味篇云肉之美者猩猩之脣高誘注云猩猩獸名也人面狗軀而長尾案狌狌知人名見海內南經猩猩能言見曲禮

西南有巴國今三巴是大皞懿行案列子黃帝篇云庖犧氏蛇身人面而有大聖之德帝王世紀云大皞母曰華胥履大人迹於雷澤而生庖犧於成紀地理志云天水郡成紀生咸鳥咸鳥生乘釐乘釐生後照懿行案太平御覽一百六十八卷引此經照作昭後照是始為巴人為之始祖有國名曰流黃辛氏卽酆氏也懿行案海內西經云流黃酆氏之國卽此又南次二經云柜山西臨流黃亦此也其域中方三百里其出是塵土言殷盛也懿行案塵坌出是國中謂人物喧闐也藏經本域字作城出字上下無其是二字有巴遂山澠水出焉懿行案水經若水注云繩水出徼外引此經亦作繩水地理志云蜀郡旄牛若水出徼外南至大莋入繩卽斯水也

又有朱卷之國有黑蛇青首食象即巴蛇也　懿行案巴蛇已見海內南經

南方有贛巨人即梟陽也音感　懿行案梟陽國已見海內南經今南康人說深山中亦有此物也人面長臂懿行案臂當為脣字之譌見海內南經黑身有毛反踵見人笑亦笑懿行案當依古本作見人則笑說見海內南經牟廷相曰亦古掖字言見人則笑而掖持之也下笑字屬下句讀懿行案此讀可通而於海內南經之文微閡姑存之以備一解脣蔽其面因即逃也懿行案藏經本即作可

又有黑人虎首鳥足兩手持蛇方啗之

有嬴民鳥足音盈有封豕大豬也羿射殺之　懿行案楚詞天問云馮珧利玦封豨是射王逸注云封豨神獸也言羿獵射封豨以其肉膏祭天地淮南本經訓云堯之時封豨為民害堯乃使羿禽封豨於桑林是皆郭所本也然大豬所在皆有非必即羿所射者初學記及藝文類聚引符子曰有獻燕昭王大豕者邦人謂之豕仙死而化為魯津伯又吳志云孫休永安五年使察戰到交阯調孔爵大豬斯皆封豕之類也類聚九十四卷引郭氏讚云有物貪婪號曰封豕荐食無饜

肆其殘毀羿乃飲羽獻帝效技有人曰苗民三苗民也有神焉人首蛇身長如轅大如車轂澤神也左右有首岐頭衣紫衣冠旃冠名曰延維委蛇人主得而饗食之伯天下齊桓公出田於大澤見之遂霸諸侯亦見莊周作朱冠　懿行案莊子達生篇云委蛇其大如轂其長如轅紫衣而朱冠其爲物也惡聞雷車之聲則捧其首而立見之者殆乎霸也有鸞鳥自歌鳳鳥自舞鳳鳥首文曰德翼文曰順膺文曰仁背文曰義見則天下和言和平也　懿行案鳳狀已見南次三經丹穴之山與此小異又有青獸如菟名曰菌狗音如朝菌之菌　懿行案菌蓋古菌字其上从屮即古文艸字也如芬薰之字今皆从草古从屮作岎熏字是其例也菌狗者周書王會篇載伊尹四方令云正南以菌鶴短狗爲獻疑即此物也有翠鳥懿行案爾雅云鷸翠王會篇云倉吾翡翠王逸注楚詞招魂云雄曰翡雌曰翠李善注鸚鵡賦引異物志曰翡赤色大於翠劉逵注蜀都賦云翡翠常以二月九月羣翔與古千餘又注吳都賦云翡翠巢於樹巔生子夷人稍徙下其巢子大未飛便取之皆出於交阯鬱林南有孔鳥孔雀也　懿行

山海經第十八　海內經　六

案王會篇云方人以孔鳥劉逵注蜀都賦云孔雀特出永昌南涪縣又注吳都賦云孔雀尾長六七尺綠色有華彩朱崖交阯皆有之在山草中案吳志云孫休使察戰到交阯調孔爵

南海之內有衡山南嶽懿行案郭注中次十一經衡山云今衡山在衡陽湘南縣南嶽也俗謂之岣嶁山宜移注於此衡陽郡湘南見晉書地理志有菌山音芝菌之菌懿行案菌卽芝之菌之字何須用音知郭本經文不作菌疑亦當爲菌字見上文有桂山或云衡山有菌桂桂員似竹見本草懿行案劉逵注蜀都賦引神農本草經曰菌桂出交阯圓如竹爲衆藥通使有山名三天子之都一本三天子之鄣山懿行案注一本下當脫作字或云字三天子鄣山已見海內南經藏經本經文直作三天子之鄣山無郭注

南方蒼梧懿行案王會篇作倉吾之丘蒼梧之淵懿行案李善注思玄賦及李賢注後漢書及蓺文類聚引此經竝作川蓋避唐諱也其中有九疑山音疑舜之所葬在長沙零陵界中山今在零陵營道縣南其山九谿皆相似故云九疑古者總名其地爲蒼梧也懿行案蒼梧之山帝舜葬于陽已見海

內南經說文云九嶷山舜所葬在零陵營道楚詞史記竝作九疑初學記八卷及文選上林賦注引此經亦作九疑琴賦注又作九嶷盖古字通也羅含湘中記云衡山九疑皆有舜廟又云衡山遙望如陣雲沿湘千里九向九背乃不復見

北海之內有蛇山者懿行案海內北經之首有蛇巫山疑非此蛇水出焉東入于海

有五采之鳥飛蔽一鄉漢宣帝元康元年五色鳥以萬數過蜀都郎此鳥也　懿行案思玄賦舊注引此經作飛蔽日盖古本如此名曰翳鳥鳳屬也離騷曰駟玉虬而乘翳懿行案廣雅云翳鳥鸞鳥鳳皇屬也今離騷翳作鷖王逸注云鳳皇別名也史記司馬相如傳張揖注及文選注後漢書張衡傳注引此經竝作鷖鳥上林賦注仍引作翳鳥

又有不距之山巧倕葬其西倕堯巧工也音瑞懿行案義均是始為巧倕始作下民百巧見下文郭知為堯臣者以虞書云咨垂女共工垂倕益一人也淮南本經訓云周鼎著倕使銜其指以明大巧之不可為也高誘注云倕堯之巧工是皆郭注所本玉篇云倕黃帝時巧人名也與郭義異藏經本音瑞作音垂

北海之內有反縛盜械懿行案吳氏引漢紀云當盜械者皆帶頌繫注云凡以罪著械皆得稱盜械

戈常倍之佐名曰相顧之尸亦貳負臣危之類

伯夷父生西岳懿行案周語云胙四岳國命爲侯伯賜姓曰姜氏曰有呂此經言伯夷父生西岳葢其父本爲四岳至其子纂修舊勳故復爲西岳也大荒西經有南岳未審是此何人西岳生先龍先龍是始生氐羌氐羌乞姓伯夷父顓頊師今氐羌其苗裔也懿行案竹書云成湯十九年氐羌來貢武丁三十四年氐羌來賓周書王會篇云氐羌鸞鳥孔晁注云氐地之羌不同故謂之氐羌郭云伯夷父顓頊師者漢書古今人表云柏夷亮父顓頊師新序雜事五云顓頊學伯夷父是郭所本也柏與伯通凡古人名伯者表皆書作柏字也

北海之內有山名曰幽都之山懿行案爾雅釋地云有幽都之筋角焉高誘注淮南墬形訓云古之幽都在鴈門以北又案大戴禮五帝德篇云北至于幽陵疑幽陵即幽都黑水出焉其上有玄鳥玄蛇懿行案上文云朱卷之國有黑蛇食象大荒南經云黑水之南有玄蛇食麈玄豹懿行案中次十一經云即谷之山多玄豹李善注子虛賦引此經玄虎黑虎名虪見爾雅玄狐蓬尾蓬叢也阻閭反說苑曰蓬狐文

豹之皮懿行案小雅何草不黃篇云有芃者狐蓋言狐尾蓬蓬然大依字當爲蓬詩假借作芃耳郭云阻䆥反於文上無所承疑有闕脫太平御覽九百九卷引此注作蓬蓬其尾也無阻䆥反三字非牟廷相曰叢字可讀如菆則阻䆥當是叢字之音也

有大玄之山有玄丘之民言丘上人物盡黑也懿行案人物盡黑疑本在經中今脫去之水經溫水注云林邑國人以黑爲美所謂玄國亦斯類也

有大幽之國卽幽民也穴居無衣懿行案郭注疑本在經中今脫去

有赤脛之民膝已下正赤色

有釘靈之國其民從膝已下有毛馬蹏善走詩含神霧曰馬蹏自鞭其蹏日行三百里懿行案釘靈說文作丁零一作丁令通考云丁令國有二烏孫長老言北丁令有馬脛國其人聲音似鴈鶩從膝以上身頭人也膝以下生毛馬脛馬蹄不騎馬而走疾於馬案通考所說見裴松之注三國志引魏畧云

炎帝之孫伯陵懿行案周語云大姜之姪伯陵之後逢公之所馮神昭二十年左傳云有逢伯陵因之杜預注云逢伯陵殷諸侯以此經文推之伯陵非親炎帝之孫蓋其苗裔也伯陵同吳權之妻阿女緣婦

同猶通言淫之也吳權人姓名緣婦孕三年孕懷身也是生鼓延殳始為侯三子名也殳音殊鼓延是始為鍾世本云毋句作磬倕作鍾懿行案初學記十六卷引此經與今本同說文云古者毋句氏作磬垂作鐘與郭引世本同又初學記引世本毋作無蓋古字通用又引樂錄云無句堯臣也為樂風作樂之曲制

黃帝生駱明駱明生白馬白馬是為鯀鯀即禹父也世本曰黃帝生昌意昌意生顓頊顓頊生鯀懿行案郭引世本云昌意生顓頊顓頊生鯀與大戴禮帝繫世次相合而與前文昌意生韓流韓流生顓頊之言卻復相背郭氏蓋失檢也大抵此經非出一人之手其載古帝王世系尤不足據不必彊為之說帝俊生禺號禺號生淫梁淫梁生番禺懿行案北堂書鈔一百三十七卷引此經淫作經大荒東經言黃帝生禺虢即禺號也禺虢生禺京即淫梁也禺京淫梁聲相近然則此經帝俊又當為黃帝矣是始為舟世本云共鼓貨狄作舟懿行案初學記二十五卷引此經又引世本云共鼓貨狄作舟黃帝二臣也番禺生奚仲奚仲生

吉光吉光是始以木爲車世本云奚仲作車此言吉光明其父子其創作意是以互稱之懿行案說文云車夏后時奚仲所造少皞生般音班般是始爲弓矢世本云牟夷作矢揮作弓弓矢一器作者兩人於義有疑此言般之作是懿行案說文云古者夷牟初作矢郭引世本作牟夷疑文有倒轉耳宋衷云夷牟黃帝臣也說文又云揮作弓與世本同吳越春秋云黃帝作弓荀子解蔽篇又云倕作弓浮游作矢俱與此經異也帝俊賜羿彤弓素矰彤弓朱弓矰矢名以白羽羽之外傳白羽之矰望之如荼也懿行案楚詞天問篇云馮珧利決王逸注云珧弓名也決射鞲也是卽帝賜羿弓矢之事太平御覽八十二卷引帝王世紀曰羿其先帝嚳以世掌射故于是加賜以弓矢封之于鉏爲帝司射葢本此經爲說也說文云矰隿䠶矢也郭云白羽羽之疑下羽字誤所引外傳者吳語文以扶下國言令羿以射道除患扶助下國羿是始去恤下地之百艱言射殺鑿齒封豕之屬也有窮后羿慕羿射故號此名也帝俊生晏龍懿行案帝俊生晏龍晏龍生司幽已見大荒東經晏龍是爲琴瑟懿行案北堂書鈔一百九卷引此經是下有始字世本云伏羲作琴神農作瑟懿行案說文云琴神農所

作瑟庖犧所作此注葢傳寫之譌也初學記十六卷引琴操曰伏犧作琴又引世本說文桓譚新論竝云神農作琴二說不同据初學記所引說文是與世本同之證

帝俊有子八人是始為歌舞懿行案初學記十五卷蓺文類聚四十三卷太平御覽五百七十二卷引此經竝云帝俊八子是始為歌無舞字

帝俊生三身三身生義均懿行案帝俊妻娥皇生三身之國已見大荒南經義均者竹書云帝舜二十九年帝命子義鈞封于商楚語云舜有商均韋昭注云均舜子封於商是也此經又云三身生義均與竹書國語俱不合

義均是始為巧倕是始作下民百巧懿行案巧倕葬不距山西已見上文

后稷是播百穀懿行案魯語云昔烈山氏之有天下也其子曰柱能殖百穀百蔬夏之興也周棄繼之故祀以為稷是柱棄二人相代為后稷此經所指葢未審何人也

稷之孫曰叔均懿行案大荒西經云稷之弟曰台璽生叔均是叔均乃后稷之猶子與此復不同

是始作牛耕始用牛犂

大比赤陰或作音懿行案大比赤陰四字難曉推尋文義當是地名大荒西經說叔均始作耕又云有赤國妻氏然則大比赤陰豈謂是與

是始為國為得封為國

禹鯀是始布土均

定九州布猶敷也書曰禹敷土定高山大川炎帝之妻赤水之子聽訞生炎居炎居生節竝節竝生戲器懿行案史記索隱補三皇本紀云神農納奔水氏之女曰聽詙為妃生帝哀哀生帝克克生帝榆罔云云證以此經赤水作奔水聽訞作聽詙及炎居已下文字俱異司馬貞自注云見帝王世紀及古史考今案二書並亦本此經為說其名字不同或當別有依據然古典逸亡今無可攷矣訞與妖同詙音抜戲器生祝融祝融高辛氏火正號懿行案老童生祝融見大荒西經與此又異祝融降處于江水生共工共工生術器術器首方顛頭頂平也懿行案顛字衍藏經本無之是復土穰以處江水復祝融之所也懿行案竹書云帝顓頊七十八年術器作亂辛侯滅之卽斯人也然則經言復土穰以處江水蓋卽其作亂之事穰當為壤或古字通用藏經本正作壤共工生后土懿行案韋昭注周語引賈侍中云共工諸侯炎帝之後姜姓也顓頊氏衰共工氏侵陵諸侯與高辛氏爭而王也或云共工堯時諸侯為高辛所滅昭謂為高辛所滅安得為堯諸侯又堯時共工與此異也据韋昭所駮並從賈逵前說也然魯語云共工氏之霸九有也其子曰后土能平九土韋

昭注云共工氏伯者在戲農之閒懿行案若在戲農之閒卽不得謂炎帝之後姜姓是韋昭不從賈逵所說也高誘注淮南原道訓亦云共工以水行霸於伏羲神農閒者非堯時共工也與韋昭後說同后土名句龍見左傳又韋昭注魯語云其子共工之裔子句龍也佐黃帝爲土官使君土官故曰后土管子五行篇云黃帝得后土而辯於北方是韋昭注所本也

后土生噎鳴噎鳴生歲十有二

生十二子皆以歲名名之故云然　懿行案大荒北經云后土生信大荒西經云下地是生噎疑噎卽噎鳴或彼有脫文也

洪水滔天

滔漫也

鯀竊帝之息壤以堙洪水

息壤者言土自長息無限故可以塞洪水也開筮曰滔滔洪水無所止極伯鯀乃以息石息壤以塡洪水漢元帝時臨淮徐縣地踊長五六里高二丈卽息壤之類也　懿行案竹書云周顯王五年地忽長十丈有餘高尺半天文志云水澹地長地長卽息壤也淮南墬形訓云禹乃以息土塡洪水以爲名山掘昆侖虛以下地高誘注云地或作池據淮南斯語是鯀用息壤而亡禹亦用息壤而興也史記甘茂傳云王迎甘茂於息壤索隱引此經及啟筮與今本同

不待帝命帝令祝融

懿行案祝融卽高辛氏之火正黎也死爲火官之神葬於衡山思玄賦舊注云楚靈王之世衡山崩而祝融之

墓壇中有營止九頭圖矣殺鯀于羽郊羽山之郊　懿行案羽山已見南次二經晉語云昔者鯀違帝命殛之於羽山化為黃能以入於羽淵水經淮水注引連山易曰有崇伯鯀伏于羽山之野是也鯀復生禹開筮曰鯀死三歲不腐剖之以吳刀化為黃龍也　懿行案初學記二十二卷引歸藏云大副之吳刀是用出禹呂氏春秋行論篇亦云副之以吳刀盍郎與郭所引為一事也楚詞天問云永遏在羽山夫何三年不施伯禹腹鯀夫何以變化言鯀死三年不施化厥後化為黃熊故天問又云化而為黃熊巫何活焉郭引開筮作黃龍盍別有據也伯禹腹鯀即謂鯀復生禹言其神變化無方也玉篇引世本云顓頊生鮌鮌生高密是為禹也鮌即鯀字帝乃命禹卒布土以定九州鯀績用不成故復命禹終其功　懿行案楚詞天問云纂就前緒遂成考功又云鯀何所營禹何所成言禹能纂成先業也

懿行案右大荒海內經五篇大凡五千三百三十二字

山海經第十八

山海經圖讚一卷 隋唐書經籍志竝云圖讚二卷郭璞撰中興書目山海經十八卷郭璞傳凡二十三篇每卷有讚　案今本竝無圖讚唯明藏經本有之茲据補其文字舛誤今畧訂正及臧氏校正竝著之疑則闕焉

南山經

桂

桂生南裔枝華岑嶺廣莫熙葩凌霜津穎氣王百藥森然雲挺

迷穀

爰有奇樹產自招搖厥華流光上映垂霄佩之不惑潛有靈標

狌狌

狌狌似猴走立行伏櫰木挺力少辛明目飛廉迅足豈食斯肉

水玉

水玉沐浴潛映洞淵赤松是服靈蜕乘煙吐納六氣昇降九天

白猿

白猿肆巧由基撫弓應眄而號神有先中數如循環其妙無窮

鹿蜀

鹿蜀之獸馬質虎文驤首吟鳴矯足騰羣佩其皮毛子孫如雲

鯥

魚號曰鯥處不在水厥狀如牛鳥翼蛇尾隨時隱見倚乎生死

、類

類之爲獸一體兼二近取諸身用不假器窈窕是佩不知妒忌

猼訑

獼訑似羊眼反在背視之則奇推之無怪若欲不恐厥皮可佩

祝茶草懿行案經作祝餘注云或作桂茶　旋龜鵸鵌鳥

祝茶嘉草食之不飢鳥首蚖懿行案蚖當爲虺即虺字尾其名旋龜鵸鵌六足三[illegible]竝肇

灌灌鳥赤鱬

厥聲如訶厥形如鳩佩之辨惑出自青丘赤鱬之狀魚身人頭

鴸鳥

彗星橫天鯨魚死浪鴸鳴于邑賢士見放厥理至微言之無況

猾褢

猾褢之獸見則興役膺政而出匪亂不適天下有道幽形匿跡

長右彘

長右四耳厥狀如猴實爲水祥見則橫流彘虎其身厥尾如牛

會稽山

禹徂會稽爰朝羣臣不虔是討乃戮長人玉贛懿行案贛藝文類聚作匱表夏玄石勒秦

患經作䍺

有獸無口其名曰患害氣不入厥體無間至理之盡出乎自然

犀

犀頭似豬形兼牛質角則併三分身互出鼓鼻生風壯氣隘溢

兕

兕推壯獸似牛青黑力無不傾自焚以革皮充武備角助文德

象

象實魁梧體巨貌詭肉兼十牛目不踰豕望頭如尾動若丘徙

纂雕瞿如鳥虎蛟

纂雕有角聲若兒號瞿如三手厥狀似鵁魚身蛇尾是謂虎蛟

鳳

鳳皇靈鳥實冠羽羣八象其體五德其文羽翼來儀應我聖君

育隧谷 經作育遺

育隧之谷爰含凱風青陽既謝氣應祝融炎雰是扇以散鬱隆

鱄魚鸓鳥

鴅鳥棲林鱄魚處淵俱爲旱徵災延普天測之無象厥數推乎案太平御覽作厥類惟乎

白䓘

白䓘睾蘇其汁如飴食之辟穀味有餘滋逍遥忘勞窮生盡期

西山經

羬羊

月氏案今本作氏之羊其類甚案御覽作在野厥高六尺尾赤案御覽作亦如馬何以審之事見爾雅

太華山

華嶽靈峻削成四方爰有神女是挹玉漿其誰由之龍駕雲裳

肥遺蛇

肥遺爲物與災合契鼓翼陽山以表亢厲桑林既禱倏忽潛逝

螐渠赤鷩鳥文莖木鴖鳥

螐渠已殃赤鷩辟火文莖愈聾是則嘉果鴖亦衛災厥形惟麽

流赭

沙則潛流亦有運赭于以求鐵趍在其下蠲牛之癘作采于社

豪彘

剛鬣之族號曰豪彘毛如攢錐中有激矢厥體兼資自爲牝牡

黃雚草肥遺鳥嚻獸

浴疥之草厥子赭赤肥遺似鶉其肉已疫嚻獸長臂爲物好擲

橐𩇯

有鳥人面一腳孤立性與時反冬出夏蟄帶其羽毛迅雷不入

桃枝

嶓冢美竹厥號桃枝叢薄幽藹從容鬱猗簟以安寢杖以扶危

杜衡

狌狌苒人杜衡走馬理固須因體亦有假足駿在感安事御者

菁容草（經作菁蓉）邊谿獸（經作谿邊）櫟鳥

有華無實菁容之樹邊谿類狗皮厥妖蠱黑文赤翁鳥愈隱痔

鸓鴟慧鳥青羽赤喙（臧庸曰鳥愈隱痔當作隱痔可愈方有韵末二句當係下文鸓鴟讚誤衍於此）

礜石

稟氣方殊件錯理微礜石殺鼠蠶食而肥□性雖反齊之一歸

玃如

玃如之獸鹿狀四角馬足人手其尾則白貌兼三形攀木緣石

鸚鵡

鸚鵡慧鳥栖林喙桑案喙桑誤初學記引作啄桑四指中分行則以觜自貽伊籠見幽坐趾案趾字誤類聚引作伎

數斯鳥摯獸鸓鳥

數斯人腳厥狀似鴟摯獸大眼有鳥名鸓案鸓玉篇作𪈃兩頭四足翔若合飛

鸞鳥

鸞翔女牀鳳出丹穴拊翼相和以應聖哲擊石靡詠韶音其絕

鳧徯鳥朱厭獸

鳧徯朱厭見則有兵類異感同理不虛行推之自然厥數難明

蠻蠻

比翼之鳥似鳧青赤雖云一形氣同體隔延頸離鳥翻飛合翮

丹木玉膏

丹木煒煒沸沸玉膏黃軒是服遂攀龍豪眇然升遐羣下烏號

瑾瑜玉

鍾山之寶爰有玉華符彩流映氣如虹霞君子是佩象德閑邪

鍾山之子鼓欽䲹

欽䲹及鼓是殺祖江帝乃戮之昆侖之東二子皆化矯翼亦同

鰩魚

見則邑穰厥名曰鰩經營二海矯翼閑霄唯味之奇見歎伊庖

神英招

槐江之山英招是主巡遊四海撫翼雲儛實惟帝囿有案有疑是字之譌謂乎圃

櫾木

櫾惟靈樹爰生若木重根增駕流光旁燭食之靈化榮名仙錄

昆侖丘

昆侖月精水之靈府惟帝下都西老案老當爲姥類聚作羌又老之譌之宇嶸

然中峙號曰天桂（臧庸曰桂乃柱之譌以韵讀之可見天柱山見爾雅注）

神陸吾

肩吾得一以處昆侖開明是對司帝之門吐納靈氣熊熊魂魂

土螻獸欽原鳥

土螻食人四角似羊欽原類蜂大如鴛鴦觸物則斃其銳難當

沙棠

安得沙棠制爲龍舟汎彼滄海眇然遐遊（案郭注銘詞小異）聊以逍遙任彼去留

鶉鳥沙棠實薲草

司帝百服其鳥名鶉沙棠之實惟果是珍爰有奇菜厥號曰薲

神長乘

九德之氣是生長乘人狀犳尾其神則凝妙物自潛世無得稱

西王母

天帝之女蓬髮虎顏穆王執贄賦詩交歡韻外之事難以具言

積石

積石之中實出重河夏后是導石門涌波珍物斯備比奇崑阿

白帝少昊

少昊之帝號曰金天磈氏之宫亦在此山是司日入其景則員

猙

章莪之山奇怪所宅有獸似豹厥色惟赤五尾一角鳴如擊石

畢方

畢方赤文離精是炳旱則高翔鼓翼陽景集乃災流火不炎正案正字誤匡謬正俗引作上上與炳景韵是也

文貝

先民有作龜貝爲貨貝以文彩賈以小大簡則易從犯而不過

天狗

乾麻不長天狗不大厥質雖小攘災除害氣之相王在乎食帶

三青鳥

山名三危青鳥所解往來昆侖王母是隸穆王西征旋軫斯地

江疑獓狪獸鵉鳥案鵉疑當爲鴟下同

江疑所居風雲是潛獸有獓狪毛如披蓑鶹鳥一頭厥身則兼

神耆童

顓頊之子嗣作火正鏗鏘其鳴聲如鍾磬處于騩山唯靈之盛

帝江

質則混沌神則旁通自然靈照聽不以聰強爲之名曰在案在疑當作帷帝江

獂獸案獂經本作讙注或作原

鵸鵌烏

鵸鵌三頭獂獸三尾俱禦不祥消凶辟眯君子服之不逢不韙

當扈

鳥飛以翼當扈則鬚廢多任少沛然有餘輪運於轂至用在無

白狼

矯矯白狼有道則遊應符變質乃銜靈鉤惟德是適出殷見周

白虎

甝虪案虪字誤說見箋疏之虎仁而有猛其質載皓其文載炳應德而擾止我交境

駮

駮惟馬類實畜之英騰髦驤首嘘天雷鳴氣無馮淩呑虎辟兵

神䰠蠻蠻髯遺魚經作冉遺

其音如吟一腳人面鼠身鼈頭厥號曰蠻目如馬耳食厥妖變

櫰木

櫰之爲木厥形似槤案槤經文作棠槤字見郭注江賦云㯿槤若能長服拔樹排山力則有之壽則宜然

鳥鼠同穴山

鵌鼵二蟲殊類同歸聚不以方或走或飛不然之然難以理推

絮魮魚

形如覆銚包玉含珠有而不積泄以尾閭闇與道會可謂奇魚

丹木

爰有丹木生彼洧盤厥實如瓜其味甘酸蠲痾辟火用奇桂蘭

窮奇獸嬴魚孰湖獸

窮奇如牛蝟毛自表案郭氏注經諸稱銘曰皆即圖讚之文唯此全乖可疑濛水之蠃匪

魚伊鳥孰湖之獸見人則抱臧庸曰此乃窮奇羸魚孰湖三物合讚故與郭注窮奇銘有乖

鰠魚

物以感應亦有數動壯士挺劒氣激白虹鰠魚潛淵出則邑悚

北山經

水馬

馬實龍精爰出水類渥洼之駿是靈是瑞昔在夏后亦有何驪

儵魚

涸和損平莫慘於憂詩詠萱草帶山則儵壑焉遺岱聊以盤遊

讙疏獸鵸鵌鳥何羅魚

厭火之獸厥名讙疏有鳥自化號曰鵸鵌一頭十身何羅之魚

孟槐

孟槐似貆其豪則赤列象畏獸凶邪是辟氣之相勝莫見其迹

鰼鰼魚

鼓翮一揮十翼翩翩厥鳴如鵲鱗在羽端是謂怪魚食之辟燔

橐駝

駝惟奇畜肉鞍是被迅騖流沙顯功絕地潛識泉源微乎其智

耳鼠

蹠實以足排虛以羽翹尾飜飛奇哉耳鼠厥皮惟良百毒是御

幽頞

幽頞似猴俾愚作智觸物則笑見人佯睡好用小慧終是嬰繫

寓鳥孟極足訾獸

鼠而傳翼厥聲如羊孟極似豹或倚無良案此語難曉見人則呼號曰足訾臧庸曰末二句無韵疑有誤

鵁鳥

毛如雌雉朋翔羣下飛則籠日集則蔽野肉驗鍼石不勞補寫

諸犍獸白鵺竦斯鳥

諸犍善吒行則銜尾白鵺竦斯厥狀如雉見人則跳頭文如繡

磁石

磁石吸鐵瑇瑁取芥氣有潛感數亦冥會物之相投出乎意外

旄牛

牛充兵機兼之者旃冠于旌鼓爲軍之標匪內致災亦毛之招

長蛇

長蛇百尋厥鬣如氂飛羣走類靡不呑噬極物之惡盡毒之厲

山㺒

山㺒之獸見人歡謔厥性善投行如矢激是惟氣精出則風作

窫窳諸懷獸鱳魚肥遺蛇

窫窳諸懷是則害人鱳之爲狀羊案羊字疑誤鱗黑文肥遺之蛇一頭兩身

鰲魚

陽鑒動日土蛇致宵徵哉鰲魚食則不驕物在所感其用無標

狍鴞

狍鴞貪惏其目在腋食人未盡還自齦割圖形妙鼎是謂不若

案讚與郭注銘詞異
臧庸曰割字非韵

狕閭騂馬獨狢

有獸如豹厥文惟縟閭善躍嶮騂馬一角虎狀馬尾號曰獨狢

鵥鶥

禦暍之鳥厥名鵥鶥昏明是互晝隱夜覿物貴應用安事鵥鶥

居暨獸嚻鳥三桑

居暨豚鳴如彙赤毛四翼一目其名曰嚻三桑無枝厥樹唯高

驒獸

驒獸四角馬尾有距涉歷歸山騰嶮躍岨厥貌惟奇如是旋舞

天馬

龍馮雲遊騰蛇假霧未若天馬自然淩翥有理懸運天機潛御

鵰居經作鵰

鵰居如烏青身黃足食之不飢可以辟穀內案內疑當爲肉厥惟珍配

彼丹木

飛鼠

或以尾翔或以髯淩飛鼠鼓翰倐然背騰用無常所案藏本此句闕二字

惟神是馮

鵲案此及經皆單作鵲讚作鵲鵲重文協韵

象蛇烏鮨父魚

有鳥善驚名曰鵸鶺象蛇似雉自生子孫𥿍父爲首厥體如豚

酸與

景山有鳥稟形殊類厥狀如蛇脚二翼四見則邑恐食之不醉

鴣鸐黃鳥

鴣鸐之鳥食之不瞧爰有黃鳥其鳴自叫婦人是服矯情易操

精衞

炎帝之女化爲精衞沈所案類聚作形東海靈爽西邁乃銜木石以堙波海臧庸曰類聚作以塡攸害害與衞邁皆脂類也若作海則爲之類矣必當從類聚

辣辣羆九獸大蛇

辣辣似羊眼在耳後竅生尾上號曰羆九幽都之山大蛇牛响

東山經

鱅鱅魚從從獸蚩鼠經作從從譜作猣猣

魚號鱅鱅如牛虎鮫案鮫字譌御覽作駮猣猣之狀似狗六腳蚩鼠如雞見則旱涸

鯈蟰

鯈蟰蛇狀振翼灑光憑波騰逝出入江湘見則歲旱是維火祥

狪狪

蚌則含珠獸胡不可狪狪如豚被褐懷禍患難無由招之自我

堪孖魚軨軨獸

堪孖軨軨殊氣同占見則洪水天下昏墊豈伊妄降亦應牒讖

珠蟞魚

灃水之鮮形如浮肺體兼三才以貨賈害厥用既多何以自衛

犰狳

犰狳之獸見人佯眠與災協氣出則無年此豈能爲歸之於天

狸力獸鵹胡鳥

狸力鵹胡或飛或伏是惟土祥出與功築長城之役同集秦域

朱獳

朱獳無奇見則邑駭通感靡誠維數所在因事而作未始無待

獙獙蠪蚳獸絜鉤鳥

獙獙如狐有翼不飛九尾虎爪號曰蠪蚳絜鉤似梟見則民悲

峳峳

治在得賢亡由夫陳壽祺曰夫當為失人峳峳之來乃致狡賓歸之冥應誰見其津

蠵龜

水圓四十潛源溢沸靈龜爰處掉尾養氣莊生是感揮竿傲貴

絜胡精精獸鮯鮯魚

絜胡之狀似麋魚眼精精如牛以尾自辨鮯鮯所潛厥深無限

猲狙獸鬿雀

猲狙狡獸鬿雀惡鳥或狠其體或虎其爪安用甲兵擾之以道

芑木

馬維剛駿塗之芭汁不勞孫陽自然閑習厥術無方理有潛執

茈魚薄魚

有魚十身蘪蕪其臭食之和體氣不下溷薄之躍淵是維災候

合窳

豬身人面號曰合窳厥性貪殘物為案為當作無不咀至陰之精見則水雨

當康獸䱻魚

當康如豚見則歲穰䱻魚鳥翼飛乃流光同出殊應或災或祥

蜚

蜚則災獸跂踵厲深會所經涉竭水槁林稟氣自然體此殃淫

案郭注銘詞卽圖讚也
此讚乃全與銘異可疑

中山經

桃林

桃林之谷實惟塞野武王克商休牛風馬阤越三塗作險西夏

鳴石

金石同類潛響是韞擊之雷駭厥聲遠聞苟以數通氣無不運

旋龜人魚修辟

聲如破木號曰旋龜修辟似黽厥鳴如鴟人魚類鯑出于洛伊

帝臺棋

茫茫帝臺維靈之貴爰有石棋五彩煥蔚觴禱百神以和天氣

若華 案經作若辛 烏酸草

療瘧之草厥實如瓜烏酸之葉三成黃華可以為毒不畏蚖蛇

䔄草

䔄草黃華實如菟絲君子是佩人服媚之帝女所化其理難思

山膏獸黃棘

山膏如豚厥性好罵黃棘是食匪子匪化雖無貞操理同不嫁

三足龜

造物維均靡偏靡頗少不為短長不為多賁能三足何異黿鼉

嘉榮

霆維天精動心駭目曷以禦之嘉榮是服所正者神用口腸腹

天㷀牛傷文獸案文經作文文䲢魚

牛傷鎮氣天㷀弭噎文獸如蜂枝尾反舌䲢魚青斑處于逵六

帝休

帝休之樹厥枝交對竦本少室曾陰雲蔚君子服之匪怒伊愛

泰室

嵩維岳宗華岱恒衡氣通元漠神洞幽明𩲡然中立衆山之英

栯木

爰有嘉樹厥名曰栯薄言采之窈窕是服君子惟歡家無反目

䔄草

䔄草赤莖實如蘡薁食之益智忽不自覺殆齊生知功奇于學

鶡鳥

鶡之爲鳥同羣相爲畸類被侵雖死不避毛飾武士兼厲以義

鳴蛇化蛇

鳴化二蛇同類異狀拂翼俱遊騰波漂浪見則竝災或淫或亢

赤銅

昆吾之山名銅所在切玉如泥火炙有彩尸子所歎驗之彼宰

神熏池

泰逢虎尾武羅人面熏池之神厥狀不見爰有美玉河林如蒨

神武羅

有神武羅細腰白齒聲如鳴佩以鐻貫耳司帝密都是宜女子

鴢鳥

鴢鳥似鳧翠羽朱目既麗其形亦奇其肉婦女是食子孫繁育

荀草

荀草赤實厥狀如菅婦人服之練色易顏夏姬是豔厥媚三還

馬腹獸飛魚

馬腹之物人面似虎飛魚如豚赤文無羽食之辟兵不畏雷鼓

神泰逢

神號泰逢好遊山陽濯足九州出入流光天氣是動孔甲迷惶

薊柏

薊柏白華厥子如丹實肥變氣食之忘寒物隨所染墨子所歎

橘櫾

厥苞橘櫾奇者維甘朱實金鮮葉蒨翠藍靈均是詠以為美談

蒗

大騩之山爰有苹案苹字蓋誤草青華白實食之無夭雖不增齡可以窮老

鮫魚

魚之別屬厥號曰鮫珠皮毒尾匪鱗匪毛可以錯角兼飾劒刀

鴆鳥

蝮維毒魁鴆鳥是噉拂翼鳴林草瘁木慘羽行隱戮厥罰難犯

椒

椒之灌殖實縈有倫拂穎霑霜朱實芬辛服之洞見可以通神

神𧓍圍計蒙涉𧓍

涉𧓍三脚𧓍圍虎爪計蒙龍首獨稟異表升降風雨茫茫渺渺

岷山

岷山之精上絡東井始出一勺終致森（案森類聚作淼）冥作紀南夏天清地靜

夔牛

西南巨牛出自江岷體若垂雲肉盈千鈞雖有逸力難以揮輪

崍山

邛崍峻嶮其坂九折王陽逡巡王尊逞節殷有三仁漢稱二哲

猑狼雍和猑獸

猑狼之出兵不外擊雍和作恐猑乃流疫同惡殊災氣各有適

蜼

寓屬之才莫過於蜼雨則自懸塞鼻以尾厥形雖隨案隨字刻似誤

象宗彝

熊穴

熊山有穴神人是出與彼石鼓象殊應一祥雖先見厥事非吉

跂踵

青耕禦疫跂踵降災物之相反各以氣來見則民咨實爲病媒

案此讚與郭注銘詞全異可疑

蛟

匪蛇匪龍鱗彩炳煥騰躍波濤蜿蜒江漢漢武飲羽佽飛疊斷

神耕父

清泠之水在平山項耕父是遊流光灑景黔首祀禜以弭災眚

九鍾

嶢崩涇竭麟鬬日薄九鍾將鳴淩霜乃落氣之相應觸感而作

嬰勺

支離之山有鳥似鵲白身赤眼厥尾如勺維彼有斗不可以酌

獜

有獸虎爪厥號曰獜好自跳撲鼓甲振奮若食其肉不覺風迅

帝臺漿

帝臺之水飲蠲心病靈府是滌和神養性食可逍遥濯髮浴泳

狙如

狙如微蟲厥體無害見則師興兩陣交會物之所感焉有小大

帝女桑

爰有洪桑生瀆（案瀆類聚作濵）淪潭厥圍五丈枝相交參園客是採帝女所蠶

梁渠移卽聞獜獸駅餘鳥

梁渠致兵移卽起災駅餘辟火物各有能聞獜之見大風乃來

神于兒

于兒如人蛇頭有兩常遊江淵見于洞廣乍潛乍出神光忽恍

神二女

神（案神當作帝）之二女爰宅洞庭遊化五江惚恍窈冥號曰夫人是維湘靈

飛蛇

騰蛇配龍因霧而躍雖欲登天雲罷陸略仗（案仗字疑誤）非啟體難以云託

海外南經

自此山來蟲爲蛇蛇號爲魚

賤無定貢貴無常珍物不自物自物由人萬事皆然豈伊蛇鱗

羽民國

鳥喙長頰羽生則卵矯翼而翔龍飛不遠人維倮屬何狀之反

神人二八

羽民之東有神司夜二八連臂自相羈駕晝隱宵出詭時淪化

讙頭國

讙國鳥喙行則杖羽潛于海濱維食杞秬實維嘉穀所謂濡黍

厭火國

有人獸體厥狀怪譎吐納炎精火隨氣烈推之無奇理有不熱

三珠樹

三珠所生赤水之際翹葉柏竦美壯（案壯疑當爲狀）若彗濯彩丹波自

相霞映（臧庸曰映字無韻蓋誤）

䞇國

不績不絲不稼不穡百獸率儛羣鳥拊翼是號䞇民自然衣食

貫匈交脛支舌國

鑠金洪爐灑成萬品造物無私各任所稟歸於由成是見兆朕

不死國

有人爰處員丘之上（案上讀市鄧反）赤泉駐年神木養命稟此遐齡悠悠無竟

鑿齒

鑿齒人類實有傑牙猛越九嬰害過長蛇堯乃命羿斃之壽華

三首國

雖云一氣呼吸異道觀則俱見食則皆飽物形自周造化非巧

焦僥國

羣籟舛吹氣有萬殊大人三丈焦僥尺餘混之一歸此亦僑如

長臂國

雙肱三尺（初學記作三丈）體如中人彼曷爲者長臂之民修腳自負捕魚海濱

狄山帝堯葬于陽帝嚳葬于陰

聖德廣被物無不懷爰乃殂落封墓表哀異類猶然矧乃華黎

視肉

聚肉有眼而無腸胃與彼馬勃頗相髣髴奇在不盡食人薄味

南方祝融

祝融火神雲駕龍驂氣御朱明正陽是含作配炎帝列位于南

海外西經

夏后啟

筮御飛龍果儛九代雲融（融當作霝）是揮玉璜是佩對揚帝德稟天靈誨

三身國一臂國

品物流形以散混沌增不爲多減不爲損厥變難原請尋其本

奇肱國

妙哉工巧奇肱之人因風構思制爲飛輪凌頹遂軌帝湯是賓

形天 案天本作天

爭神不勝爲帝所戮遂厥形天臍口乳目仍揮干戚雖化不服

女祭女戚

彼姝者子誰氏二女曷爲水間操魚持俎厥儷安在離羣逸處

鶖鳥鶬鳥

有鳥青黃號曰鶬鶖與妖會合所集會至類則梟鷗厥狀難媚

丈夫國

陰有偏化陽無產理丈夫之國王孟是始感靈所通桑石無子

女丑尸

十日並熯女丑以斃暴于山阿揮袖自翳彼美誰子逢天之厲

巫咸

羣有十巫巫咸所統經技是搜術蓺是綜採藥靈山隨時登降

并封

龍過無頭并封連載物狀相乖如驥分背數得自通尋之愈閡

女子國

簡狄有吞姜嫄有履女子之國浴于黃水乃娠乃字生男則死

軒轅國

軒轅之人承天之祜冬不襲衣夏不扇暑猶氣之和家爲彭祖

乘黃

飛黃奇駿乘之難老揣角輕騰忽若龍矯實鑒有德乃集厥阜

滅蒙鳥大運山雄常樹

青質赤尾號曰滅蒙大運之山百仞三重雄常之樹應德而通

龍魚

龍魚一角似狸處陵侯時而出神聖攸乘飛騖九域乘龍案龍類聚作雲上昇

西方蓐收

蓐收金神白毛虎爪珥蛇執鉞專司無道立號西阿恭行天討

海外北經

無膂國

萬物相傳非子則根無膂因心構肉生魂所以能然尊形者存

燭龍

天缺西北龍衘（案衘類聚作銜）火精氣爲寒暑眼作昏明身長千里可謂至神（案神類聚作靈）

一目國

蒼四不多此一不少子野冥瞽洞見無表形遊逆旅所貴維眇

柔利國

柔利之人曲腳反肘子求之容方此無醜所貴者神形於何有

共工臣相柳

共工之臣號曰相柳稟此奇表蛇身九首恃力桀暴終禽夏后

深目國

深目類胡但口絕縮軒轅道降款塞歸服穿胸長腳同會異族

聶耳國

聶耳之國海渚是縣雕虎斯使奇物畢見形有相須手不離面

夸父

神哉夸父難以理尋傾河逐日遯形鄧林觸類而化應無常心

尋木

渺渺尋木生于河邊竦枝千里上干雲天垂陰四極下蓋虞淵

跂踵國

厥形雖大斯腳則企跳步雀踴踵不閡地應德而臻款塞歸義

歐絲野

女子鮫人體近蠶蚌出珠非甲吐絲匪蛹化出無方物豈有種

無腸國

無腸之人厥體維洞心實靈府餘則外用得一自全理無不共

平丘

兩山之間丘號曰平爰有遺玉駿馬維青視肉甘華奇果所生

騊駼

騊駼野駿產自北域交頸相摩分背翹陸雖有孫陽終不能服

北方禺彊

禺彊水神面色黧黑乘龍踐蛇凌雲附翼靈一玄冥立于北極

海外東經

君子國

東方氣仁國有君子薰華是食雕虎是使雅好禮讓禮委論理

案末句有誤

天吳

䖒䖒水伯號曰谷神八頭十尾人面虎身龍據兩川威無不震

九尾狐

青丘奇獸九尾之狐有道翔見出則銜書作瑞周文以標靈符

豎亥

禹命豎亥青丘之北東盡太遠西窮邠國步履宇宙以明靈德

十日

十日並出草木焦枯羿乃控弦仰落陽烏可謂洞感天人懸符

毛民國

牢悲海鳥西子駭麋或貴穴倮或尊裳衣物我相傾孰了是非

黑齒國雨師妾玄股國勞民國

陽谷之山國號黑齒雨師之妾以蛇挂耳玄股食驅勞民黑趾

東方句芒

有神人面身鳥素服銜帝之命錫齡秦穆皇天無親行善有福

海内南經

梟陽

髴髴怪獸被髮操竹獲人則笑脣蔽其目終亦號咷反爲我戮

狌狌

狌狌之狀形乍如犬厥性識往爲物警辯以酒招災自貽纓罥

夏后啟臣孟涂

孟涂司巴聽訟是非厥理有曲血乃見衣所請靈斷嗚呼神微

建木

爰有建木黃實紫柯皮如蛇纓葉有素羅絕蔭弱水義人則過

氐人

炎帝之苗實生氐人死則復蘇厥身爲鱗雲南案南疑當爲雨是託浮遊天津

巴蛇

象實巨獸有蛇吞之越出其骨三年爲期厥大何如屈生是疑

海內西經

貳負臣危

漢擊磐石其中則危劉生是識羣臣莫知可謂博物山海乃奇

流黃酆氏國

城圍三百速河（案河疑當作阿）比棟動是塵昏烝氣霧重焉得遊之以敖以縱

大澤方百里

地號積羽厥方百里羣鳥雲集鼓翅雷起穆王旋軫爰榮騄耳

流沙

天限內外分以流沙經帶西極頹唐委蛇注于黑水永溺餘波

木禾

昆侖之陽鴻鷺之阿爰有嘉穀號曰木禾匪植匪蓺自然靈播

開明 案明下疑脫獸字

開明天獸稟茲金精虎身人面表此桀形瞪視崑山威懾百靈

文玉玗琪樹

文玉玗琪方以類叢翠葉猗萎丹柯玲瓏玉光爭煥彩豔火龍

不死樹

萬物暫見人生如寄不死之樹壽蔽天地請藥西姥烏得如羿

甘水聖木

醴泉璿木（案璿當作睿）養齡盡性增氣之和袪神之冥何必生知然

後爲聖

窫窳

窫窳無罪見害貳負帝命羣巫操藥夾守遂淪溺淵變爲龍首

服常琅玕樹

服常琅玕崑山奇樹丹實珠離綠葉碧布三頭是伺遞望遞顧

海內北經

吉良

金精朱鬣龍行駿跱拾節鴻鶩塵下及起是謂吉黃釋聖牖里

蛇巫山鬼神蜪犬羣帝臺大蜂朱蛾

蛇巫之山有人操柸鬼神蜪犬主爲妖災大蜂朱蛾羣帝之臺

闒非據比尸袜戎

人面獸身是謂闒非被髮折頸據比之尸戎三其角袜豎其眉

騶虞

怪獸五彩尾參於身矯足千里儵忽若神是謂騶虞詩歎其仁

冰夷

禀華之精練食八石乘龍隱淪往來海若是謂水仙號曰河伯

王子夜尸

子夜之尸體分成七離不爲疏合不爲密苟以神御形歸於一

宵明燭光

水有佳人宵明燭光流燿河湄稟此奇祥維舜二女別處一方

列姑射山大蟹陵魚

姑射之山實西（西當作有）神人大蟹千里亦有陵鱗曠哉溟海含怪藏珍

蓬萊山

蓬萊之山玉碧構林金臺雲館皜哉獸禽實維靈府玉主甘心

海内東經

郁州

南極之山越處東海不行而至不動而改維神所運物無常在

韓鴈始鳩雷澤神瑱琊臺

韓鴈始鳩在海之州雷澤之神鼓腹優遊瑱琊嶕嶢邈若雲樓

豎沙居繇埻端璽䁝國

豎沙居繇埻端璽䁝沙漠之鄉絕地之館或羈于秦或賓于漢

大江北江南江浙江廬淮湘漢濛溫潁汝涇渭白沅贛

泗鬱肄潢洛汾沁濟潦虖池漳水

川瀆交錯渙瀾流帶通潛潤下經營華外殊出同歸混之東會

大荒東經案荒經已下圖讚明藏本闕此從諸書增補尚多闕畧云

竫人國初學記

僬僥極麼竫人又小四體取足眉目纔了

九尾狐

青丘奇獸九尾之狐有道翔(案類聚作祥)見出則銜書作瑞周文以標靈符

大荒南經 闕

弱水 藝文類聚

大荒西經

弱出昆山鴻毛是沈北淪流沙南暎火林惟水之奇莫測其深

炎火山 藝文類聚

木含陽氣精構則然焚之無盡是生火山理見乎微其傳在傳(懿行按其傳當爲其妙之譌)

大荒北經

若木 藝文類聚

若木之生昆山是濱朱[illegible]電照碧葉玉津食之靈智爲力爲仁

封豕 藝文類聚

有物貪婪號曰封豕薦食無饜肆其殘毀羿乃飲羽獻帝效技

海內經 闕

補臧氏校正

玉韇表夏 庸按廣韻四十八感曰韇方言云箱類古禫切此韇當爲韇玉韇猶言金匱耳說文韇小栝也義別

旋軫斯地 按顧寧人段若膺皆以地讀如沱古音在歌類余謂地字古音與今同本在支類此讚以地韻解皆支類也隸从隶聲在脂類支脂相通與歌類則遠亦其一證也

厥號曰蠻按目稱蠻蠻經曰其中多蠻蠻此讚又云厥號曰蠻者皆本一字而重言之古人每有此種文法循下目鶼字讚曰鶼鶼經單稱鶼也

亦有數動按御覽九百三十九有作不又白虹作江涌邑悚作民悚皆較今本爲勝

泅和損平按御覽九百三十七引作汨和此作泅誤又下文帶山則儵亦當從御覽作山經則儵山經對上文詩字更善

鼓翩一揮十翼翩翻按御覽三百三十九一揮作一運當從之又翩翻作翩翻古字通

頭文如繡按上文尾與雉韻脂類也繡字肅聲在幽類出韻當誤

瑇瑁取芥按藝文類聚六作琥珀取芥未聞其審

畸類被侵按類聚九十引作疇類此誤

員丘之上按上疑當爲正二字形相近與前畢方讚互誤也

山海經圖讚一卷

山海經訂譌一卷　棲霞郝懿行撰

南山經

䧿山臨于西海之上在蜀伏山山南之西頭　伏當爲汶

有草焉其狀如韭爾雅云霍　霍當爲藿

其名曰祝餘或作桂茶　桂疑當爲柱

堂庭之山多棪木棪別名連其　連當爲速

又東三百七十里曰杻陽之山音紐　經杻當爲䄛注紐當爲細

又東三百里柢山柢上疑脫曰字

基山有獸其名曰猼訑施一作陁　施當爲訑

有鳥名曰䳋鵂鵂鵂急性敞孚二音　經文鵂當爲鵂注文鵂鵂當爲憋怤　敞當爲僘

英水其中多赤鱬音懦　懦字譌明藏經本作儒

凡䧿山之首自招搖之山以至箕尾之山凡十山二千九百五十里今才九山二千七百里

其祠之禮毛周官曰陽祀用騂牲之毛　當爲毛之

糈用稌米稌稌稻也　疑注衍一稌字

僕勾之山勾一作夕　夕疑當爲多

其中多芘蠃芘當爲茈

其上多梓枏爾雅以爲柟　王引之云枏疑當作梅

凡南次二經之首自柜山至于漆吳之山凡十七山七千二百里今七千二百一十里

糈用稌稻穬也（疑穬或稉之譌王引之曰穬與稉不同穬字非譌臧庸曰疑注當爲稌稻也）

禱過之山其下多犀兕（重三千觔三字衍）多怪鳥也（廣雅曰鶟鶘鷦明爰居鴡雀皆怪鳥之屬今廣雅作鶟離延居鵄雀怪鳥屬也）

其汗如漆（汗當爲汁）

有穴焉水出輒入（出當從藏經本作春）

凡南次三經之首自天虞之山以至南禺之山凡一十四山六千五百三十里（今才一十三山五千七百三十里）

右南經之山志大小凡四十山萬六千三百八十里（經當有四十一山萬六千六百八十里今才三十九山萬五千六百四十里）

西山經

錢來之山有獸名曰羬羊　羬音針　針當爲鍼

小華之山鳥多赤鷩　冠金皆黃　皆當爲背

其木多椶柟　椶樹高三丈許無枝條葉大而員枝生梢頭　員枝枝字譌藏經本作岐

食之已癘　韓子曰癘人憐主　人字衍主當爲王

大如笄而黑端　笄簪屬　文選注引此經下有以毛射物四字

浮山多盼木　音美目盼兮之盼　郭既音盼經文不當爲盼未審何字之譌

嶓冢之山漢水出焉而東流注于沔　江卽沔水　郭本經文當作注注千江今本譌爲注于沔又郭注江上當脫入字江下又脫漢字遂不復可讀

有草名曰蓇蓉　爾雅曰榮而不實謂之蓇音骨　蓇上脫英字

天帝之山有鳥黑文而赤翁　翁頭下毛　頭當爲頸

皐塗之山有獸名曰玃如 音假嬰之嬰經當爲玃注當爲貜

黃山盼水出焉 音美目盼兮之盼經文不當爲盼未審何字之譌

其鳥多鸓 音壘鸓當爲鸓壘當爲壘見玉篇

騩山是錞于西海 錞猶隄埻也埻字衍見玉篇所引

凡西經之首自錢來之山至于騩山凡十九山二千九百五十七里 今三千一百一十七里

泰冒之山浴水出焉 浴當爲洛

高山其下多青碧 今越巂會稽縣東山出碧會稽當爲會無

鹿臺之山 今枉上郡上郡中間脫黨字

底陽之山 音旨底當爲底字之譌

其木多櫻枏豫章豫章大木生七年而後復可知也　注復字衍

皇人之山其下多青雄黃即雌黃也　雌疑當爲雄

凡西次二經之首自鈐山至于萊山凡十七山四千一百四十里今四千六百七十里

毛采言用雄色雜也　雄字譌藏經本作雜

崇吾之山有木員葉而白柎經當爲柎故郭音府其音符者乃當从木旁作柎耳傳寫譌謬遂不復可別經傳此類亟須釐正

有獸焉其狀如禺而文臂豹虎臧庸曰豹虎疑豹尾之譌

不周之山東望泑澤河水所潛其源渾渾泡泡郭注蒲澤當爲鹽澤三百餘里上當脫千字水經注可證

黃帝是食是饗（所以得登龍於鼎湖而龍蛻也注龍蛻二字疑譌太平御覽引作靈化）

堅粟精密（禮記曰瑱密似粟粟或作栗　經文粟疑當爲栗注文粟粟亦當爲栗粟作栗當爲作栗竝形近而譌王引之說）

濁澤有而光（有而當爲而有）

五色發作（言符彩互映色　郭注色藏經本作也）

其陰多樻木之有若（國語曰樻木不生花也花當爲危）

爰有淫水其清洛洛（水畱下之貌也　淫音遙也　案畱當爲溜或爲流陳壽祺曰淫無遙音經淫字疑譌）

名曰沙棠可以禦水食之使人不溺（刻以爲舟刻當爲制）

桃水其中多鮹魚（音滑　鮹當爲鮹滑當爲滑）

玉山有獸其名曰狡其音如吠犬見則其國大穰狀如豹文豹文上脫狗字

其音如錄音錄義未詳經文作錄郭復音錄必有誤

積石之山其下有石門河水冒以西流今在金城河門闕門字衍

其音如擊石其名如猙京氏易義曰音如石相擊音靜也經文如猙之如當爲曰字之譌注文音靜之上當脫猙字

三危之山有獸名曰徼⿰彳因徼噎兩音徼當爲獒⿰彳因當爲㹶

有鳥其狀如鶉其名曰䳋扶狩則短當爲扶獸則死今諸本竝作死一本作短譌

有神焉其狀如黃囊焉當爲鳥

泑山神蓐收居之亦金神也人面虎爪白尾尾當爲毛

其音如⿱奞木百聲（⿱奞木當爲奪）

凡西次三經之首崇吾之山至于翼望之山凡二十三山六千七百四十四里（今才二十二山六千二百四十里加流沙四百里才六千六百四十里）

羆父之山（父當爲谷見玉篇廣韻）

盂山其獸多白狼白虎（白虎虎名甝虪注有脫誤當爲白虎名甝黑虎名虪）

其名自號也（或作設設亦呼耳設當爲詨）

凡西次四經自陰山以下至于崦嵫之山凡十九山三千六百八十里（今才三千五百八十五里）

右西經之山（山下脫志字）凡七十七山一萬七千五百一十七里

經當有七十八山一萬七千五百二十一里今則一萬八千一十二里

北山經

滂水其中多芘石芘當爲茈

彭水其中多儵魚其狀如雞而赤毛三尾六足四首儵當爲儵首當爲目

邊春之山有獸名曰幽鴳鴳音遏鴳當爲頞

單張之山有獸名曰諸犍音如犍牛之犍郭既音犍經文不當爲犍疑犍字之譌而玉篇仍作犍字又似不譌

凡北山經之首自單狐之山至于隄山凡二十五山五千四百九十里今五千六百八十里

管涔之山汾水出焉而西流注于河至汾陽縣北西入河汾陽當爲汾陰

敦頭之山旄水東流注于印澤下文北囂山作卭澤說文作卬澤

梁渠之山其獸多居暨其狀如彙而赤毛彙似鼠赤毛如刺猬　郭注赤字猬字竝衍

湖灌之水其中多䱻亦鱓魚字　文選注四子講德論引郭氏此注曰鱓魚似蛇時闡切疑卽今本注下脫文也

凡北次二經之首自管涔之山至于敦題之山凡十七山五千六百九十里今才一十六山六千一百四十里

太行之山有獸其名曰驒善還還旋旋儛也　還當音旋注旋上脫音字

王屋之山今在河東東垣縣北　東垣東字衍

景山南望鹽販之澤卽鹽池也　鹽池上當脫解縣二字

謁戾之山沁水出焉南流注于河或出穀述縣羊頭山　述當爲遠

神囷之山音如倉囷之囷　囷卽倉囷之囷郭氏復音如之知經文必不作囷廣韻引作箘疑是也

少山清漳之水出焉東流于濁漳之水清漳出少山大繩谷至武安縣南暴宮邑入於濁漳或曰東北至邑城入於大河也　大繩當爲大要暴宮當爲黍窖邑城當爲阜成

繡山洧水出焉其中有鱯黽鼃黽似蝦蟇　鼃黽疑當爲耿黽馬瑞辰曰鼃疑醜之或體也

敦與之山溹水出於其陽而東流注于泰陸之水今鉅鹿北廣平澤　平當爲阿

泜水出于其陰而東流注于彭水今泜水出中丘縣西窮泉谷中丘上當脫常山二字

泰戲之山虖沱之水出焉今虖池水出鴈門鹵成縣南武夫山　成當爲城

其川在尾上川竅也　王引之曰川似當爲州字形相近而誤

又北水行五百里至于鴈門之山此經不言有水出焉當有脫文

西望幽都之山浴水出焉浴卽黑水也郭注浴下當脫水字

凡北次三經之首自太行之山以至于無逢之山凡四十六山萬二千三百五十里今四十七山一萬二千四百四十里

右北經之山志凡八十七山二萬三千二百三十里經當有二萬三千五百三十里今則八十八山二萬四千二百六十里

東山經

番條之山減水出焉音同減損之減郭旣音減經文不當爲減未審何字之譌

高氏之山其下多箴石可以爲砥針砥當爲砭

又南三百里曰泰山從山下至頂四十八里史記正義引此作百四十八里

有獸名曰狪狪音如吟恫之恫吟當爲呻

東流注于江一作海據水經注當作汶竹山亦同

竹山激水出焉其中多茈蠃蠃當爲蠃

凡東山經之首自樕𧓍之山以至于竹山凡十二山三千六百里今才三千五百里

祈聃用魚公羊傳云蓋叩其鼻以聃神公羊傳當爲穀梁傳聃疑當爲衈

澧水其中多珠蟞魚其狀如胏而有目有當爲四

餘峩之山有獸名曰犰狳仇餘二音犰當爲犰仇當爲几

鳧麗之山有獸名曰蠪姪龍蛭二音經當爲蛭注當爲姪

又南五百里曰磹山音一眞反注一反二字疑衍中次十一經嬰磹之山磹音眞可證

孟子之山其草多菌蒲未詳音䐃晒之䐃䐃當爲䐃

鮯鮯之魚其名自叫（名藏經本作鳴）

東望榑木（扶桑二音　臧庸曰經多古文此必作東望榑叒故郭云扶桑二音說文叒卽桑字也唐音而灼切非）

凡東次三經之首自尸胡之山至于無皐之山凡九山六千九百里（今才六千四百里）

北號之山有獸名曰猲狚（葛苴二音　經當爲獦狚注當爲葛旦）

凡東次四經之首自北號之山至于太山凡八山一千七百二十里（此經不言神狀及祠物所宜疑有闕脫）

右東經之山志凡四十六山萬八千八百六十里（今才萬八千二百六十里）

中山經

金星之山多天嬰其狀如龍骨可以已痤（癰痤也當爲痤癰也）

陰山其中多彫棠（彫疑當爲彤）

凡薄山之首自甘棗之山至于鼓鐙之山凡十五山六千六百七十里（今才九百三十七里）

煇諸之山其鳥多鶡（似雉而大青色有毛有毛當爲有毛角）

又西三百里曰陽山（三百當爲三十）

昆吾之山其上多赤銅（尸子所謂昆吾之劒　劒當爲金郭又云銅劒一枝枝當爲枚）

有獸名曰蠪蚳（上已有此獸疑同名蚳疑當爲蛭）

凡濟山經之首自煇諸之山至于蔓渠之山凡九山一千六百七十里（今一千七百七十里）

南望墠渚郭云墠音填　水經注引此經墠作禪又引郭注云禪一音暖今本疑有譌脫

實惟河之九都九水所潛故曰九都　郭注潛字譌藏經本作聚

凡萯山之首自敖岸之山至于和山凡五山四百四十里今才八十里

甘水其中多泠石泠石未聞泠或作涂　經泠當爲冷注涂當爲淦

釐山有獸焉名曰獺音蒼頡之頡　獺字諸書所無文遐注引作獺然獺無頡音未詳

牡山其下多竹箭竹䉋䉋上竹字疑衍

成侯之山其草多芃芃當爲芁

凡薄山之首自苟林之山至于陽虛之山凡十六山二千九百八十里今才十五山

實惟蜂蜜之廬（蜜赤蜂名　赤當爲亦）

橐山多樠木（穗成如有鹽粉著狀可以酢羹　酢當爲作）

凡縞羝山之首自平逢之山至于陽華之山凡十四山七百九十里（今八百二里）

其實如菟丘（菟丘兔絲也見爾雅　爾雅當爲廣雅）

有草焉其狀葉如榆（狀葉當爲葉狀）

有草焉其名曰嘉榮服之者不霆（音廷搏之廷　當爲脡脯之脡）

其葉狀如荻（荻亦蒿也音狄　荻當爲萩狄當爲秋）

又東三十里曰大騩之山（今滎陽密縣有大騩山騩固溝水所出　固溝當爲山瀷）

有草名⿱艹狠（音狠戾　⿱艹狠當爲狠　很當爲很）

服之不夭言盡壽也盡當爲益

凡苦山之首自休與之山至于大騩之山凡十有九山千一百八十四里今才一千五十六里

東南流注于江今睢水出新城魏昌縣東南發阿山魏昌晉書地理志作昌魏

東北百里曰荆山今在新城沐鄉縣沐當爲沶

漳水其中多鮫魚鮫鮒魚類也鮒當爲鮨

其獸多閭麋似鹿而大也麋當爲麈

女几之山多閭麋麖麂麂似麞而大偎毛豹腳偎當爲猥豹當爲狗

光山其下多木木疑當爲水

石山其上多邽石未詳疑當爲封石

讙山多邽石疑當爲封石

凡荆山之首自景山至琴鼓之山凡二十三山二千八百九十里今三千一十里

東北流注于海至廣陽縣入海　廣陽縣當爲廣陵郡

其獸多夔牛此牛出上庸郡人弩射殺　射殺下當脫之字

蛇山有獸名狏狼音巴　巴當爲已

勾欄之山音絡椐之椐　椐當爲梶

䰠山其木多桃枝荆芑芑當爲芭芭又杞之假借字

葛山其下多瑊石瑊石勁石似玉也　郭注瑊石石字衍勁當爲玏

凡岷山之首自女几山至于賈超之山凡十六山三千五百里

今三千六百五十里

熊山席也席者神之所馮止也席當為帝字形相近而譌

凡首陽山之首自首山至于丙山凡九山二百六十七里今三百一十里

騩山帝也其祠羞酒太牢其牢下之其疑當為具

翼望之山湍水出焉鹿摶反疑注有譌文

東流注于濟今湍水逕南陽穰縣而入清水經文濟注文清竝當為淯南陽當為義陽

貺水出焉音況貺當為貺見玉篇

神耕父處之常遊清泠之淵清泠水在西號郊縣山上西號郊當為西鄂字之誤衍

有九鍾焉是知霜鳴霜降則鍾鳴故言知也經注知竝當為和見北堂書鈔所引

支離之山濟水出焉南流注于漢今濟水出鄺縣西北山中經文濟及注文濟竝當為清

祑簡之山其上多松柏机柏柏葉似栟經注柏竝當爲桓

卽谷之山多乎豹卽今荆州山中出黑虎也　出當爲之

高前之山其上有水甚寒而淸帝臺之漿也今河東解縣南檀首山上有水　檀首當爲檀道

鮮山有獸其狀如膜大大當爲犬見廣韻

又東三十里曰章山或作童山　經章山當爲皋山注童山當爲章山

其中多脃石魚脆反　脃藏經本作跪

大支之山無草木木字衍藏經本無

歷石之山或作磨　磨疑當爲磿

名曰駅駼音如枳柑之枳　柑當爲椇見曲禮注

几山有獸名曰聞獜見則天下大風獜一作䝟䝟疑當爲獜

凡荊山之首自翼望之山至于几山凡四十八山三千七百三十二里今四千二百二十里

堵山玉山冢也堵山見中次十經玉山見中次九經此經都無此二山未審何山字之譌

凡洞庭山之首自篇遇之山至于榮余之山凡十五山二千八百里今才一千八百四十九里

右中經之山志大凡百九十七山二萬一千三百七十一里今二萬九千五百九十八里

右五臧山經五篇大凡一萬五千五百三字今二萬一千二百六十五字

海外南經

其爲人小頰赤肩當脾上正赤也脾當爲髀

生火出其口中蓺文類聚引此經無生字疑是

羿射殺之在昆侖虛東鑿齒亦人也經文之下衍在字注人下脫貌字見北堂書鈔所引

焦僥國在三首東外傳云焦僥民長三尺民當爲氏又引詩含神霧曰從中州以東西西字衍

狄山帝堯葬于陽今陽城縣西陽城當爲城陽

爰有熊羆文虎尸子曰中黃伯余伯下脫曰字

視肉有兩目食之無盡尋復更生如故無字衍北堂書鈔引作有眼食之盡

海外西經

奇肱之國後十年西風至據博物志西當爲東

軒轅之國在此窮山之際此字衍

此諸天之野天音妖此字亦衍妖當爲沃

龍魚陵居在其北狀如貍或曰龍魚似貍一角經注貍竝當爲鯉鯉龍類也

一曰鰕魚鰕音惡橫也鰕無橫音疑注譌王引之曰橫當爲懲懲訓惡也

有樹名曰雄常先入伐帝于此取之其俗無衣服中國有聖帝代立者則此木生皮可衣也經文伐當爲代幸有郭注可證然經句義尚未足恐更當有脫文

長股之國在雄常北被髮長臂人身如中人而臂長二丈二當爲三見海外南經

海外北經

無膂之國爲人無膂膂肥腸也肥當爲腓

燭龍居鍾山下淮南子曰龍身一足一當爲無

禹厥之三仞三沮掘塞之而土三沮滔滔當爲陷

平丘爰有甘柤其樹枝榦皆赤黃華曰葉黑實呂氏春秋曰其山之東有甘柤焉音如柤棃之柤　郭注黃華白葉當爲黃葉白華据郭音甘柤如柤棃之柤證知經文不當作柤淮南墬形訓作樝郎柤本字說文作櫨疑經當爲櫨也

甘華亦赤枝榦黃華黃華亦當爲黃葉

海外東經

君子國使二大虎在㫄大虎當爲文虎後漢書東夷傳注引此經云

青丘國其狐四足九尾汲郡竹書曰柏杼子征于東海及王壽　王當爲三

黑齒國在其北東夷傳曰倭國東四十餘里　十當爲千

爲人黑食稻啖蛇黑下當脫齒字

爲人黑首首當爲齒古文形近

九日居下枝一日居上枝若搜之常情則無理矣　搜疑當爲揆

爲人身生毛爲人短小而體盡有毛而當爲面

海內南經

三天子鄣山在閩西海北海字疑衍

桂林八樹在番隅東八樹而成林信其大也信當爲言

鬱水出湘陵南海鬱水見海內東經與此有異疑經有譌文

見人笑亦笑古本作見人則笑今本疑非是

左手操管爾雅云鬚鬚當爲狒狒

狌狌知人名其爲獸如豕而人面頭如雄雞食之不眯此八字誤衍當刪郭又云今交州封谿州當爲趾

犀牛其狀如牛而黑犀牛似水牛豬頭庳腳三角注文當如是今本誤分離其文遂不復可讀

丹山在丹陽南丹陽居屬也此十一字乃郭注誤入經文居又巴字之譌

海內西經

繫之山上木物稟異氣出於不然　不當爲自

后稷之葬山水環之在廣都之野　當爲都廣

面有九井淮南墬形訓作旁有九井初學記引此經作上有九井疑面字譌

一曰挺木牙交淮南作璇樹璇玉類也　璇當爲琁琁與挺形近樹古文爲敄傳寫者破壞之因爲木牙交臧庸曰挺木牙交爲曼兌之異文曼長也兌讀爲鋭言聖木之樹長而葉鋭也挺當爲梃梃長皃牙交言枝柯之交互也

伺琅玕樹莊周曰有人三頭遞臥遞起以伺琅玕與玕琪子　與玕琪子四字衍

海內北經

大蠭其狀如䗬䗬疑當爲螽古文蠭字

蟜其爲人虎文脛有䏿言腳有膞腸也膞當爲腨

騶吾乘之日行千里周書曰夾林酋耳夾周書作央

冰夷人面乘兩龍畫四面各乘靈車駕二龍靈當爲雲

海內東經

都州在海中一曰郁州世傳此山自蒼梧從南從來從南二字疑衍

始鳴在海中轅厲南轅厲疑當爲韓鴈字形相近

浙江出三天子都在其東其字疑譌据太平寰宇記作蠻與地理志及說文合

淮水出餘山餘山在朝陽東朝陽縣今屬新野新野當爲義陽見晉書地理志

入海淮浦北至廣陵縣入海据水經廣陵下當脫淮浦二字

湘水出舜葬東南陬西環之今湘水出零陵營道縣陽湖山湖當爲海或朔字之譌

一曰東南西澤疑文有脫誤

漢水出鮒魚之山此經漢水所出既誤又不見所入處蓋脫北堂書鈔引漢水作濮水似得之

溫水出崆峒山在臨汾南汾當爲涇又郭注云今溫水在京兆陰盤縣京兆當爲安定也

入江州城下此言白水入江也城下二字疑誤衍

沅水山出象郡鐔城西山字衍

入東注江入字疑衍或又字之譌

肄水出臨晉西南音如肄習之肄若經文作肄何復音肄疑當從水經注作肄臨晉當爲臨武

濟水絕鉅鹿澤鉅鹿今在高平鹿當爲野

入齊琅槐東北今碣石也當爲今河碣也見水經注所引

潦水出衛皋東有潦山小潦水所出西河注大潦西河當爲西南

入越章武北章武郡名越字疑衍郡當爲縣

入章武南新城汧陰縣亦有漳水汧陰當爲汧鄉

大荒東經

東海之外大壑大壑上當脫有字

有大人之國長者不過十丈十丈當爲十之見魯語郭注又云佻人國長三十丈佻當爲洮十字衍

中容人食獸木實此國中有赤木玄木其華實美華當爲葉見呂氏春秋

司幽生思士不妻思女不夫白鵠相視眸子不運而感風化鵠當爲鶂感字衍

有山名曰鞠陵于天東極離瞀三山名也音穀瞀穀瞀二字疑俱譌

名曰折丹神人名曰折丹上疑脫有神二字北堂書鈔引作有人

東方曰折單吁之吁當爲呼臧庸曰吁呼通經文折疑吁字涉上文折丹而誤

有困民國勾姓而食（勾姓下而食上當有闕脫）

不得復上（應龍遂住地下　住當爲在）

大荒南經

舜與叔均之所葬也（基今在九疑之中　基當爲墓）

有夂蛇食麈（今南山蚺蛇呑鹿　山當爲方）

有山名曰去痓（音如風痓之痓　此卽風痓之字郭又音如之疑有譌文）

楓木蚩尤所棄其桎梏（已摘棄其械　摘當爲擿）

羲和者帝俊之妻生十日（言生十子各以日名名之故言生十日數十也　郭注生十日下疑脫日字）

有小人名曰菌人（音如朝菌之菌　此卽朝菌之菌郭又音如之疑有譌文或經當爲⿱山囷⿱山囷狗之⿱山囷）

大荒西經

有白民之國氏當為民

有先民之國先當為天古字形近

西有王母之山西有當為有西

璇瑰瑤碧璇瑰亦玉名校回二音經當為璿瑰注當為旋回

爰有百樂歌儛之風爰有百種伎樂歌儛風曲注爰明藏本作言是也

有神人面無臂兩足反屬于頭山山當為上

下地是生噎后土生噎鳴見海內經此經疑有闕脫

有赤犬名曰天犬其所下者有兵周書云周當為漢

名曰西王母西王母雖以昆侖之宮以當為居古字相近

女祭女蔑或持觶　蔑當爲蔑觶當爲鱓

有壽麻之國呂氏春秋曰南服壽麻　南當爲西

有樹赤皮支幹青葉名曰朱木青葉當爲青華見大荒南經

顓頊死卽復蘇淮南子曰后稷龍在建木西其人死復蘇其中爲魚　龍當爲壠中當爲半見淮南墬形訓

大荒北經

皆出衞于山丘古本當衞丘連文而以皆出于山四字相屬今本誤倒耳

有三桑無枝皆高百仞　郭注四字當在經中誤入注文耳見藝文類聚所引

有人衣青衣名曰黃帝女魃音如旱妭之魃　据後漢書注所引經文當爲妭注文當爲

有神人面獸身名曰犬戎神當爲人見史記周本紀集解所引

名曰若木生昆侖西附西極　郭注七字當入經文

有神人面蛇身而赤（身長千里　郭注四字當在經文誤入注中耳見藝文類聚所引）

是謂燭龍（有龍銜精以往照天門中云　精上脫火字）

海內經

有人名曰柏高（柏子高仙者也　据郭注經文柏高之閒當脫子字）

有都廣之野后稷葬焉（其城方三百里蓋天下之中素女所出也　郭注一十六字當入經文又引離騷曰絕都廣野而直指號號當爲兮）

有木名曰若木（樹赤華青華當爲葉）

名曰鳥氏（氏當爲民）

神民之丘（民當爲人）

有青獸人面（青字疑衍）

南方有贛巨人人面長臂臂當為脣

有菌山音芝菌之菌經文菌疑亦當為菌

有山名三天子之都一本三天子之鄣山一本下當脫作字或云字

玄狐蓬尾蓬叢也阻留反阻留反三字文無所指當有脫誤牟廷相云叢字可讀如菆則阻留當是叢字之音也

般是始為弓矢世本曰牟夷作矢當為夷牟

帝俊賜羿彤弓素矰以白羽羽之下羽字疑譌

晏龍是為琴瑟世本云伏羲作琴神農作瑟當云伏羲作瑟神農作琴

是復土穰以處江水穰當為壤

經內逸文

北次三經空桑之山上巳有此山疑同名也今上文無此山

海外東經勞民國其爲人黑食果草實也有一鳥兩頭
大荒南經有獸左右有首名曰跊踢出狄民國黜惕兩音
有卵民之國其民皆生卵即卵生也
大荒西經有人反臂名曰天虞即尸虞也
海內經有大幽之國即幽民也穴居無衣
以上見本經以下見各書
論衡通別篇云董仲舒覩重常之鳥劉子政曉貳負之尸皆見
山海經案重常玉篇作鶇鶬
論衡訂鬼篇引此經云滄海之中有度朔之山上有大桃木其
屈蟠三千里其枝閒東北曰鬼門萬鬼所出入也上有二神人

一曰神荼一曰鬱壘主閱領萬鬼惡害之鬼執以葦索而以食虎於是黃帝乃作禮以時驅之立大桃人門戶畫神荼鬱壘與虎懸葦索以禦凶魅　案所引與後漢禮儀志注文字小異故錄之

應劭漢地理志浮氏注云山海經浮水所出者也

玉篇鱟字注引此經云形如車文青黑色十二足長五六尺似蟹雌常負雄漁者取之必得其雙子如麻子南人爲醬　案車當爲惠劉逵注吳都賦正作惠文冠尺作寸似蟹句下有足悉在腹下五字而無子如麻子二句其餘則同而不云出山海經唯廣韻引作郭璞注山海經云云其文同玉篇證知二書所引乃郭注逸文也李善注江賦引廣志曰鱟魚似便面雌常負雄而行失雄則不能獨活出交趾南海中

廣韻九魚獏紐下云貗獀獸名食猛獸出山海經　案太平御覽九百十三卷

廣韵四十七寑沈紐下云檎木名山海經云煑其汁味甘可爲引同唯𦃃作𣖉無名字

酒

廣韵一屋卜紐下云𤡩鈴南極之夷尾長數寸巢居山林出山海經

廣韵二十八盍欵紐下云鰅魰魚名出山海經案二十七合納紐下云魶魚名似鼈無甲有尾口在腹下

文選西京賦注引此經云閶風之上或上倍之是謂乎圃或上倍之是謂大帝之居案此淮南墬形訓文疑李善誤引

文選海賦及左思招隱詩江淹雜體詩注竝引此經郭注云橫

塞也

文選郭氏游仙詩注引此經郭注云遯者退也

北堂書鈔一百五十二卷引此經云東南荒山有銅頭鐵額兵日飲天酒三斗酒甘露也

藝文類聚二卷引此經云列鈌電名

類聚八十六卷引此經云箕山之東有甘櫨洞庭之上其木多櫨甘櫨列於昆侖

初學記二十八卷引此經云雲山之上其實乾腊郭注云腊乾梅也今案中次十二經有雲山無此文

初學記三十卷引此經云鯷魚赤目赤鬣者食之殺人案北山經首敦

蕘之水其中多赤鮭郭注云今名鯸鮐爲鮭魚音圭此郭據時驗而言也今所見鯸鮐魚背青腹白目解開闔都無赤色者與經云赤鮭不合而初學記引經鯷魚赤目赤鬣者食之殺人鯷即鮎也鯷與鮭聲相近經之赤鮭疑此是也將初學記所引本在郭注今脫去之邪

李肇國史補引此經云水獸好爲害禹鎖之名巫支祈案輟耕錄云山海經水獸好爲雲雨禹鎖于軍山之下名無支祈

韓鄂歲華紀麗引此經云狼山多毒草盛夏鳥過之不能去

李珣海藥本草引此經云木香生東海崑崙山

太平御覽九卷引此經云大極山東有溫水湯不可過也

御覽十二卷引此經云仙丘降甘露人常飲之案吳淑事類賦引入上有仙字

御覽三十五卷引此經云離魚見天下大穰案西次二經泰器山鰩魚與此同

御覽三十八卷引此經云蓬萊山海中之神山非有道者不至案海內北經有蓬萊山

御覽四十二卷引此經云陸渾山伊水出焉今亦號方山案楊愼外集陸渾山山海經作賁渾按右陸字作畚賁渾當是畚渾之誤

御覽四十三卷引此經云祭水源伏流三百餘里云云

御覽四十五卷引此經云湯山湯水出焉此湯能愈疾爲天下最

御覽四十五卷引此經云大翮山小翮山有神廟神宇云云

御覽一百六十六卷引此經云甘松嶺亦謂之松桑嶺江水發源於此

御覽三百六十七卷引此經云反舌國其人反舌一曰交案交當爲

支卽海外南經岐舌國

御覽九百十卷引此經云果然獸似獼猴以名自呼爲蒼黑羣行老者在前少者在後得果食輒與老者似有義焉交阯諸山有之獠人射之以其毛爲裘褥甚溫煖

郭注引水經

南山經首青丘之山 水經云卽上林賦云秋田於青丘

西次三經積石之山 水經引山海經云積石山在鄧林山東河所入也

北次三經碣石之山 水經曰碣石山今在遼西臨渝縣南水中

中次七經末山末水出焉北流注于役 水經作洙

海內東經漢水出鮒魚之山 案水經漢水出武都沮縣東狼谷經漢中魏興至南鄉東經襄陽至

江夏安陸縣入江別爲沔水又爲滄浪之水

合洞庭中水經曰沅水出牂牁且蘭縣又東北至鐔城縣爲沅水又東過臨沅縣南又東至長沙下雋縣

洛水出洛西山東北注河入成皋之西案水經漢水今出上洛冢嶺山東北經宏農至河南鞏縣入河

入齊瑱槐東北諸水所出又與水經違錯

以上見本經以下出各書

陶宏景刀劒錄云水經云伊水有一物如人膝頭有爪入浴輒沒不復出案酈注水經沔水云沔水又南與疎水合水中有物如三四歲小兒鱗甲如鯪鯉射之不可入七八月中好在磧上自曝膝頭似虎掌爪常沒水中出膝頭小兒不知欲取弄戲便殺人或曰人有生得者摘其臯厭可小小使名爲水虎者也卽與刀劒錄所引爲一物

初學記三十卷引水經曰海鰌且由反魚長數千里穴居海底入穴則海水爲潮出穴則水潮退出入有節故潮水有期案此條或又引作山海經所未詳

補

嬰以百珪百璧嬰謂陳之以環祭也或曰嬰卽古罌字謂盂也徐州云　吳其濬曰一切經音義卷二十一引漢書嬰城固守音義曰以城自繞也華嚴經音義卷下引漢書集注嬰繞也加也正與環之以祭義合解作罌字似遠

句餘之山至會稽之山嚴可均謂懿行曰經內道里計算不同有直行者有㫄通者有曲繞者故里數參差互異卽如南次二經之句餘會稽中閒豈容一千五百里恐皆從經首之柜山起算也若推是而言諸山里數或多有合但須按全經一一計之懿行嘗謂山海經古圖不可見世有好古而工畫者本嚴氏之說繪諸尺幅百里之迴一覽可盡誠希古之絕業其繪圖之法南山經至中山經本二十六篇爲二十六圖海外經以下八篇大荒經以下五篇又爲若干圖鳥獸神怪之屬別爲若干圖

山海經訂譌

山海經訂譌一卷